日本労働法学会誌115号

労働契約法の
意義と課題

日本労働法学会編
2010
法律文化社

目　次

《シンポジウム》
労働契約法の意義と課題

《報　告》
労働契約法の意義と課題……………………………土田　道夫　3
　　――合意原則と労働契約規制のあり方を中心に――
労働契約法における合意原則と
　　就業規則法理の整序・試論………………………唐津　　博　21
　　――就業規則による労働条件決定・変更の新たな理論構成――
労働契約法の「合意原則」と合意制限規定との
　　衝突関係……………………………………………石田　信平　41
　　――労働契約法は契約当事者の利益調整だけを
　　　　目的としているのか――
民法の現代化と労働契約法…………………………山本　敬三　56

《総括コメント》
労働契約法の課題……………………………………大内　伸哉　74
　　――合意原則と債権法改正――

《シンポジウムの記録》
労働契約法の意義と課題………………………………………………　89

《個別報告》
ニュージーランドにおける解雇法理の展開…………田中　達也　127
　　――フェアネスの原理による規律の含意――

精神障害に基づく雇用差別と規制法理 ……………… 所　　浩代　140
　　──アメリカの障害者差別禁止法（ADA）の考察──
同一労働同一賃金原則と私的自治 …………………… 大木　正俊　151
　　──イタリアの判例から──
有利原則の可能性とその限界 ………………………… 丸山　亜子　164
　　──ドイツ法を素材に──

《回顧と展望》
育児・介護休業法の改正 ……………………………… 菅野　淑子　179
　　──父親が取得しやすい育児休業制度へ──
入管法の改正 …………………………………………… 早川智津子　188
　　──新たな技能実習制度の意義と課題──

日本学術会議報告 ……………………………………… 浅倉むつ子　199
日本労働法学会第118回大会記事 ……………………………………… 203
日本労働法学会第119回大会案内 ……………………………………… 207
日本労働法学会規約 ……………………………………………………… 208
SUMMARY ………………………………………………………………… 211

《シンポジウム》
労働契約法の意義と課題

《報告》
労働契約法の意義と課題　　　　　　　　　　　　　　　　　　土田　道夫
　　──合意原則と労働契約規制のあり方を中心に──

労働契約法における合意原則と就業規則法理の整序・試論　　　唐津　　博
　　──就業規則による労働条件決定・変更の新たな理論構成──

労働契約法の「合意原則」と合意制限規定との衝突関係　　　　石田　信平
　　──労働契約法は契約当事者の利益調整だけを目的としているのか──

民法の現代化と労働契約法　　　　　　　　　　　　　　　　　山本　敬三

《総括コメント》
労働契約法の課題　　　　　　　　　　　　　　　　　　　　　大内　伸哉
　　──合意原則と債権法改正──

《シンポジウムの記録》
労働契約法の意義と課題

労働契約法の意義と課題
―― 合意原則と労働契約規制のあり方を中心に ――

土 田 道 夫
(同志社大学)

I 本稿の目的

　2007年，労働契約法が成立し，2008年3月1日に施行された（平成19年法128号）。本稿は，労働契約法の基本理念に位置する合意原則の意義・機能・射程について検討し，同原則をふまえた労働契約法の解釈論上の課題について考察するとともに，合意原則を基調とする労働契約法の立法構想（改正構想）について考察することを目的とする。

II 労働契約法の意義

1 労働契約法制定の積極的意義

　まず，労働契約法制定の意義としては，労働契約の自主的かつ適正な運営の拠り所となるルール（行為規範）であると同時に，労働審判法と連携して，裁判規範として「法の支配」に寄与するという点が挙げられる[1]。

　第一に，近年の雇用システムの変化や企業統治ルールの変化をふまえると，立法という明確な法形式によって労働契約の基本ルールを定め，紛争を防止することが重要となる。近年，社会において発生する多様な紛争について，「公平な第三者が適正な手続を経て公正かつ透明な法的ルール・原理に基づいて判断を示す」こと（法の支配）の重要性が説かれているが（「司法制度改革審議会意

---

1)　土田道夫『労働契約法』（有斐閣, 2008年）34頁。

見書」(2001年))。この点は，労働契約をめぐる紛争についても何ら異なるところはない。労働契約法は，雇用社会に「法の支配」を浸透させるために必須の立法であり，労働審判法が公平・適正な紛争処理手続を定めた法（手続法）であるとすれば，労働契約法は，そのための拠り所となる公正・透明な実体法的ルールを提供する法（実体法）ということができる。

第二に，労働契約法は，労働契約の自主的かつ適正な運営を促進する上でも有意義である。すなわち，労働契約の基本ルールが立法で明示されれば，労働者・使用者はこのルールを拠り所として適切な契約ルール（行為規範）を創出し，労働契約を適正に運営することができる。その意味で，労働契約法は，労使自治の原則に介入すると同時に，それを実質化する機能を営む法ということができる（Ⅲで敷衍する）。

2 労働契約法の位置づけ

もっとも，労働契約法は，附則を除けば，わずか全19条の小型立法である。そして，労働契約に関しては，労働契約の成立・展開・終了に関して，裁判例において多数の法的ルール（判例法・判例法理）が形成されている。立法としての労働契約法は，この法分野のうち，特に重要ではあるが数少ないルールを抜き出して立法化したものである。

こうして，今日の日本では，判例法・判例法理としての労働契約法（広義の労働契約法）と，立法としての労働契約法（狭義の労働契約法）が併存している。しかし，この両者を質的に異なる法分野と見ることはもとより適切ではない。両者は，労働契約の成立・展開・終了を対象とする法であり，また，民法の契約法をベースとする法として，もっぱら私法（民事法規）としての性格を有する点で共通しているからである。

現に，労働契約法の制定以前には，同法の立法構想が相次いで提案され（「労働契約法制研究会報告書」〔2005年9月。以下，「報告書」と略〕），連合総合生活開発研究所「労働契約法試案」〔2005年10月。以下，「試案」と略〕），それぞれの立場から，労働契約の成立・展開・終了をめぐる広範な法的ルールを提案していた。これらの立法構想が想定したのは，まさに前者の意味における労働契約法（広

義の労働契約法）であり，それがわずか19条の小型立法に変質したのは，立法過程（特に労働政策審議会労働条件分科会）における労使の対立や様々な思惑を背景とする妥協によるものである。立法政策としては，現行労働契約法を発展させ，「報告書」や「試案」が目指した包括的労働契約法を構想する必要がある。

III 合意原則の意義・機能・射程

1 合意原則の意義

　労働契約法は，「合意原則」を中核的理念に位置づけている。すなわち同法は，1条において，「労働契約が合意により成立し，又は変更されるという合意の原則」を宣言するほか，3条1項において，「労働契約は，労働者及び使用者が対等の立場における合意に基づいて締結し，又は変更すべきものとする」と規定する。さらに，労働契約法8条は，労働契約内容の変更については，改めて，「労働者及び使用者は，その合意により，労働契約の内容である労働条件を変更することができる」と規定している。

　しかし，そもそも，合意原則を労働契約法の中核的理念に位置づけることに正当性はあるのだろうか。これは一個の論点である。もともと労働契約は，契約でありながら，労働者・使用者間の構造的な交渉力・情報格差と，労働の他人決定性（使用者の指揮命令下の労働）を特質とする契約である。そして，労働法は，労働契約のこうした特質ゆえに労使間合意が実質的に機能しない（使用者の一方的決定に帰着する）という認識を前提に，多様な法規制を行うことを任務とする法と理解されてきたからである。

　私は，合意原則を労働契約法の中核的理念に位置づけることに正当性はあると考える。確かに，労働契約は上記のような特質を有するが，同時に，その基本は契約関係にある。そうである以上，合意原則をベースとする労働契約法の立法構想を行うことは十分可能と考えるからである。

　もっとも，合意原則は，民法の古典的・伝統的な契約自由の原則とはもとより異なる。労働契約法に即していえば，合意原則は，労働者・使用者が「自主

的な交渉の下」で行う（労契1条），「対等の立場における合意」（同3条1項）を促進する理念であり，労使が実質的に対等の立場に立って労働契約を運営することを促進する理念である。そして，この理念を実現するためには，労働契約の運営（締結・変更）を完全な契約の自由に委ねることはできず，むしろそれを修正して，労使間の実質的交渉を促進するための規制を行う必要がある（交渉促進規範）。

労働契約法は，そうした規制を定める法である。すなわち，労働契約法は，安全配慮義務（5条），就業規則による労働条件の決定・変更に関する規制（7条・10条），使用者の権利行使に関する濫用規制（3条・14条～16条）といった実体的規範（労契1条が定める「労働契約に関する基本的事項」に相当する）を規定している。これら規範は，一方では，当事者の意思（合意）にかかわらず強行法的に作用する規範（合意外在的規範）であるが，他方では，労働契約に関する労使間の実質的交渉と合意を促進するための規制（交渉促進規範）を意味する。

すなわち，上記のような労働契約の規範が労働契約法で明示されれば，労働者・使用者は，それら契約規範を拠り所として具体的な契約ルールを創出し，労働契約の自主的運営に取り組むことができる（交渉促進規範）。一方，労働契約法のそれら規範は，労使が創出する契約ルールの適正さを確保し，合意原則から乖離した労働契約の運営を規制する機能を営むのであり，その意味で，「適正契約規範」と呼ぶことができる。要するに，労働契約法の実体的規範は，労働者・使用者が合意を基本に労働契約を運営することを促進しつつ，合意原則に即した契約内容の適正さを確保する役割を営み，それを通して，合意原則を実質化する規範として機能するのである。それは，ひいては，労働契約法1条が目的とする「労働者の保護」および「個別の労働関係の安定」に資することになろう。たとえば，労働契約法10条は，就業規則による労働条件の不利益変更の要件となる「合理性」について種々の考慮要素を定めているが，それら考慮要素をふまえて，個々の企業において就業規則変更をどのように設計するかは労使の任務である（交渉促進規範）と同時に，その制度設計は10条によって規定されることになる（適正契約規範）。

こうして，労働契約法は，合意外在的規範を含む契約規範によって，合意原

則を実質化する法として存在している。また，合意原則は，労使が実質的に対等の立場に立って労働契約を運営することを促進する理念という意味で，労基法の労働条件対等決定の原則（2条1項）を継承したものと解される。

　もっとも，労働契約法が合意原則と交渉促進規範を基本とする法であることを考えれば，契約規範としては，現行法が多用する強行法規のみに拘泥する必要はない。むしろ立法論としては，労働契約上の権利義務を任意法規として整備し，そこから著しく乖離する契約条項の効力を否定する立法構想を検討する必要がある（Ⅳ4）。そのような任意法規を設ければ，労使がそれに依拠して，実質的交渉と合意によって適切な契約ルールを創出し，労働契約を自主的かつ適正に運営することが可能となるからである。同じ理由から，労働契約の運営に関する手続的規制を整備することも重要な課題となる（本項3(1)，Ⅳ2）。

2　合意原則における「合意」の意義

　以上のように，合意原則を労働契約に関する基本理念と理解すると，それは当然ながら，あらゆる労働条件について常に労使間の個別的合意を要求するような法原則を意味しない。労働契約は，「労働の他人決定性」（指揮命令下の労働）を基本に（労契6条参照），継続的性格や集団的・組織的性格を備えた契約である。労働契約のこうした特質をふまえれば，合意原則は，使用者に一定範囲内で指揮命令権（労務指揮権）をはじめとする裁量権が帰属することを前提とする法原則と考えるべきである。

　換言すれば，合意原則にいう「合意」とは，採用時や事前の合意，就業規則に関する合意（契約のひな形としての就業規則を内容とする合意〔労契6条〕，就業規則の変更に関する合意〔労契9条〕），就業規則の拘束力（労契7条・10条）によって契約内容となった条項を含む幅広い概念であり，ここから多様な集団的・一方的規律が発生する（就業規則による労働条件の決定・変更，労務指揮権や就業規則に基づく使用者の一方的命令権）。合意原則は，こうした「合意」の多層的構造を前提に，それら合意（およびそれに基づく使用者の決定権）が「自主的な交渉の下」での「対等の立場における合意」に基づく労働契約の運営（締結・変更）から乖離しないよう規制し（適正契約規範），労使間の交渉を促進すること（交

渉促進規範）を基礎づける意義を有するのである。

　もっとも，以上のうち，就業規則の拘束力については，労働契約法7条・10条は，就業規則が労使間合意を経由することなく契約内容となると規定しているため，これを「合意」と解することは無理という批判がなされうる[3]。この批判はそのとおりであるが，これは，むしろ現行法の問題点というべきものである。労働契約法7条・10条については，労使間合意を経由して契約内容となる規定に改めるなど，合意原則により整合的な規定に改正することを検討すべきである（Ⅳ7）。

3　合意原則の機能・射程──解釈論を中心に

(1) 要件・効果規定

　次に，合意原則は，労働契約法を貫く理念規定であるにとどまらず，個別的合意による労働条件の決定・変更の場面では，その要件・効果規定という機能を有すると考えられる。すなわち，労働条件の決定・変更に関する使用者の説明・情報提供義務（手続的規制）を基礎づける機能である。

　この点，労使間の個別的合意に基づく労働条件の決定・変更の場面では，労使間合意が実質的に行われたか否かが問題となる場面が多々生じうる（賃金引下げ，人事異動〔配転・出向・転籍・降格〕，変更解約告知，事業譲渡時の雇用承継・労働条件変更，守秘義務・競業避止義務の設定等）。合意原則（労契3条1項・8条）は，労使が「自主的な交渉の下」で，「対等の立場における合意」に基づいて労働契約を締結・変更すべきことを定めた原則であるから，信義則（同3条4項）および労働契約内容の理解促進の責務（同4条1項）とともに，労使間における実質的合意の有無を審査する根拠となると解される。

　具体的には，労働条件の決定・変更に関する使用者の説明・情報提供の有無を検討し，そうした実質的手続を経由しない労使間合意については，合意原

---

[2]　荒木尚志＝菅野和夫＝山川隆一『詳説労働契約法』（弘文堂，2008年）105頁。
[3]　ただし，労使間合意を介して拘束力をもつとの趣旨の規定と解する見解もある。毛塚勝利「労働契約法の成立が与える労使関係法への影響と今後の課題」季刊労働法221号（2008年）30頁，三井正信「労働契約法七条についての一考察(一)」広島法学32巻3号（2009年）42頁参照。

則・信義則・労働契約内容の理解促進の責務にてらして，効力を否定すべきである。労働契約法の体系的解釈としては，合意原則・信義則・労働契約内容の理解促進の責務を別個独立に考える必要はなく，これら規定を総合して個別的合意による労働条件の決定・変更の要件規定に位置づける必要がある。

裁判例においても，合意原則のこうした意義を先取りする例が登場している。たとえば，使用者が複雑多岐にわたる労働条件変更の内容（期間の定めのない労働契約から有期契約への変更，賃金体系の不利益変更等）を完全に明示しないまま申込みを行った場合につき，申込み内容の特定が不十分であるとして，変更合意の成立それ自体を否定した例（東武スポーツ事件・東京高判平成20・3・25労判959号61頁）や，就業規則の周知について，使用者の説明・情報提供を重要な要素に位置づける例（中部カラー事件・東京高判平成19・10・30労判964号72頁）が見られる。労働契約における手続的規制の重要性が認識されつつあるといえる。

もっとも，合意原則のこうした意義は，法律上は明確ではない。この点は，立法論の課題となる（Ⅳ2参照）。

(2) 合意原則が労働契約法全体の解釈に及ぼす影響

さらに，合意原則を労働契約法の基本理念に据えるのであれば，労働契約法各条の解釈に際しては，同原則の意義をふまえた体系的解釈を行うべきである。

(a) 第一に，合意原則は，労働契約法の基本理念であるから，同法の解釈に際しては，合意原則を尊重した解釈を行うべきである。この点，労働契約法7条但書・10条但書は，労働条件の決定・変更につき，合意原則をふまえて，就業規則に対する個別的特約の優先規定を定めているが，労働契約・就業規則の解釈上，この特約をできるだけ認定すべきである。典型例として，配転における職種・勤務地限定の合意（7条但書・8条）や，年俸額確定後の就業規則による年俸制の不利益変更（10条但書）が挙げられる。

(b) 第二に，合意原則と尖鋭に対立する形で立法化されたのが就業規則法制であるが，その解釈に際しても，合意原則を十分考慮することが求められる。

まず，就業規則の「周知」要件（労契7条・10条）の解釈が挙げられる。「周知」の意義については，これを労基法106条との周知義務とは別の「実質的周知」と解した上，労働者が知ろうと思えば知りうる状態にしておくことをいう

シンポジウム（報告①）

と解されている[4]。そして，このような実質的周知が行われれば，労働者が現実に就業規則内容を知ったか否かにかかわらず，就業規則の拘束力が及ぶことになる。

　しかし，労働契約法は，労働契約の締結・変更に関して合意原則を基本趣旨としており（3条1項），就業規則の周知は，合意原則を修正して就業規則の契約内容補充効を肯定するための必須の要件である。また労働契約法は，合意原則に加えて，信義則（3条4項）および労働契約内容の理解促進の責務（4条1項）を規定している。これら規定を総合すると，使用者は，就業規則の周知に際して，労働者の理解を深めるよう一定の配慮を求められるものと解される。すなわち，①使用者は，就業規則の内容が複雑多岐にわたる等の事情から労働者が説明を求めた場合は，適切な説明・情報提供を行い，労働者が規則内容を認識できる状況を提供する必要があると解される。また，②周知の対象が，労働条件内容を特定するのに必要なすべての情報に及ぶべきことは当然である[5]。

　この点，裁判例では，会社が朝礼時に退職金規程の不利益変更について説明したとしても，その具体的内容について説明せず，また，退職金規程を休憩室に掲示していたとしても，退職金額の具体的算出方法に関する規定を添付していない場合は，実質的周知は行われていないと述べ，変更の拘束力を否定した例がある（前掲・中部カラー事件）。「実質的周知」の意義を上記①・②に即して厳格に解する立場であり，おおむね妥当と考える[6]。

　次に，就業規則による労働条件変更の手続に関しては，「労働組合等との交渉の状況」（集団的協議）が判断要素とされているが（労契10条），従来，就業規則変更の対象となる労働者個人に対する手続（説明・情報提供）は重視されてこなかった。しかし，合意原則をふまえれば，特に一定の労働者層に不利益を及ぼす変更については，こうした個別的手続を重視して変更の合理性を判断する必要がある（前掲・東武スポーツ事件参照）。この種のケースについては，経過措

4）　荒木＝菅野＝山川・前掲注2）書101頁。
5）　土田・前掲注1）書139頁，土田道夫「就業規則」土田道夫＝豊川義明＝和田肇『ウォッチング労働法〔第3版〕』（有斐閣，2009年）33頁，186頁。
6）　島田陽一＝土田道夫「ディアローグ　労働判例この1年の争点」日本労働研究雑誌592号（2009年）40頁。

置を含めた実体的合理性を重視する判例法が確立されているが（みちのく銀行事件・最判平成12・9・7民集54巻7号2075頁），そうした実体的要素とともに，上記のような手続的要素を考慮して変更の合理性を判断すべきである（上記「労働組合等との交渉の状況」に含まれる）。

(c) 第三に，合意原則は，労働契約法を離れた労働契約の解釈一般についても重要な意義を有する[7]。

すなわち，使用者の権利（人事考課権，配転命令権，出向命令権〔労契14条〕，懲戒権〔同15条〕等）の法的根拠については，これを労使間合意に求めることが合意原則に整合的である。また，使用者の権利の内容や具体的権利行使についても，使用者の利益に偏し，合意原則に基づく労働契約の運営（締結・変更）から乖離しないよう規制すること（内容規制・行使規制）が要請される。労働契約法の信義則（3条4項）・権利濫用禁止規定（3条5項）は，そのための基本的法規範にほかならない。この解釈論を発展させた内容規制（実体的規制）の立法構想については後述する（Ⅳ4・5・7）。

Ⅳ 立法論の課題

労働契約法については，上記のような解釈論の展開が可能であるが，質量ともに不十分な法律であることは明白である。以下，合意原則を基礎に，包括的労働契約法の実現に向けた立法論的課題を検討する。

1 総 論――立法の基本理念

まず，最も重要なことは，労働契約法の立法構想の理念を何に求めるかである。この点，現行労働契約法は，判例法理に「何も足さず，何も引かない」ことを基本趣旨とし，判例法理のリステイトメントたることに終始したが，これは，立法理念としてはあまりにも貧弱である。

では，どのように考えるべきか。前記のとおり，私は，労働契約法の基本理

---

7) 土田・前掲注1)書40頁，土田道夫「労働契約法の解釈」季刊労働法221号（2008年）8頁。

念を合意原則に求めるが（Ⅲ1），それは，労使が実質的に対等の立場に立って自主的に労働契約を運営（締結・変更）することを促進しつつ（交渉促進規範），契約内容が合意原則に基づく労働契約の運営から乖離しないよう規制することを内容とする理念であり（適正契約規範），そのために必要な実体的・手続的規制を随伴する理念である。

この点，労働契約法に関する立法提案を見ると，「報告書」は，労働契約法制を，労使当事者が「労働契約の内容をその実情に応じて対等な立場で自主的に決定する」ための「行為規範となる公正かつ透明なルール」と位置づけて「交渉促進規範」を中核に据え，一方，「試案」は，「労働者と使用者という契約当事者間の交渉力の均衡化には限界のあることを認識し，契約当事者の交渉を通して実現されるべき契約上の権利義務の内容と外延を確定し，契約当事者の交渉を内側から支援することが求められる」として「適正契約原理」を主張していた。これらの提案は，私見にいう「交渉促進規範」と「適正契約規範」に相当するものであり，合意原則がこれら規範を内包するものとすれば，同原則を労働契約法の基本理念に位置づけることは可能かつ適切であろう。

また，民法（債権法）の改正に関して提案を行った民法（債権法）改正検討委員会編『債権法改正の基本方針』（別冊 NBL 126号〔2009年〕。以下，「基本方針」と略）も参考となる。すなわち，「基本方針」は，現代型契約規制として，従来から行われてきた他律型規制（当事者の自律に対する外在的規制）ではなく，自律保障型規制（当事者の自律を保障するための規制）を重視している。そして，この自律保障型規制を，さらに，決定侵害型規制（契約締結時に意思決定の自由が侵害され，本来ならば望ましくない契約が締結された場合の規制＝内容規制）と，自己拘束型規制（契約締結時には意思決定の自由に対する侵害がなく，自ら同意した契約に拘束され，将来の自己決定が拘束されることによって侵害が生ずる場合の規制＝約款の組入れ規制等）に区分する（本号の山本敬三論文参照）。合意原則を基本に労働契約法を構想する場合は，債権法改正の基調を成す自律保障型規制を参照しつつ，労働契約規制の理論的検討と立法構想を深める必要がある。

以上の私見を前提とすれば，労働契約法の立法的課題としては，以下の8点が挙げられる。いずれも重要な課題であるが，紙幅の関係上，検討対象を②

③④⑤⑥⑦に限定する。
① 労働条件の契約内容への組入れ規制。
② 個別的合意による労働条件変更に関する手続的規制。
③ 個別的合意による労働条件変更が成就しなかった場合の法的処理。
④ 個別的合意に関する内容規制。
⑤ 使用者の権利行使に対する規制。
⑥ 労使協議制の導入。
⑦ 就業規則法制――組入れ規制と内容規制。
⑧ 具体的な規定整備（権利義務のカタログの豊富化）。

2 個別的合意による労働条件変更に関する手続的規制

この点については，現行法上も，合意原則をふまえた解釈論が可能であるが（Ⅲ3(1)），立法としては不備があるので，立法論的検討を行う必要がある。具体的には，現行法8条（労働契約の内容の変更）および4条1項（労働契約内容の理解促進の責務）を改正し，合意原則の要件・効果として，説明・情報提供義務（要件）および合意の無効（効果）を規定することが考えられる。

ここでは，「基本方針」が次のように規定していることが参考となる。

「基本方針」3.1.1.10「交渉当事者の情報提供義務・説明義務」
〈1〉 当事者は，契約の交渉に際して，当該契約に関する事項であって，契約を締結するか否かに関し相手方の判断に影響を及ぼすべきものにつき，契約の性質，各当事者の地位，当該交渉における行動，交渉過程でなされた当事者間の取り決めの存在およびその内容等に照らして，信義誠実の原則に従って情報を提供し，説明をしなければならない。

労働契約法においても，4条1項および8条を改め，または後続規定として，「基本方針」3.1.1.10と同様の説明・情報提供義務を規定しつつ，使用者が義務を履行しない場合の効果として「無効」を規定する立法構想が可能である。その際，説明・情報提供義務の履行を合意の成立要件と解するか，有効要件と解するかという問題があるが，これは二者択一の関係にあるわけではない。諾成主義を前提とすると，合意の有効要件であることを基本としつつ，使用者が

複雑多岐にわたる労働条件変更の内容を完全に明示しないまま申込みを行った場合や，別の書面を参照してはじめて変更内容が判明するような場合に限り，合意の成立要件に位置づけるべきである。[8]

また，その際，現行労働契約法4条2項（書面確認の責務）を見直し，一定の事項について，使用者に書面作成を義務づける規定（書面確認規定）を導入することが考えられる（「報告書」参照）。

3 個別的合意による労働条件変更が成就しなかった場合の法的処理

以上のような手続的規制を整備した場合は，個別的合意による労働条件変更の成立範囲が従来より限定されるため，変更が成就しなかった場合に関する法的処理の仕組みが必要となる。そうした制度として考えられるのは変更解約告知である。[9]

もっとも，変更解約告知をそのまま立法化すると，労働者はいったん解雇された上で労働条件変更の合理性を争わざるをえず，著しく不安定な地位に置かれることから（民528条参照），その点に関する立法上の手当が必要となる。この点，「報告書」は，変更解約告知に労働者の留保付き承諾を組み入れた制度として「雇用継続型契約変更制度」を提唱していた。これは，「労働契約の変更の必要性が生じた場合に，労働者が雇用を継続した上で労働契約の変更の合理性を争うことを可能にするような制度」であり，上記の変更解約告知型のほか，使用者に変更権を付与する案が併記されていた。合意原則により適合的な制度は変更解約告知型であり，この提案を参考に検討を深める必要がある。

4 実体的規制——個別的合意に関する内容規制の可能性

労働契約の内容規制ルールの立法化については，従来から議論があり，合意内容の限定解釈，不明確条項準則・作成者不利の準則，不意打ち条項規制等が議論されている。[10]契約法の一般原則によれば，こうした内容規制が直ちに正当

---

8) 島田＝土田・前掲注6）「ディアローグ」19頁。
9) 土田・前掲注1）書528頁。
10) 米津孝司「労働契約の構造と立法化」日本労働法学会誌108号（2006年）31頁，特に42頁以下参照。

化されるわけではないが，労働契約について，労使間の構造的な交渉力・情報格差を内在する契約という前提に立てば，一定の範囲で，信義則（労契 3 条 4 項）に基づく内容規制（構造的格差是正型規制）を構想することは可能である。

ここでは，「基本方針」が次のように規定していることが参考となる。

「基本方針」3.1.1.32「不当条項の効力に関する一般規定」
〈1〉 約款または消費者契約の条項［(個別の交渉を経て採用された消費者契約の条項を除く。)］であって，当該条項が存在しない場合と比較して，条項使用者の相手方の利益を信義則に反する程度に害するものは無効である。
〈2〉 当該条項が相手方の利益を信義則に反する程度に害しているかどうかの判断にあたっては，契約の性質および契約の趣旨，当事者の属性，同種の契約に関する取引慣行および任意規定が存する場合にはその内容等を考慮するものとする。

労働契約法においても，労働契約に編入された条項について，特段の個別交渉を介して合意された条項を除き，この規定に倣って不当条項規制を設けることは立法政策として可能である。また，こうした一般的不当条項規制とは別に，またはそれと並行して，個々の権利義務に関する不当条項規制を設けることも考えられる。すなわち，個々の権利義務の要件・効果を任意法規として整備し，それと比較して，労働者の利益を信義則（労契 3 条 4 項）に反する程度に害する条項を無効とする方策である。そうした権利義務としては，労働契約の成立から終了に至るまで幅広く想定できる（採用内定，試用期間，業務命令権，転居を伴う配転，出向，転籍，兼職規制，守秘義務，競業避止義務，服務規律等）。

たとえば，出向については，出向中の労働条件・処遇，出向期間，復帰条件が具体的に規定され，内容的にも著しい不利益を含まない場合に限って出向義務が発生するとの解釈が有力であり，競業避止義務については，競業制限が対象職種・期間・地域から見て最小限度にとどまることや，適正な代償が講じられていることを判断要素とする解釈が有力となっている[11]。そこで，こうした法的ルールを任意法規として整備し，そこから著しく乖離する契約条項の効力を否定する立法を構想することが可能である。そうした任意法規の整備は，権利

---

11) 土田・前掲注 1 ）書389頁，619頁参照。

義務の設定に関する当事者の交渉を促進する機能を営む（交渉促進規範）とともに，それら事項が合意原則から乖離しないよう規制する規範（適正契約規範）として機能することになろう（Ⅲ 1）。

5　使用者の権利行使に対する規制
(1)　権利の根拠

この点については，合意原則の意義（Ⅲ 3(2)）をふまえて，当事者間の合意を要するとの立法構想を検討すべきである。この点，「報告書」は，出向，懲戒，退職後の競業避止義務，秘密保持義務等について，「個別の合意，就業規則又は労働協約に基づくことが必要であること」の立法化を提案していた。

この観点から見ると，現行労働契約法上の出向規定（14条），懲戒規定（15条）は，それぞれの権利の根拠を規定せず，各権利行使が可能な場合に関する権利濫用規制のみを置くといういびつな規定となっている。上記の考え方に基づき，根拠規定を設けるべきであろう。

(2)　実体的規制（内容規制）

使用者の権利行使に対する内容規制については，個別的合意の内容規制（不当条項規制）について述べた立法構想（上記4）がおおむね妥当する。また，行使規制については，現行労働契約法の規制（一般条項〔3条5項〕，出向〔14条〕，懲戒〔15条〕，解雇〔16条〕）のほか，一定事項（業務命令権，採用内定における留保解約権，配転命令権等）について，権利濫用禁止規定の整備を検討すべきである。

(3)　使用者の権利行使自体の規制

さらに，合意原則を重視すれば，労働条件の変更に関して，合意原則が妥当すべき事項と，使用者の一方的変更権の対象となる事項を峻別した上，後者の範囲それ自体を制約する立法構想も考えられる。この点，「試案」40条は，賃金・労働時間等の労働契約の重要な要素（実質的労働条件）および当該労働契約で特に重要な要素とした事項について，使用者の変更権留保を排除する構想を示している。一つの考え方として注目される。

6 労使協議制（集団的労使自治）の導入の可能性

　以上では，個々の労働契約をめぐる手続的・実体的ルールの立法論について考察した。しかし，労働条件の規律に関する手続的規制は，主として情報格差の是正を目的とするものであり，労働契約の他方の特質である交渉力格差の是正にとっては必ずしも有効ではない。また，内容規制は，交渉力格差の是正に有効であるが，あくまで債権法（契約法）の枠内の規制システムである。

　これに対して，労働法においては，集団的労使自治という固有の法システムがあり，これを労働契約法に組み込むことを検討すべきである。合意原則が労働契約法の基本理念であるとすれば，労働法を貫くもう一つの重要な法理念は集団的労使自治であり，これが交渉力格差を是正する上で有効に機能することは経験則上，明らかである。集団的労使自治の第一の担い手は労働組合であるが（憲28条，労働組合法），労働契約法においても，労働組合の権限・機能を侵害しない範囲内で，労使協議制の導入を検討する必要がある。

　労使協議制の基本的制度設計については，「報告書」は，常設的な労使委員会制度を提唱し，制度設計の枠組みを示すとともに，労使委員会が関与した場合の契約法上の効果を明示していた（労使委員会の委員の5分の4以上の多数による決議があった場合に，就業規則による労働条件の変更の合理性を推定し，事前協議等がなされた場合に，配転・出向・解雇等における権利濫用の考慮要素とするなど）。一方，「試案」は，一定の措置について，労働者代表（過半数組合，過半数代表，労使委員会）との集団的協議による制度設計を要件とする旨の提案を行っていた（2条5項・44条～46条）。

　労使委員会制度に対しては，労働者代表機関としての独立性を期し難いとして批判し，従業員代表制を主張する見解がある。しかし，労働者のみで組織する従業員代表委員会は，労働組合との区別が困難となり，「第2の労働組合」の制度化となる危険があるのに対して，労使委員会は，労使の代表委員をメンバーとする協議体であるから，労働組合（法）との役割分担は可能である。また，労使委員会構想でも，労働者代表委員について民主的選出手続を法定し，その独立の地位と活動を保障することによって，労働者の利益代表機関としての制度的保障を実現することは可能と考える[12]。

7 就業規則法制

(1) 就業規則法制と合意原則との整合性

(a) 現行労働契約法においては、就業規則法制が中心を成しているが、これに対しては、法制定以前から、強い批判が行われていた。すなわち、個別労働契約ルールの整備を怠ったまま、就業規則規定だけを肥大化させるものであり、就業規則に関する「判例法理を立法によって固定化」し、「契約原理に死を宣告する契約法になりかねない」と(「就業規則変更法理の成文化に再考を求める労働法研究者の声明」〔2007〕)。そして、「試案」は、就業規則法制に対する対案としての労働契約変更請求権を提案していた(41条・42条)。これに対しては、就業規則およびその法規制の重要性を強調し、就業規則法制の積極的意義を強調する反論もなされている[13]。

(b) 私は、就業規則法制自体は支持するが、現行労働契約法の具体的規定については、合意原則との関係で疑問を抱く[14]。

まず、労働契約法7条(労働契約締結時の就業規則の拘束力)については、就業規則が労使間合意を介することなく契約内容となるとの規定は、合意原則との整合性を欠くと考える。この点、「報告書」は、労働条件は就業規則によるとの合意を推定する規定を設けつつ、規定内容が合理的でない場合は推定が働かないとする構成(推定効構成)を提案し、「試案」4条2項は、「使用者が労働基準法第89条の規定に基づき作成した就業規則は、それが当該事業場の労働者に周知され、かつ合理的な内容を定めている限り、統一的労働条件を定めたものとして、労働者と使用者との間の労働契約の内容として合意されたものと推定する」と規定していた。これら規定の方が合意原則に整合的と考える。

同様に、労働契約法10条(就業規則による労働条件の変更)についても、「報告書」が提案していた推定効構成(「就業規則による労働条件の変更が合理的なものであれば、労働条件は当該変更後の就業規則の定めるところによるとの合意が、労使当事者間にあったものと推定する」旨の規定を設け、この推定は反証をもって覆すことがで

---

12) 荒木=菅野=山川・前掲注2)書171頁。
13) 荒木=菅野=山川・前掲注2)書25頁,119頁。
14) 土田・前掲注1)書137頁,510頁。

きることとする）の方が合意原則に整合的である。

　以上の批判は，「基本方針」が提示する契約規制の観点からも妥当する。「基本方針」3.1.1.26は，約款の組入れ要件として，約款を契約内容とするための合意（組入れ合意）と，その前提となる開示規制を設けている。すなわち──

　　〈1〉　約款は，約款使用者が契約締結時までに相手方にその約款を提示して（以下，開示という。），両当事者がその約款を当該契約に用いることに合意したときは，当該契約の内容となる。ただし，契約の性質上，契約締結時に約款を開示することが著しく困難な場合において，約款使用者が，相手方に対し契約締結時に約款を用いる旨の表示をし，かつ，契約締結時までに，約款を相手方が知りうる状態に置いたときは，約款は契約締結時に開示されたものとみなす。

　就業規則と約款の法的類似性，約款規制との整合性および合意原則との整合性を考慮すれば，就業規則に関しても，合意要件を設けるか，または前記の推定効構成を採用し，就業規則が契約内容に組み込まれ，当事者を拘束する正当化根拠を明示すべきである。

　なお，労働契約法7条・10条の周知要件は，約款に関する開示要件に相当するが，立法論としては，前述した説明・情報提供手続（Ⅲ3(2)）を組み込むべきである。

　(2)　就業規則の内容規制──労働契約締結時の拘束力（7条）

　労働契約法7条・10条は，就業規則の内容規制として「合理性」要件を定めている。このうち，10条の「合理性」については，具体的判断基準が規定されているが，7条については規定がなく，著しく抽象的であり，予測可能性に欠けるという批判がなされうる。

　この点，「基本方針」は，約款における不当条項の効力に関する一般規定（3.1.1.32）として，「当該条項が存在しない場合と比較して，条項使用者の相手方の利益を信義則に反する程度に害する」ことを審査基準としており，「当該条項が存在しない場合」として，各種任意法規を想定している。労働契約法7条の合理性要件についても，個々の措置に即して，その内容を整理することは可能であり，個別的合意の内容規制（上記4）と同様，合理性条項を任意法規（労契7条のリファー規定）として整備することを検討する必要がある。

(3) 就業規則の内容規制——労働条件変更の拘束力（10条）

　この点については，紙幅の関係上，「基本方針」に示された債権法改正（事情変更の原則）から受けうる立法論的示唆について触れておきたい。「基本方針」は，事情変更の実体的要件として，「契約当事者の利害に著しい不均衡を生じさせ」ることを挙げ（3.1.1.91），効果としては，当事者の再交渉義務を挙げている（3.1.1.92）。

　この提案の示唆として，第一に，就業規則による労働条件変更に関しては，「基本方針」が説く再交渉義務を参考に，過半数組合・過半数代表者の意見聴取（労基90条）を，過半数組合または労使協議機関（例えば労使委員会）との「協議」に格上げし，かつ，これを変更の有効要件とすることが考えられる。これは，現行労基法90条および労働契約法10条・11条の改正を意味する。

　第二に，上記の協議を経て，過半数組合の合意または労使委員会委員の5分の4以上の多数による決議があった場合は，一部の労働者に大きな不利益を与える場合を除き，かつ，労働者の意見が適正に集約されることを要件に，変更後の就業規則の合理性を推定する旨の規定を設けることが考えられる。「報告書」が提案していた構想であるが，異論もありえよう。

　第三に，就業規則の変更が特定の労働者層に著しい不利益を及ぼす場合は，合意原則および再交渉義務の趣旨をふまえて，集団的協議とは別に，就業規則変更の対象となる労働者個人に対する手続（説明・情報提供）を変更の合理性の考慮要素に位置づけることが考えられる（Ⅲ3(2)）。

Ⅴ　結　　語

　本稿では，合意原則を基本に，労働契約法の解釈論・立法論について若干の提言を行った。しかし，これに対しては，そもそも合意原則を重視して労働契約法の解釈論と立法論を展開することは適切でないとの根本的な批判がなされうる。この点を含めて，今後，学会において活発な議論が行われることを期待したい。

　　　　　　　　　　　　　　　　　　　　　　　（つちだ　みちお）

労働契約法における合意原則と
就業規則法理の整序・試論
―― 就業規則による労働条件決定・変更の新たな理論構成 ――

唐 津 博

（南山大学）

I はじめに

　私は，労働契約法において判例法理としての就業規則ルールを立法化したことは，法理論的に，また立法論としても適切ではないと考えている[1]・[2]。しかし，本報告では，学会シンポジウムでの議論に資するために，就業規則に関する判例法理が，「合意原則」に基づく労働契約法に明文化された以上，この判例法理は「合意原則」に則して解釈すべきではないのか？　また，「合意原則」を選択した以上，労働契約法に明文化した判例法理は，「合意原則」に照らして新たに整序すべきではないのか？　このような観点から，「合意原則」に則して，判例法理（就業規則の契約内容化論，就業規則による労働条件変更論＝合理性基準論）を読み替え（契約的解釈論），「合意原則」に照らして，就業規則と労働契約関係規定の整序，すなわち，7条の本文と但書の転倒補正，9条と10条但書との整理，ならびに12条の位置修正を試みることにしたい（立法論）[3]。

---

1) 詳しくは，拙著『労働契約と就業規則の法理論』（日本評論社，2010年）295頁以下参照。なお，本稿は同書3編4章を整理，圧縮したものである。
2) 労働契約法の評価については，米津孝司「労働契約法の成立と今後の課題」労働法律旬報1505号（2001年）12頁以下に，共鳴できる点が多い。
3) なお，三井正信「労働契約法と就業規則の不利益変更」広島法学32巻1号（2008年）23頁以下，同「労働契約法七条についての一考察（一）（二・完）」広島法学32巻3号（2009年）15頁以下，同4号（同）23頁以下は，契約解釈論的アプローチを採る点では筆者と問題意識を共有しているが，労働条件変更については黙示の合意論（合理的変更合意説）に依拠した議論を展開している点で，私見と見解を異にする。

シンポジウム（報告②）

Ⅱ　労働契約法における就業規則法理の新たな理論構成

1　就業規則の契約内容化論

(1)　労契法7条の効力要件と合意原則

　労契法7条は、労働契約締結時において、使用者が「合理的な労働条件」が定められている就業規則を、労働者に「周知させていた」場合には、労働契約内容は、その就業規則で定める労働条件による、と定める。就業規則に定める労働条件内容が「合理的」なものであることと、その「周知」手続の履践が、この契約内容化の効力要件である。

　本条は、使用者が、労基法上事業場の労働者過半数代表の意見聴取手続を義務づけられている（同90条）にせよ、実際には労働者過半数代表の意向とは無関係に、すなわち一方的にその内容を定めることができる就業規則上の労働条件を、労使の「合意」ではないのにもかかわらず、労働契約内容として扱うという、明らかに合意原則と矛盾する法ルールを定めたのである。

　したがって、この法ルールについて、これを合意原則と整合性をもたせる、すなわち、できるだけ合意原則に適うような解釈を試みるとすれば、本条に定める契約内容化の効力要件には、「合意」に相当する意義、価値を認めるに足りる手続的な条件、ならびに内容面での条件を求めることが必要であろう。そして、ここでは、労働契約の決定・変更プロセスについての労働条件形成（成立・展開・調整）ルールの基本原則である、労働条件の対等決定の原則（労基2条1項）と労働条件明示の原則（同15条、規則5条。なお、同89条・90条・106条も参照）とが、依拠すべき基本原則である。そこで、以下では、このような観点から、「周知」手続（手続的要件）と「合理的」労働条件（実体的要件）について、検討を加えることとしたい。

(2)　「周知」手続

　労契法7条の「周知」手続を論じるについては、まず、労基法106条が、就業規則の「周知」手続を使用者に義務づけているので、その「周知」手続と、本条の「周知」手続との異同を確認しておく必要がある。

労基法106条は，労働者保護，すなわち行政監督と罰則の賦課による労働条件確保のための手続として，労働関係を規律する労基法や労使協定等とともに，就業規則の「周知」を義務づけている。これは，労働者にとっては，労働条件内容についてのアクセス権保障と意義づけることができよう。労基法106条の「周知」手続は，同法89条が列挙する集団的労働条件の内容を，就業規則の作成時だけでなく，その変更時においても，事業場の全労働者に対して，知ろうと思えば知ることができる状態で，開示することを要求している，と解される。ただし，同法施行規則52条の２は，この周知方法を特定している（①各作業場の見易い場所への常時の掲示，または備付け，②書面の交付，③磁気テープ，磁気ディスク等に記録し，その内容を常時確認できる機器を設置すること）[4]。

　これに対して，労契法7条の「周知」手続は，就業規則に定める労働条件内容を契約内容として扱うことを法的に許容するための手続である。したがって，この「周知」手続は，合意原則に則して，労働条件内容の確実な伝達としての実質を有する手続，具体的には，労働条件内容の詳細についての情報を開示し（対象事項の明確化），契約締結時に，労働者が知ろうと思わなくても（何らかの行動を起さなくても），全労働者の誰にでも（契約締結当事者本人だけでなく），その内容が明らかになる状態で開示されていたことを内容とする手続と解すべきである。すなわち，対象事項に応じて，集団的・画一的な，例えば賃金，労働時間等についての制度の内容と，その運用状況，およびその個別的な適用等を単に開示するのではなく，これについて具体的説明等を行うことが要求されるのである。このことは，労働条件形成に係る基本ルールである，労働条件明示原則，ならびに労働条件対等決定原則からの要請と解されるが，使用者に，労働者に提示する労働条件内容について，労働者の理解を深めるようにすることを求める（契約内容の理解促進の努め）労働契約法4条1項および，労使は，労働契約についてできる限り書面により確認することを求める（契約内容の書面化

---

[4] 1988年の労基法施行規則改正（52条の2）以前には，「周知」方法は例示（旧労基法106条の文言は，「常時各作業場の見易い場所に掲示し，又は備え付ける等の方法」）であった。この規則改正によって，刑罰の賦課によってその履践を確保する周知手続の内容が特定されることになり，労基法上の「周知」手続と就業規則の法的効力論において論じられる「周知」手続とを切り離して論じることに無理がなくなった。

の励行）同条２項が，ここで，参照されるべき新たなルールというべきであろう[5]。

ところで，労契法７条が設けられたことにより，就業規則の法的性質を議論する実益は小さくなった，との見方が示されている[6]。しかしながら，法規範説，契約説のいずれに立つかによって，効力要件としての「周知」手続の内容は異なるように思われる。例えば，法規範説では，この手続は，法規範（法律）の公布に相当する手続であり，契約説では，この手続は，合意内容の確認（労働者の了知）に相当する手続ということになろうが，「周知」手続の内容として，個別的，具体的説明を要するか否か，また，その説明の程度や内容いかんについては，おそらく，見解は分かれるであろう。私は，就業規則を，労働契約内容の解釈基準として機能する補充規範（本来は労基法上，今般の労働契約法制定に伴って，実定法上は労働契約法上，個別労働者の労働契約に対して最低基準的効力を有するという点で，法的規範としての効力が付与された規範）と理解している[7]ので，この「周知」手続には，契約内容を補充すると解するに足りる相当な手続が必要であると考え，既述のように解することになる。

ちなみに，労契法７条の「周知」要件は，一般に，「周知」手続を就業規則の効力要件と解したフジ興産事件最高裁判決（最二小判平成15・10・10労判861号

---

[5] 労契法４条１項については，「『理解を深める』方法は事案によって異なりうるものであり，法的に強制しうる義務内容を特定することが困難であることからすれば，本項は訓示規定であり，そこでの使用者の義務の性格は努力義務にとどまる」，と解されている（荒木尚志・菅野和夫・山川隆一『詳説労働契約法』（弘文堂，2008年）80頁）が，同項および同２項は，本文のような「周知」手続理解を補強する役割を果しうる規定であると考えられる。

[6] 山川隆一「労働契約法の制定」日本労働研究雑誌576号（2008年）９頁。荒木他・前掲注５）書106頁も同旨。なお，村中孝史「労働契約法制定の意義と課題」ジュリスト1351号（2008年）43頁は，労働契約法による就業規則ルール設定を「長らく争われてきた就業規則の法的効力に関する議論に一応の終止符を打った」と評するが，就業規則の法的効力について，実定法上，旧労基法93条（現労契法12条）に加えて，新たな根拠規定が設けられたことにより，その効力関係をどのように解すべきか，新たな議論局面に入ったというべきであり，就業規則の法的性質論（就業規則の法的効力をいかに解すべきかという問題は，就業規則に対する法的コントロールのあり方を問う議論である）にいまだ終わりはみえない。この点については，毛塚勝利「労働契約法の成立が与える労使関係法への影響と今後の課題」季刊労働法221号（2008年）30頁参照。

[7] 拙著・前掲注１）310頁以下参照。

5頁)に依拠したものと理解されているようであるが，最高裁は，本判決において，この「周知」手続の具体的内容には全く言及していない。したがって，最高裁の見解は明らかではないといわざるを得ないが，最高裁の法的性質論を，仮に約款説または定型契約説と呼ぶのなら，約款規制において説かれている「開示」は，「知ろうと思えばいつでも知りうるようにしておくこと」であるから，最高裁の立場では，具体的な説明は不要ということになるのかもしれない。ただし，約款規制に係る議論では，「開示」手続とは別に，約款を契約に用いることについての合意が求められていることからすれば，最高裁の就業規則契約内容化論では，そのような合意を要求していないので，「周知」手続の内容を「開示」と同程度のものと解することが妥当なのか，問題となろう。いずれにせよ，就業規則の法的性質をどのように解するかという法的性質論は，就業規則に対する法的コントロールのあり方を議論するさいにはもちろんのことであるが，このように，労契法7条に定める就業規則の契約内容化の効力要件の解釈においても，その意義を失ってはいないのである。

(3) 「合理的」な労働条件

次に，実体的要件としての，「合理的」な労働条件とは，どのように解すべきものであろうか。まず，労基法は，就業規則は，法令，労働協約に反してはならない(同92条1項)として，就業規則の内容が法令，労働協約に抵触しない範囲内でのみ効力を有することを明らかにし，また，個別具体的な規制として，工場法制定当時に過酷な就業規律として猛威を振るった減給制裁についての制限規定(同91条)を置いている。これらの定めは，就業規則の内容規制にあたるもので，「合理的」な労働条件とは何か，を考えるさいの基本的な手がかりとなるものであろう。法令に反する就業規則は，その存在を許容されず，労働協約の適用を受ける労働者(拡張適用が認められる場合には当該労組員以外の労働者を含む)については，当該協約に反する就業規則も，またその限度で存

---

8) 菅野和夫『労働法〔第8版〕』(弘文堂，2008年)111頁。また，行政通達である「労働契約法の施行について」(平成20・1・23基発第0123004号)。
9) 約款規制については，山本敬三「約款規制の法理と民法の現代化(1)(2)」民商法雑誌141巻1号，2号(2009年)参照。

在根拠を失うのである。この規制の実効性は，法令，労働協約に抵触する就業規則に対する行政官庁の変更命令によって確保することが意図されているが（92条2項），後者については，それは事実上不可能となっていることには留意すべきである（昭和29年の労基法施行規則49条の改正により，労働協約の有無を把握できなくなった[10]）。

　また，労基法は，就業規則の作成・変更について，使用者に，一連の手続的義務を課している（法89条・90条・106条）が，これらの「行為規範」は，「合理的」な労働条件とどのような関係にあるのだろうか。周知のように，最高裁は，秋北バス事件大法廷判決（最大判昭和43・12・25民集22巻13号3459頁）において，就業規則の作成義務，意見聴取義務，意見書を添付した届出義務，周知義務の定め，および91の減給制裁の制限，92の法令・協約違反の禁止と行政官庁による違反就業規則の変更命令制度という定めは，就業規則の「内容を合理的なものとするために必要な監督的規制」，「就業規則の合理性を保障するための措置」と論じた。この判決のロジックによれば，「合理的」な労働条件とは，労基法上の手続を適正に履践したものを言う，ということになろう。しかし，これらの手続的規制が就業規則の効力要件である，とは必ずしも言えない。手続的規制は，行政監督に資するためのもの（監督的規制）であって，これを就業規則の効力要件と解すべき必然性はない，とも考えることはできるからである。最高裁は，同様に，労契法7条の立法化の論拠として引用される，電々公社帯広局事件判決（最一小判昭和61・3・13労判470号6頁），日立製作所武蔵工場事件判決（最一小判平成3・11・28労判594号7頁）では，労基法上の手続的規制の履践の有無には全く言及していない。このことからすれば，最高裁は，手続的義務の履践を効力要件とは解していないようである。

　しかし，就業規則の法的性質論としての法規範説では，労働契約に対する就業規則の法規範的効力は，労基法の規定を遵守（手続的義務の履践）してはじめ

---

[10] 旧労組法は労働協約について届出制をとっていたが（19条2項），1949（昭和24）年労組法改正によりこれが廃止され，その後，1954（昭和29）年に，就業規則の届出のさいに労働協約の添付を義務づけていた労基法施行規則49条も改正されて，現行の同49条に至っている。この間の経緯については，浜田冨士郎『就業規則法の研究』（有斐閣，1994年）48-49頁参照。

て認められるのであり，手続的規制は効力要件と解する，との結論を導くことは可能であろう。これに対して，契約説では，手続的規制は，労基法の法目的に則した独自の監督的規制であって効力要件ではない，との結論になるかもしれない。就業規則を契約内容の補充規範と解する私見では，契約内容の適正さを確保するためには，労基法の就業規則法制のもとで，内容規制，手続規制に従ったものでなければならないから，これらの手続的義務の履践は，労契法7条のいう「合理的」な労働条件を担保する法的意義を有するものと解される。ここでも，就業規則の法的性質論いかんによって，労基法上の手続的規制の意義の理解は異なることになろう。

　さて，「合理的」な労働条件とは何かという問題を考えるについて，最近，注目すべき判決が出された。協和出版販売事件・東京高裁判決（東京高判平成19・10・30労判963号54頁）が，それである。[11] 本判決は，秋北バス事件最高裁判決を引用したうえで，こう説いた。すなわち，「合理的な労働条件を定めていることは，単に，法令又は労働協約に違反しない（労基法92条1項）というだけではなく，当該使用者と労働者の置かれた具体的な状況の中で，労働契約を規律する雇用関係についての私法秩序に適合している労働条件を定めていることをいうものと解するのが相当である。」と。そして，改正高年齢者雇用安定法に対応する定年延長後の労働条件の「合理性」について，「従前の定年から法改正に伴って延長された定年までの間の賃金等の労働条件が，具体的状況に照らして極めて過酷なもので，労働者に改正定年まで勤務する意思を削がせ，現実には多数の者が退職する等，高年齢者の雇用の確保と促進という同法の目的に反するものであってはならないことも，前記雇用関係についての私法秩序に含まれる」と。本件では，賃金について，従前との対比で約3割〜4割余りの減額であったが，他の労働条件内容をも考慮して，本件の労働条件はこのような私法秩序に適合しているとして，その「合理性」が肯定された。本判決の説く「労働契約を規律する雇用関係についての私法秩序への適合性」という評価

---

[11] 本判決については，野田進教授が，労契法7条の「合理的な労働条件」の解釈可能性を切り開くもの（「『働きながらの貧困』と労働法の課題」労働法律旬報1687・88号（2009年）12頁以下）と積極的に評価されている。

基準は，単に法令違反というのではなく，「合理性」判断を枠づける新たな一般的基準として有用である。例えば，労基法や育児・介護休業法に保障された労働者の権利の行使を抑制するような就業規則上の措置（育児・介護休業の取得を通常の欠勤と同様に扱う賃金制度等）は，その「合理性」が疑われることになろう。

したがって，「合理的」な労働条件とは，手続的には，使用者が，労基法上の手続的規制を履践したうえで実施・運用している労働条件であり，実体的（内容的）には，その内容が，法令，当該事業場について適用されている労働協約に違反しておらず，併せて，仮に法令に違反していないとしても，労働契約を規律する雇用関係についての私法秩序に適合的である，換言すれば，各種の労働関係法規の目的に反しない内容の労働条件であること，と解することができよう。こうして，就業規則に定める労働条件について，使用者による個別的，具体的な説明を伴う「周知」手続が履践されており，このような意味での「合理的」な労働条件であれば，労働法上の基本原則に枠づけられた労働条件であると認めて，当事者の「合意」はないが，合意の内容として扱う，ということになる。

なお，労使関係における実務上の措置として，行政当局が指針等によって，「合理的な労働条件」にあたらない労働条件を類型化，提示することがあってもよい。明らかに合理性を認められない労働条件事例だけでなく，先に例示したような合理性が疑われる労働条件事例をリストアップすることも有益であろう。このような行政上のサポートは，労働契約法が，その目的（1条）に，「合理的な労働条件の決定又は変更が円滑に行われるようにすること」を掲げていることからすれば，肯定的に評価できよう。労基法，その他の法令による労働条件基準を上回ることを前提として，労働契約法（例えば，3条の定める「労働契約の原則」）を含めた，労働関係を規律する種々の労働関係法規の立法趣

---

12) なお，合理性の判断基準については，その具体的内容を指針で示すことが必要である（柳屋孝安「労働契約ルールの法制化と就業規則」季刊労働法212号（2006年）53頁），あるいは，不合理と判断される就業規則規定を例示する規則や指針を制定すべきである（浜村彰「就業規則による労働条件の決定と変更」労働法律旬報1641号（2007年）35頁）との見解が示されている。

旨・目的への適合性を確保することは，同じく同法の目的に掲げている「個別の労働関係の安定に資する」ために必要な措置と考えられるのである。

2　就業規則の変更による労働契約内容変更論

(1)　労契法10条の効力要件と労働条件変更意思

労契法10条によれば，使用者が，就業規則を変更することによって労働契約内容を変更するためには，変更後の就業規則を労働者に「周知」させ，当該就業規則の変更が「合理的」なものであることが必要となる。本条は，一般に，判例法理である就業規則の不利益変更に係る合理性基準論を明文化したものと説明されているが，「周知」手続の履践の有無は，この合理性基準論では考慮されていなかった。したがって，この点ですでに，労働契約法に立法化されたといわれる判例法理としての労働条件変更法理とは何なのか，その理解それ自体に疑義が生じるところであるが，ここでは，この合理性基準論という使用者のイニシアチブによる労働条件の形成（成立・展開・調整のプロセス）を正当化する解釈論ではなく，「合意原則」に則して，労使の「合意」に相当する意義，価値を担いうるものとして，労働条件の変更に係る労使の契約的意思，変更意思を探る解釈論を試みることとする。[14]

(2)　「周知」手続

まず，「周知」手続については，労働条件変更に係る「合意」に相当する

---

[13]　労働法学会第118回大会シンポジウムの石田信平講師の報告では，労契法3条2項（均衡の考慮），同3項（仕事と生活の調和への配慮）が，「合理性」判断にさいして考慮されるべきことが指摘された。確かに，両者は，信義則（同4項）ならびに権利濫用の禁止（同5項）とともに，労働契約関係の基本的ルールとして重要な意義を担うものと解される。しかし，いずれも，労働契約法案審議段階での修正により突如として追加されたもので，その法理論的意義と射程についての議論は熟していない。したがって，その法政策的意義を認めつつ，本文のような程度の理解にとどめておきたい。

[14]　私見によれば，就業規則の不利益変更による労働条件変更の法的拘束力については，労基法上の手続的義務等の履践の有無（手続的要件）と労働条件変更についての労使の契約意思（変更意思）の内容いかん（実体的要件）によって決すべきであるが，判例法理・合理性基準論が掲げる考慮事項は，この意思解釈において考慮すべき事情として位置づけられる（拙著・前掲注1）216頁以下）。したがって，労契法10条の解釈についても基本的にはこの理解を維持して，同条の文言に即した解釈論を試みる。

「変更意思」を認めるに足りる手続の方法・内容としては，何が必要になるのか，考えてみたい。この「周知」手続は，事業場の全労働者を対象として労基法106条が要求する，変更された就業規則の「周知」手続とは異なり，労働条件変更によって影響を受ける労働者が，その手続の主たる対象者である。

また，労契法7条の「周知」手続との関係では，同10条の手続は，労働契約締結時に「周知」されていた就業規則の労働条件と異なる内容のそれについての「周知」手続であるので，労働条件の変更によって生じた労使の利益状況の変化，労働条件の変更内容が，その変更によって影響を受ける労働者に対して，明らかになるような方法，内容の手続であることを要しよう。すなわち，労契法10条の「周知」手続は，労基法上の就業規則変更時の「周知」手続を履践していることを前提として，この変更によって労使の利益状況がどのように変化するのかが明確に労働者に伝達されるに足るだけの手続でなければならない。具体的には，まずは，全従業員を対象として行われるべき変更に係る説明について，変更事項の理解の困難度に応じて，変更の必要性，変更によって生じる可能性のある不利益の内容，程度等に関する資料を作成し，これを配布や回覧等によって，提示し（この点では，労基法上の「周知」手続内容と重なる），特に対象労働者について，必要に応じて説明会を開く等，変更内容はもちろん，変更に関する諸事情を労働者が具体的に理解できるだけの十分な説明（質疑応答の機会の設定を含む）を要するのである。この解釈は，「周知」手続に労働条件変更についての労働者の関与機会を確保する意義を読みこむものである。

このような「周知」手続内容は，使用者に過度に負担を課すようにも受け取られるかもしれない。しかし，NTT西日本事件・大阪高裁判決（大阪高判平成16・5・19労判877号41頁）では，55歳以上の副参事職に対する，賃金減額となる「特別職群」制度の導入（就業規則の変更）について，特別職群に移行した場合の具体的な賃金額，その算定根拠等についての説明が必要であるとの判断がなされている。また，退職金制度の変更の効力が争われた中部カラー事件控訴審判決（東京高判平成19・10・30労判964号72頁）は，全従業員に対し，制度変更の必要性，新制度の概要，従業員のメリット，デメリットなどを記載した説明文書等の配布・回覧，必要に応じた説明会の開催の必要性を説いている。この

両判決は，労基法上の「周知」義務の履践の有無を問題としたものであるが，労働条件の変更についての「周知」手続として採られる方法の適切さ，あるいは，周知対象事項の明確さの必要性を説いており，私見は，これを支持するものにほかならない。

(3) 変更が「合理的」であること

次に，変更の「合理性」判断について検討しよう。ここでは，就業規則に定める労働条件の「変更」について，労使双方の契約的意思，すなわち，労使の利益状況の変化に対応する労使の「変更意思」を探ろうとするのであるが，この作業は，最高裁判例が積み重ねてきた「合理性」判断の考慮事項について，その相互関係を契約論的観点から整理しようとするものである。すなわち，判例法理としての合理性基準論の難点として常々指摘されている，考慮事項の相互関係が明らかではなく，考慮事項として挙げられている事柄，それぞれの重要度が不明確である，したがって，そこで導き出される結論についての予測可能性が低い，といった弱点を克服する解釈論の試みである。[16]

なお，就業規則中に，就業規則の変更についての定め（変更条項）が置かれているか否とにかかわらず，変更の「合理性」判断を行うこととする。すなわち，就業規則に変更条項がある場合にも，その条項の客観的合理的解釈として，以下の第一の判断（当該変更が労使当事者の予測可能な範囲内に含まれているのか否か）を行い，さらに，例えば，変更に労働組合との協議手続等が要求されている場合等には，第二の判断（変更，さらには合意形成に向けて，労使当事者はどのような対応をとったのか）を行い，併せて第三の点（変更に係る法規制や自治的規制の遵守，履践の有無）を考慮することになる。

まず，第一に，労契法10条の掲げる「労働者の受ける不利益の程度」，「労働

---

[15] 就業規則の効力要件としての実質的周知（拙稿「就業規則の効力と周知——フジ興産事件」労働判例百選〔第8版〕（2009年）47頁）については，第一に周知方法（就業規則の定める労働条件へのアクセスの問題）が，第二に周知対象（周知される情報）の適切性・的確性が問題となる，と指摘されている（荒木他・前掲注5）書101頁，荒木尚志『労働法』（有斐閣，2009年）315頁以下）。

[16] 合理性基準論が抱える多くの難点については，例えば，拙稿「日本航空運航乗務員就業規則変更事件・評釈」判例評論554号（2005年）200頁以下。なお，拙稿「私の論点：就業規則の不利益変更法理と労働契約法10条の解釈」労働法律旬報1709号（2009年）4頁以下参照。

条件変更の必要性」,「変更後の就業規則の内容の相当性」という考慮事項は,労使の置かれた社会経済状況の変化の下で,客観的にみて合理的に,当該変更が,必要性,内容の両面からみて,労使が予測できうる範囲内のものであるか否かを判断する事項である,と位置づける。すなわち,当該変更が,客観的,合理的にみて,労使の予測可能な範囲にあるものと評価できるのか,そのように評価できるものであれば,当事者意思に適ったものとして扱う,ということである。

　ここでは,これまでの合理性基準論の枠組みで論じられてきた「不利益」評価にかかる代償措置論（不利益に対応する労働条件の調整措置の有無,内容を問う）[17],経過措置論（一定期間の適用猶予,段階的適用等による不利益程度の軽減,緩和措置の有無,内容を問う）[18]は,法10条には明文化されていないが,考慮に入れる。これらは,「不利益」内容の実質を問う考慮事情だからである。また,「変更の必要性」評価については,「賃金,退職金等の重要な労働条件」の変更について「高度の必要性」を求める考え方も[19],法10条には明文化されていないが,活用できよう。変更の必要性判断は,労働条件内容に応じて具体的,実質的に行う必要があるからである。さらに,「変更内容の相当性」については,当該労働条件についての社会一般の状況に照らして判断すべきであろう。この判断は労使の合意がない場合の労働条件変更の効力に係るものであるから,労働条件の社会的相当性も考慮すべきことになるのである。

　第二に,法10条にいう「労働組合等との交渉の状況」という考慮事項は,労使の「合意」が得られなかったとしても,「合意」の形成,達成に向けて労使の実質的な協議,交渉等の手続がとられたか否かを判断する事項である,と位置づける。当該変更について,労使の合意形成に向けてとられた関連情報の提供,説明,協議,交渉等の具体的な対応プロセスの内容を考慮するのである。

---

17) 御國ハイヤー事件・最二小判昭和58・7・15労判425号75頁,大曲市農協事件・最三小判昭和63・2・16労判512号7頁。
18) 第四銀行事件・最二小判平成9・2・28労判710号12頁。
19) 大曲市農協事件・前掲注17),朝日火災海上保険事件・最三小判平成8・3・26労判691号16頁,第四銀行事件・前掲注18),みちのく銀行事件・最一小判平成12・9・7労判787号6頁。

多数組合や過半数組合との合意は，当該変更について労使の「合意」があったものとして扱うことについて，これを肯定的に評価する方向に作用することになろう[20]。また，誠実な協議が重ねられたけれども，結果的に労働者全員の納得は得られなかった場合には，たとえ，その「合意」は取り付けられなかったとしても，「合意」形成に向けた労使の誠実な対応は当該変更の納得可能性を高めたもの，と評価できよう。

　第三に，法10条の「その他の変更に係る事情」は，労使の「合意」があった場合と同様の法的効果（法的拘束力）を認めるに足りる，労働法上の相当性があるか否かを判断する事項である，と位置づける。ここでは，労基法上の就業規則に係る法定手続（届出，意見聴取，周知）や，労働協約，就業規則上の変更手続の履践状況等，労働関係における各種の「行為規範」の遵守状況が考慮されることになる。

　なお，労基法90条の「意見聴取義務」の解釈については，その手続内容が軽んじられており，単に労働者過半数代表の意見を聞きおくだけでよい，「諮問」の意味であって，「協議」まで要求するものではない，との理解が一般的である[21]。しかし，意見聴取義務違反に対する罰則適用のレベルではともかく，就業規則の私法的効力の有無が問題になる場面では，本条の立法趣旨（就業規則作成・変更にかかる労働者の関与の保障）に照らして，より積極的な意義づけを与え

---

20) 合理性判断にさいして，多数労働組合との合意をどのように位置づけるべきかについての議論に先鞭をつけたのは，第一小型ハイヤー事件・最高裁判決（最二小判平成4・7・13労判630号6頁）であった。そして，前掲・朝日火災海上保険事件判決を受けて，多数組合との合意を積極的に位置づける議論（荒木尚志「朝日火災海上保険事件最判評釈」ジュリスト1098号（1996年）143頁，菅野和夫「就業規則変更と労使交渉」労判718号（1997年）6頁以下）が展開された。しかし，その後の，前掲・第四銀行事件判決，前掲・みちのく銀行事件判決，さらに羽後銀行（北都銀行）事件判決（最三小判平成12・9・12労判788号23頁），函館信用金庫事件判決（最二小判平成12・9・22労判788号17頁）に示された判断をみると，最高裁の合理性基準論では，多数組合との合意にそれ独自の意義が認められているとは言えず，相対的な考慮事項にとどまると解される（この点については，拙著・前掲注1）209頁以下参照）。しかし，「合意原則」に照らして労契法10条を解釈するとすれば，本文のように多数組合との合意には，重要な意義が認められる。なお，渡辺章『労働法講義上』（信山社，2009年）199頁は，「使用者は，当該不利益変更が事業場の労働者の一般的意思（多数意思）によって受け入れられているとの事実（過半数代表者の支持を受けたこと）を証明する責任を負うべきである」として，多数労働者との合意を重視される。

る必要があろう。労働条件の不利益変更については、この「意見聴取義務」は労働者過半数代表を通じた、変更に関する労働者の意見表明の機会の保障という意義を担うものであり、変更の必要性、変更によって生じる不利益の内容・程度等についての説明等（私見では「周知」手続の内容と重なる——ただし、相手方、対象労働者が異なる——）を前提として、過半数代表が労働者の意見集約を行う時間的余裕（一定期間）をみたうえで、その意見を表明する機会（期日、場所）を設定することが必要であって、このような手続が履践されたか否か、が問われるのである。[22]

このように、私見では、就業規則の不利益変更の効力の有無は、以下の3つの事情を考慮することによって判断するということになる。すなわち、第一に、労働関係の具体的展開に対応する変更についての客観的にみて合理的な予測可能性の有無、当該変更が、変更の必要性、変更によって労働者が被る不利益の内容の両面からみて、労使両当事者が予測できる範囲内のものであるか否かである。したがって、法10条に明示された事情以外にも、例えば、従来から会社の業績の悪化に応じて適宜、労働時間や賃金等の労働条件の調整を行い、労働者側もこれを受け入れてきた等の、変更に関する労使当事者間での予測可能性を推測させる事情があれば、このような事情も当然ここで考慮されることになる。[23] この考慮は、労働条件変更に係る労使の契約的意思を探るもので、「合意

---

[21] 最近の議論としては、例えば、荒木・前掲注15)書292頁。なお、渡辺章教授（前掲注20)書207-208頁）は、「労働契約法の精神ないし構造からみて、とくに労働者の過半数代表者の意見聴取の手続は就業規則による労働条件の変更の場合のみでなく、その作成（設定）について、「合意の原則」を代替する重要な手続」と解されている。

[22] 意見聴取手続の具体的内容については、拙稿「就業規則の不利益変更と手続要件論」日本労働法学会誌71号（1988年）64頁、同「第90条（作成の手続）」青木宗也・片岡曻編『労働基準法Ⅱ（注解法律学全集45巻）』（青林書院、1995年）266頁以下参照。なお、野川忍「立法資料から見た労働基準法」日本労働法学会誌95号（2000年）69頁は、立法資料の検討の結果、「意見聴取という労働者参加のあり方について想定されていたのは、限りなく同意に近い就業規則作成への関与」であったと指摘され、土田道夫「労働基準法とは何だったのか？」日本労働法学会誌95号（2000年）182-183頁は、意見聴取手続の私法的効果は別途考えうるとして、「実質的協議を経ない就業規則の作成は、労基法90条の趣旨および労働条件対等決定原則（2条）の趣旨に反して無効」と解されている。

[23] この判断枠組みのもとでは、労契法10条に明記された事項を考慮すべきは当然であるが、考慮事項がこれに限定されるわけではない。

原則」からの法的要請ということができる。第二に，変更と合意形成についての労使双方の具体的な対応如何である。この考慮は，労働条件対等決定原則（労基法2条1項）と契約内容理解促進（労契法4条1項）からの法的要請ということができるが，併せて，労契法1条（目的）が掲げる労使の「自主的な交渉」を促す意義を有するもので，法政策的な立場からは，労使の自律的な労働条件形成へのインセンティブとして意義づけられよう。そして，第三に，変更に関連する労働法ルールの遵守，履践状況如何である。この考慮は，当該変更の法的効力を肯定することについての客観的な納得性を確保する意義を有するもので，労基法上の就業規則規制に係る「行為規範」のみならず，労使は，労働協約，就業規則および労働契約を遵守し，誠実に各々その義務を履行しなければならない（労基法2条2項）との「行為規範」からの法的要請ともいえよう。就業規則変更の手続については労基法89条・90条の定めに拠ると規定する労契法11条は，このような解釈によってこそ，その労契法上の実質的意義が明確になる，と考えられるのである。[24]

III　就業規則による労働条件の決定・変更に関する規定の整序

1　7条の本文と但書の転倒補正，12条との統合・試案

労働契約と就業規則関係規定（条文）の整序については，私の基本的な考え方と，当面の試案について，論じることとしたい。

労契法第二章「労働契約の成立及び変更」では，まず，6条が労使の「合意」によって労働契約が成立することを定めているが，7条は，本文で就業規則による労働条件の決定を，但書で就業規則の内容と異なる労働条件を合意し

---

[24]　労契法11条の届出を，同10条の「その他の就業規則の変更に係る事情」として，また，意見聴取を，同条の「労働組合等との交渉の状況」として，それぞれ変更の合理性判断において考慮されるべきことを示したものと解する（荒木他・前掲注5）書125頁）とすれば，両手続は変更に係る諸事情のなかの一考慮事項に過ぎないことになり，その固有の手続的意義，さらには同11条が規定された趣旨が見失われるように思われる。なお，西谷敏『労働法』（日本評論社，2008年）174頁は，労契法11条が，「変更の手続」に限って，労基法89条と90条による旨規定していることをあげて，届出と意見聴取手続を不利益変更の効力発生の要件と解されている。

ていた部分についての，12条に抵触しない範囲での個別合意の優先を規定している。しかし，この7条の規定の仕方は，労使の合意によって労働条件が定まるとの基本原則からすれば，きわめて変則的と言わなければならない。この規定の体裁は，労使の個別的な合意（労働契約）による労働条件ではなく，就業規則に定められた労働条件にしたがって労働関係が展開されているという社会的現実と，判例法理としての就業規則の労働契約内容化論に引きずられたものというほかない。

例えば，労基法では，個別的な合意による労働条件の設定，労働契約の締結を想定して，法15条が基本的な労働条件たる，「労働契約の期間」，「就業の場所及び従事すべき業務」のほか，集団的，制度的な労働条件である，労働時間，賃金等の明示を義務づけ，併せて，これらの集団的，制度的な労働条件については，法89条以下が，就業規則の作成ほか，一連の手続的規制と内容規制を加えているが，このことから明らかなように，労働条件設定についての基本的な法制度は「労働契約」なのである。労基法は，労働条件形成（成立，展開，調整）の現実に則して，労働契約と就業規則の協働関係をその法規制の対象に組み込んでいるが，行政監督と刑罰によって最低労働基準を確保する労基法の法規制の特徴からして，これには妥当性を認めることができよう。つまり，労基法においては，使用者が一方的に作成した職場規範であるにもかかわらず，事実上労働条件を決定づけている就業規則に対する規制にきわめて重要な意義がある。しかし，労働契約法は，労使の合意による労働条件形成を基本原則に掲げる立法なのではないか。この意味で，7条の本文と但書は，その規制のあり方として主客転倒したものとなっているといわざるを得ないのである。[25]

したがって，この転倒を補正し，併せて，個別合意を，労働者保護の観点から限界づける法的効力，すなわち，労基法旧93条（現労契法12条）が（労基法13条〈労働契約に対する強行的直律的効力〉と同様の趣旨で）付与していた就業規則条

---

[25] なお，「労働基準法では労働契約とは別個の制度として規制された就業規則も，労働契約法では，労働契約に包摂され，当事者の合意とできるだけ調和するように効力を規定された」との理解（菅野和夫「労働契約法制定の意義──「小ぶり」な基本法の評価」法曹時報60巻8号（2008年）35頁）に立てば，このような評価は導かれることはないであろう。そもそも，あるべき「労働契約法」像が異なるからである。

項の最低労働条件保障的効力（近年では，一般に最低基準効と称されている）についての定めを統合すると，現7条の条文については，次のような案文（下線部分が新たな文案）を考えることができる。すなわち，

◆7条案　①労働契約の内容である労働条件は，労働者と使用者の合意によって，これを定める。ただし，就業規則で定める基準に達しない労働条件を定める労働契約は，その部分については無効とする。この場合において無効となった部分は，就業規則で定める基準による。(12条全文)
②労働契約の内容である労働条件について，労働者及び使用者の合意がない部分については，就業規則に定める労働条件が合理的であり，これを使用者が労働者に周知させていた場合には，労働契約の内容は，その就業規則で定める労働条件によるものと推定する。

7条案の1項は，合意原則と，就業規則の最低労働条件保障的機能（最低基準的効力）による個別合意の制限について規定するもので，2項は，労使の明確な合意がない場合の就業規則の契約内容補充的機能（推定的効力）を規定するものである。[26] 現労契法12条（就業規則の労働契約に対する片面的強行性）を1項但書としてここに含めたのは，労働契約法の目的規定（1条）にある，「労働者保護を図りつつ」という文言を考慮したからである。仮に，労働契約法の目的から，この保護法的な文言が削除されるのであれば，現12条も削除し，労基法93条を旧法の条文に復して，この7条案の1項但書を，「就業規則で定める基準に達しない労働条件を定める労働契約については労基法93条の定めるところによる。」，と改めることになる。

---

[26]　7条案1項但書は，これまで労基法が就業規則に与えていた最低労働条件保障的機能（労使の「合意」を無効として，無効部分を就業規則基準で置き換える）を維持して，労使「合意」に対する法的制約を定めるものであるが，同2項は，これを前提として，すなわち就業規則基準が最低労働条件として契約内容となることを前提として，個別合意のない労働条件事項の「合理性」と「周知手続」を要件として，当該労働条件事項を契約内容と推定することを定めるものである。なお，労契法7条については，就業規則の拘束力に関して，前掲の労働契約法制研究会報告書が「推定効構成（就業規則内容が合理性を欠く場合を除いて，労働条件は就業規則によるとの労使間合意を推定する規定を設けた上，規則内容が合理的でない場合は推定が働かないとする構成）を提案していたが，この方が合意原則に整合的である。」（土田道夫「労働契約法の解釈」季刊労働法221号（2008年）12頁）との指摘がなされている。

2 9条と10条但書との整理・試案

　次に，労働契約内容の変更について，労契法8条が合意原則に則して，合意による労働条件変更を確認し，続けて9条が労働者の合意がなければ，使用者は，就業規則の変更により労働契約内容である労働条件を不利益に変更することはできない，と規定している。この9条は，秋北バス事件最高裁判決が，就業規則変更によって労働者に不利益な労働条件を一方的に課することは原則として許されない，と述べていたことを受けた規定と解されているようである[27]。この9条については，多くの論者が指摘しているように，反対解釈として，労使が合意すれば，就業規則の変更によって労働条件を変更することができることを定めたもの，と解されよう。合意原則という観点からすれば，8条と同様に肯定できる理解であるが，8条の合意が，労働条件変更についてのそれであることに着目すれば，特に労働者にとっての不利益な労働条件変更については，その合意の客観的真実性について慎重な判断が必要となる（強いられた合意を排除することを要する）と考えられる。また，9条の反対解釈としての労使の合意については，それが，使用者が一方的に作成できる就業規則を通じた労働条件変更であることからして，その合意の認定については，一層の慎重な判断が求められる[28]。例えば，就業規則上に一定事由による変更条項が設けられているような場合に，就業規則の一括承諾というロジックで，就業規則による労働条件変更についての合意を簡単に認定することは，適切ではない。合意の認定については，今後，一層の議論を詰める必要があろう。

　ところで，就業規則の変更による一方的な労働条件変更を認めない，と規定する9条は，「ただし，次条の場合は，この限りでない。」と規定している。すなわち，10条は，この合意原則の例外と位置づけられているのである。この10

---

27)　荒木他・前掲注5）書116頁。
28)　労働条件変更についての「合意」の認定にさいしては，それが労働者の「自由意思に基づくものであると認められるに足る合理的な理由が客観的に存在」していることが必要であり，その認定は「厳格かつ慎重に行わなければならない」，との理解が一般化しつつある（西谷・前掲注24）書170頁以下参照）。なお，最近の裁判例である協愛事件（大阪地判平成21・3・19労判989号80頁）では，退職金減額の就業規則変更についての労働者の同意が認められなかった。

条は,労働条件の不利益変更にかかる判例法理としての合理性基準論を条文化したものと位置づけられているが,10条にも但書がある。すなわち,「ただし,労働契約において,労働者及び使用者が就業規則の変更によっては変更されない労働条件として合意していた部分については,第12条に該当する場合を除き,この限りでない。」として,就業規則の変更についての個別特約優先のルールを定めているのである。これは,合理性基準論には含まれていないルールであり,判例法理の射程範囲を限定し,契約自治原理が機能すべき領域を確保したものと積極的に評価されている[29]。しかし,この評価には違和感がある。というのは,ここでも,まずは,労働条件変更についての合意の有無が問題となり(契約自治原理が機能しているか否かを問う),その合意がなかった場合の労働条件変更紛争の解決の手立てとして,合理性基準論を援用する,というのが,正当な議論の筋道であろうと考えるからである。合理性基準論自体が,例外的法理として創出されたことを失念すべきではなかろう[30]。

したがって,9条案では,現9条の本文だけが残り,但書が削除される。そして,10条案(下線部分が新たな案文)では,現10条の但書部分と本文とが入れ替わることになる。すなわち,

◆**9条案** 使用者は,労働者と合意することなく,就業規則を変更することにより,労働者の不利益に労働契約の内容である労働条件を変更することはできない。(現9条本文)

◆**10条案** ①使用者は,労働契約において労働者及び使用者が,就業規則の変更によっては変更できない労働条件として合意していた部分については(現10条但書),これを変更できない。

②前項の合意がない場合には,使用者による就業規則の変更が………事情に照らして合理的なものであり,かつ変更後の就業規則を労働者に周知させている場合に限り,労働契約の内容である労働条件は,当該変更後の就業規則に定めるところによるものと(現10条本文)推定する。

---

29) 荒木・前掲注15)書335頁。
30) 合理性基準論の起点となった前掲・秋北バス事件最高裁大法廷判決が,就業規則の作成又は変更によって既得権を奪い,労働者に不利益な労働条件を一方的に課することは原則として許されない,と明言していたことを今一度,想起すべきである。

シンポジウム（報告②）

　9条案は，就業規則の変更による労働条件の一方的不利益変更を認めないことを規定するものである（合意原則）。10条案の1項は，就業規則の変更による労働条件の変更についての労使の合意の有無にかかわりなく，就業規則の変更によって労働条件が変更される場合に，変更できない旨の「合意」[31]があれば，それが優先すること（合意原則），2項は，就業規則の変更による労働条件変更について合意がない場合の就業規則の契約内容補充的機能（推定的効力）を規定するものである。

　これらの試案は，ほんの試論に過ぎないので，今後，詰めるべき点が多々あると思われる。ここでは，労働契約と就業規則の関係を規律する条文については，合意原則に則してその整序が必要ではないのかとの問題意識から，この点についての議論を喚起するために，このような条文案を提示してみた。しかし，この作業は，労働契約法だけでなく労基法・就業規則法制の再編成についての検討を要するものでもある。したがって，その本格的な検討は，今後の課題とせざるを得ない。

（からつ　ひろし）

31）「合意」については，野田進「労働契約における『合意』」日本労働法学会編『講座21世紀の労働法4巻労働契約』（有斐閣，2000年）19頁以下が，合意の複合的構造を分析して，「労働契約における合意が，契約の進行過程で追加的に形成される契機」を指摘されており，本条の解釈においても，このような合意分析が参照されるべきである。この点については，また毛塚・前掲注6）論文31-32頁，34頁も参照。

労働契約法の「合意原則」と 合意制限規定との衝突関係
―― 労働契約法は契約当事者の利益調整だけを目的としているのか ――

石 田 信 平

(駿河台大学)

I　はじめに

　労働契約法（以下，労契法）1条は，①「自主的な交渉の下で」の「合意原則」ならびに②「その他労働契約に関する基本的事項」を定めて③合理的な労働条件の決定・変更の円滑な運営を促進し，これにより④労働者の保護を図りつつ個別の労働関係の安定に資すること，を同法の目的としている。①と②を手段として，③・④を実現することが同法の基本的な仕組みであるといえよう。

　しかし，①と②がどのような関係に立つのかは，必ずしも明らかではない[1]。まず，労契法は，同法1条の①「自主的な交渉の下で」の「合意原則」（以下，合意原則）を受けて，同法3条1項において，労働契約が労働者と使用者の対等な立場における合意に基づいて締結され，変更されるべきものであるとしている。また，同法6条，8条，9条においても，合意による労働契約の成立，合意による契約内容の変更に関する原則を規定している。これらによれば，労契法は，「合意原則」を同法の中核に位置付けているということができる。

　その一方で，労契法は，②「その他労働契約に関する基本的事項」として，就業規則に関する規定，均衡の考慮，仕事と生活の調和への配慮，安全確保のための必要な配慮，労働契約期間についての規定，懲戒・出向・解雇に関する権利濫用規制ならびに信義則（以下，これらの規定を合意制限規定とする）を定め，契約当事者の合意を制約する規定を整備している。労契法は，合意原則を同法

---
1)　土田道夫『労働契約法』（有斐閣，2008年）39頁，荒木尚志『労働法』（有斐閣，2009年）227頁参照。

の軸に据えながらも，合意を制約する規定を数多く設けているのである。

　以上のような合意原則と合意制限規定の関係についての一つの見方は，労使の非対等性に特徴付けられる労働契約では，労働者と使用者が真の意味で合意するケースは限定的であって，合意制限規定に労契法の意義が集約されるというものである。こうした見方によれば，合意原則は，契約上の当然の原則を定めたもので，それ自体に大きな意義はなく，むしろ，合意制限規定に基づく労働契約の内容規制が重要であるとみなされる。これに対して，合意原則の意義を重視する考え方もありえる。つまり，非対等関係にある労働契約においては，たしかに労働者と使用者が真の意味で合意する場面は限定されるが，しかし，そうであるからこそ，可能な限り真の意味での合意を達成しうる手続規制が重要であると考えるのである。こうした考え方によれば，合意制限規定による内容規制はむしろ局限され，逆に，合意制限規定については，労働者と使用者が自主的に交渉しうる手続的解釈が求められることになる。

　本稿の目的は，労契法が規定する合意原則と合意制限規定の関係を明らかにすることにある。合意原則と合意制限規定の関係については，上記のいずれの見方が適切なのか，あるいは，以上の二つの見方とは異なる第三極があるのか。このような問題意識から，以下ではまず，「契約」としての労働契約の性質を確認したうえで，就業規則規制を除く合意制限規定について検討を加え，合意原則と合意制限規定の緊張関係について立ち入った考察を加えることとしたい。

Ⅱ　労働「契約」の排除的性質

　労契法6条によれば，「労働契約は，労働者が使用者に使用されて労働し，使用者がこれに対して賃金を支払うことについて，労働者及び使用者が合意することによって成立する」とされている。労働者の労務提供と使用者の賃金支払いが交換関係にあること，労働契約が労働者と使用者の合意によって成立する「契約」であることを明らかにしたものであるが，このことを，義務の特定性や他の社会関係からの分離独立性という「契約」の性質を強調した視点からさらに敷衍すると[2]，労働者の労務提供が交換の対象となるのであって私生活は

そこから排除されること，労働契約の当事者は個別の労働者と使用者に限定され，当該労働者の家族，契約当事者以外の労働者，さらには顧客，株主，一般消費者は，当該契約関係に含まれない，ということが導かれよう[3]。

Ⅲ 合意制限規定

1 均衡の考慮・仕事と生活の調和への配慮

しかし，労契法は，以上のような契約観に立つものではない。労契法は，同法3条1項において合意原則を掲げたうえで，均衡の考慮と仕事と生活の調和への配慮を同法3条2項，3項に規定しているが，以下に示すように，これらの規定が上記契約観を排斥しているからである。

「就業の実態に応じ」た「均衡」の考慮とは，そもそも，パートタイム労働法に設けられていた概念である。これは，パートタイム労働等の非正規労働が増加する中で，パートタイム労働に起因する低処遇やパートタイム労働としての就業の固定化という問題状況が表面化してきたことに対する立法的解決策として導入されたものであり，その理念は，働き方に見合った処遇を確保するとともに，正社員とパートタイム労働の転換を促進し，これにより正社員とパートタイム労働に二極化・分断化した就業形態から多様かつ連続的な就業形態を目指すという点に求められる[4]。また，ワークライフバランス憲章によれば，仕

---

2) Selznick は，他の社会関係と比較した場合の，契約の性質として次の点を指摘する。第一に，自発的な関係であること，第二に，義務が特定・限定されていること，第三に，自己利益と互恵性に基づく交換関係であること，第四に，契約当事者以外の第三者に義務を課すものではないこと，である。Selznick, Law, Society and Industrial Justice (Russell Sage Foundation, New York 1969) 52-62; Collins, Regulating Contracts (OUP, Oxford 1999) 14.
3) Knegt は，①労働契約が，個別の使用者と個別の労働者の間の取引を対象とした合意であり，他のあらゆる社会関係（同僚，上司，顧客，株主などとの関係）を排除する契約であること，②労働契約が賃労働に関する合意であり，教育，肉体的・精神的回復，食事など，労働と関連する私生活を排除する性質があること，を指摘する。こうした分析を出発点として，オランダ労働契約規制が，労働契約が個別の市場取引でありながら，労働が社会に埋め込まれているという緊張関係を反映した形で展開してきたことを示す。Knegt, The Employment Contract as an Inclusionary and Exclusionary Device, in Knegt (eds.), The Employment Contract as an Exclusionary Device : An Analysis on the Basis of 25 Years of Developments in The Netherlands (Intersentia, Oxford 2008) 185.

シンポジウム (報告③)

事と生活の調和への配慮とは，①就労による経済的自立が可能な社会，②健康で豊かな生活のための時間が確保できる社会，③多様な働き方・生き方が選択できる社会を志向する理念であるとされる。

こうした均衡の考慮と仕事と生活の調和への配慮は，具体的に労契法の解釈にどのように反映されるのか。たとえば，仕事と生活の調和への配慮については，配転や時間外労働命令の権利濫用審査の際に斟酌されることが考えられる。均衡の考慮については，パートタイム労働法が適用されない疑似パートの場合に斟酌されるという影響があろう。また，働き方に応じた処遇を確保するという趣旨を有する均衡の考慮から，使用者による公正な評価義務が根拠付けられる可能性も見いだすことができる[5]。さらに，均衡の考慮と仕事と生活の調和への配慮が，労契法7条や10条の就業規則の合理性判断に影響を与えることもありえよう。近時の裁判例では[6]，有期労働契約者に対する就業規則の不利益変更法理の適用に関して労契法の「均衡」が考慮されている。

労契法に均衡の考慮と仕事と生活の調和への配慮が規定されたことに伴う具体的な影響は，今後の裁判例の展開を待つほかないが，ここでは，これらの二つの要請から導かれる労契法の契約観について，以下の点を指摘したい。

第一に，均衡の考慮の要請は，正社員とパートタイム労働者の賃金格差や人事評価の公正さを問題としうる理念であるところ，これは，労契法の契約観が，個別の労働者と使用者の関係であることを超えて，企業組織の関係を直接的に反映するものであることを示唆している点である。合理的な内容の就業規則が労働契約に取り込まれる旨を規定した労契法7条・10条からも，企業組織の規範が労働契約に直接反映されるものであることが窺われる。第二に，仕事と生活の調和への配慮が，「労働」に「私生活」を取り込むことを要請する点である。労働契約は，「労働」を給付の対象とする契約であり，「労働」と「私生活」を分離する側面があるが，仕事と生活の調和への配慮は，「労働」と「私

---

4) 髙﨑真一『コンメンタール　パートタイム労働法』(労働調査会, 2008年) 103頁以下参照。
5) 公正評価の問題に関する権利濫用構成と信義則構成については，土田道夫「成果主義人事と人事考課・査定」土田道夫・山川隆一編『成果主義人事と労働法』(日本労働研究機構, 2003年) 83頁以下参照。
6) いすゞ自動車事件 (宇都宮地栃木支決平成21・5・21労判984号5頁)。

生活」の垣根を相対化することを意味する。第三に，均衡の考慮および仕事と生活の調和は，多様な働き方の実現等の政策目的を含んでおり，労契法が，こうした政策目的を労働契約に取り込む原則を明らかにした点である。均衡の考慮および仕事と生活の調和は，女性や高齢者の就業促進や長時間労働の是正により，労働市場の持続可能性や適正さを確保するという公的価値の実現を志向するものであり，労契法は，こうした公的価値の実現に応えることを要請されているのである。

以上のように，労契法は，契約法であるがゆえに「合意原則」を中核的な考えに位置付けつつも，「労働」に内在する社会的・経済的性格の緊張関係を反映したものになっているといえる。さらに，従属性の観点から労働者を保護するという視点だけではなく，あるいは，個別の労働者と使用者の間の利益を調整するという視点だけでもなく，労働市場の適正さの確保という公的価値の実現にも力点を置いているということができよう[7]。

2　信義則と権利濫用

労契法3条4項，5項では，労働契約の原則として，信義則と権利濫用が定められている。継続的に展開される労働契約においては，契約締結時点では詳細な契約内容を決定することができないために，あるいは，将来の環境変化に柔軟に対応するために，「不完備」な形で契約が締結される。労働契約の原則としての信義則や権利濫用は，そうした「不完備」な契約内容を補充するという機能が期待されているとみることができよう。また，労働契約における非対等性の観点から，権利濫用に基づいて使用者の権利行使が制約されることが考

---

[7] もちろん，労契法以外の労働法規制に，こうした公的価値の実現という趣旨が含まれていないわけではない。たとえば，労働基準法の労働時間規制には，公正な競争秩序の確保という趣旨が含まれている。また，労働契約終了後の競業避止特約に関する公序規制については，競争秩序の確保という公序と使用者の従属下におかれている労働者の保護という公序の二つの側面が含まれていると考えられる。弱者である労働者の保護と政策的・公的価値の実現という二つの区分については，フランスでは，保護的公序と指導的公序という形で議論されている。F. Canut, L'ordre public en droit du travail, LGDJ, 2007, pp. 4 et s. 山本敬三『公序良俗論の再構成』（有斐閣，2000年）48頁以下，後藤巻則『消費者契約の法理論』（弘文堂，2002年）158頁以下等参照。

えられよう[8]。

　もっとも，労契法の他の規定と関連付けて労契法の信義則や権利濫用を把握した場合には，次のような二つの意義があるということにも目を向ける必要がある。一つは，労契法4条で定められた労働契約内容の理解を受けて，労契法の信義則から使用者の情報提供義務・説明義務が導出される可能性があるということである[9]。

　こうした情報提供義務の正当化根拠については，多様な観点があるものの[10]，一方で，労働者と使用者の情報力格差を踏まえて，労働者の自律的な決定を促し，これにより，労働者の自己決定権を保障するという見方ができる。ただ，労働者の自己決定を尊重すると，使用者から説明を受けて労働者が自主的に合意すれば，当該契約については労働者が責任を負うことになり，当該契約に対する内容規制が後退するという帰結が導かれる可能性がある。他方で，労働者の自律的な決定に軸足を置くのではなく，弱者である労働者について，契約内容と手続の両面から保護する必要があるという観点から，情報提供義務を正当化する視点もありえよう。

　以上に対して，契約当事者の協調義務によって使用者の情報提供義務を基礎付ける見方もある[11]。労使を対立的な関係というよりは，相互に共通の利益を追求する関係として捉える契約観に立ち，契約当事者相互の情報提供によって，契約の給付の価値が最大化されるとみるのである。こうした見方は，契約締結時には不完備な契約内容が，契約の進行過程における当事者相互の情報提供に

---

8) 労働契約に対する規制については，しばしば契約内容自体に対する規制と権利行使に対する規制が区分される。ドイツでは，BGB 307条の労働契約の内容規制と BGB 315条（GewO 106条）の行使規制に関して，前者の規制が契約締結時の事情を基準にして行われるのに対して，後者の行使規制は，契約締結後の個別・具体的な事情に基づいて行われる。また，内容規制の効果は，「無効」である。約款規制が民法典に組み入れられる以前においては，労働契約に関する約款条項に合理的限定解釈が施されていたが，民法典改正後は，こうした合理的限定解釈は許容されないとされている。拙稿「退職後の競業避止特約（3）——ドイツの立法規制とその規制理念」同法327号（2008年）182頁以下参照。
9) 土田・前掲注1）書193頁以下参照。
10) 潮見佳男「説明義務・情報提供義務と自己決定」判タ1178号（2005年）9頁以下参照。
11) 後藤・前掲注7）書175頁以下。Collins, The Law of Contract, 4th edn. (London Butterworths, 2003) 336-339.

よって徐々に具体化され，とくに，労働者よりも情報を多く保持している使用者に情報提供義務を課す，と考える。また，労働者の自己決定の保障によって使用者の情報提供義務を正当化しないので，契約に対する内容規制を必ずしも縮減しない。ただし，協調義務から使用者の説明義務や情報提供義務を根拠付けた場合には，契約の他方当事者である労働者による情報提供義務を観念する必要性が生じうる。

さらに，使用者と労働者との間の契約関係から踏み出て，事業者という「社会的」地位・「社会的」役割を強調して，使用者の情報提供義務を正当化する考え方もありえよう[12]。いずれにしても，労使の協調関係や使用者の社会的役割を強調することは，労働契約関係を共同体における信頼や役割の視点から把握する見方と結び付く傾向があることは指摘されなければならない。

もっとも，労契法4条が信義則に投影された結果として導かれうる使用者の情報提供義務が，以上のいずれの正当化根拠に立脚せしめることができるのかは明らかではない。しかし，使用者の情報提供義務の正当化根拠に応じて，その導かれる結論に差異が生まれるということができよう。

労契法の他の規定と関連付けた場合の信義則・権利濫用のもう一つの意義は，上述した仕事と生活の調和への配慮や均衡の考慮の要請が労働契約上の権利義務に投影される窓口として機能するというものである。既述のとおり，仕事と生活の調和への配慮や均衡の考慮は，労働市場の持続可能性といった公的価値や企業組織の関係を労働契約に取り込むことを求めるが，とりわけ，企業組織と契約の関係については，共同体としての労働関係を尊重して労働契約の役割を単なる労働関係の地位設定に縮減し，労働関係の柔軟化を志向する「制度理論」と，労働関係を主としてその開始において締結された契約によって明確にされるべきもとのとして理解する「契約理論」が対立していることは知られている[13]。もっとも，これらの二つの理論を相互に排他的な関係とみる必要はないといえよう。信義則を通じて，労働契約に労働関係の組織的価値を組み込むことができるからであり，さらに，そもそも労契法は，合意原則を掲げながら，

---

12) 横山美夏「説明義務と専門性」判タ1178号（2005年）18頁以下参照。

就業規則の不利益変更法理を規定し，制度アプローチと契約アプローチの混在を正面から認めているからである。

3 安全確保のための必要な配慮

労契法5条では，「使用者は，労働契約に伴い，労働者がその生命，身体等の安全を確保しつつ労働することができるよう，必要な配慮をするものとする」として，使用者の安全配慮義務が定められている。これは，民法1条2項の信義則を根拠としてかつてから認められてきた安全配慮義務が，労働契約について定められたものであるが，とくに「労働契約に伴い」と規定されているのは，労働契約に特別な根拠規定がなくても当然に安全配慮義務が生じることを明らかにした意義があるとされている[14]。

したがって，立法趣旨に照らせば，労働契約上の合意によって労契法5条の「安全配慮義務」は排除されないと考えることができる。さらに，安全配慮義務が有する合意制約機能は，単に，当事者の合意によって安全配慮義務が排除されえないということにはとどまらない。たとえば，当事者が長時間労働する契約を締結した場合，信義則としての安全配慮義務は，当該長時間労働の合意をも制約する。このような意味においても，安全配慮義務は，当事者の合意を制約する作用を持つ。しかも，これは，労使の非対等性のみに基づいて正当化されるわけではなく，請負契約等の他の契約類型についても安全配慮義務が生じることも考慮すると，ある種の「公序」の観点から要求されてきたということができよう。

---

13) オランダにおける制度理論と契約理論の近年の展開については，A. F. Bungener, Het wijzigen van de arbeidsovereenkomst in vermogensrechtelijk perspectief, Deventer: Kluwer 2003, 191-200. フランスでの議論については，大村敦志『契約法から消費者法へ』（東京大学出版会，1999年）243頁以下参照。また，民法学における近時の議論として，内田貴「民営化（privatization）と契約――制度的契約論の試み」ジュリ1305号，1306号，1307号，1308号，1309号，1311号（2006年）参照。
14) 平成20・1・23労働契約法施行通達・基発0123004号。

4　期間の設定

　以上において概観してきたとおり，労契法は，合意原則を中心的な理念に据えながらも，均衡の考慮や仕事と生活の調和への配慮，就業規則規制，信義則や権利濫用規制，安全配慮義務など，合意原則と衝突する契機を有した規定を定めているが，労契法17条の労働契約期間についての規定も，合意原則を制約する性質を有しているということができる。

　労契法17条1項は，「やむを得ない事由」がある場合でなければ，使用者は，期間の定めのある労働契約を期間途中で解雇できない旨を規定した。民法628条の定める「やむを得ない事由」については，これを当事者の合意で緩和することができるのか否かという議論が存在していたけれども，労契法の上記の規定は当事者の合意に基づく緩和の可能性を否定したと評価することができよう。

　労契法17条2項は，同条1項に加えて，「その労働契約により労働者を使用する目的に照らして，必要以上に短い期間を定めることにより，その労働契約を反復して更新することのないよう配慮しなければならない」とする。期間の設定には，当該期間中の雇用を保障する意義があるものの，これが細切れにされることによって，こうした雇用保障機能が形骸化する。労契法17条2項は，同条1項と相まって，期間の雇用保障機能を強化する意義があるということができる。

　労契法17条2項から導かれる法的効果については必ずしも明らかではないが，使用する目的にそくした期間が設定されていないことからただちに，当該期間が無効とされたり，無期雇用に転化するということは困難であろう。労契法17条2項の配慮は，雇止め制限法理の判断要素として考慮されることになると考えられる[15]。

　ところで，労契法17条の規定と合意原則との関係については，期間の設定自体は契約当事者の自由であるとしつつ，その期間が必要以上に短期とならない配慮を行うこと，期間途中の解雇についての「やむを得ない事由」を緩和することができないこと，という二つの点において当事者の合意を制約していると考えることができる。

---

[15]　「労働契約法逐条解説」労旬1669号（2008年）57頁〔奥田香子〕参照。

では、こうした労契法17条による合意の制限を正当化するのは、労働者と使用者の非対等性であるのか。この点については、有期労働契約に関する規定の立法趣旨が、「労使双方に良好な雇用形態として活用される」点に求められていることを想起する必要があろう[16]。期間の設定はそもそも解雇規制回避の性格を持つが、労契法17条は、有期雇用が、使用者にとってはフレキシブルな労働力の確保という観点から必要であると同時に、労働者にとっても、失業状態に陥るのではなく、労働市場に参加するための有用な手段であるという観点から、つまり、政策的観点から、期間の設定を自由としつつ、期間の雇用保障機能を強化したとみることができる。

IV 合意制限規定と「合意原則」との緊張関係

以上のように、労契法では、一方で、合意原則が中心に据えられながらも、他方で、契約当事者に対する合意制限規定が設けられている。しかも、これらの規定は、労働者の従属性や労使の非対等性に基づいて、個別の労働者と使用者の利益調整を目的とするものだけではない。労働関係の組織性や政策目的を踏まえた規制も整備されているといえる。

では、こうした労契法の合意制限規定と合意原則の関係は、どのように把握されるべきか。相互に排他的な関係と把握するのではなく、両者を止揚する第三極が考えられないのかが問題となろう。一方が他方を排斥するという考えは、両者の要請を同時に規定した労契法の趣旨に反するといえるからである。そこで、まず、以下では、労契法における「自主的な交渉の下で」の「合意原則」の位置付けを模索することとしたい。

1 自主的な交渉の下での合意原則とは

労契法の合意原則が要請する理念を把握しようとした場合に問題となるのは、労基法2条1項の労使対等決定の原則と同じ趣旨の規定であるのか、それとも、

---

16) 前掲注14)労働契約法施行通達。

異なる趣旨を有するのか，異なるとすればそれはどのような違いか，という点であろう。

もとより労基法2条1項は，対等ではない労働者と使用者の事実上の関係に着目して，使用者との間で力関係に劣後する労働者保護の思想を定めたものである。しかし，労基法2条1項の対等決定の原則は，最低基準立法であり，かつ，罰則を備えた公法的規制である労基法において規定されており，基本的には，労働者と使用者の合理的行動を規制して当事者間の交渉を促進するものではない。

これに対して，労契法1条は，労働者と使用者が「自主的な交渉の下で」合意するという原則を定める一方で，罰則規定を伴う公法的規制による保護を内部に組み入れていない。罰則規定を通じたパターナリスティックな労働者保護を基盤とする労基法に規定された労基法2条1項に対して，労契法1条が目的とする「労働者の保護」は，労働者が主体的・能動的に行動しうる条件を整えることを要請しているといえよう。労契法は，労働者と使用者の合理的行動を規制して当事者間の交渉を促進する規範であるといえる。労基法15条と労契法4条の違いは，前者が契約締結に際しての使用者による労働条件の明示を最低基準の義務として規定したものであるのに対して，後者は，労働者に労働条件を提示するだけではなく，契約締結・展開・変更という契約展開過程の全局面において，契約内容の理解と書面による「確認」を求め，労働者が自ら労働条件を交渉しうる前提条件を要求している点にあると解される。[17]

2 交渉促進規範と「合意」の外にある規制との関係

しかし，以上のような意味での交渉促進も，個別の労働者と使用者との間という狭い意味での交渉促進と理解されるべきではない。既に述べたとおり，労働契約は，私的自治と従属性という緊張関係に応えるだけではなく，労働契約が市場取引であることと，「労働」が社会生活に埋め込まれていることから生じる緊張関係に応える必要があるためである。[18] 実際，労契法は，合意原則を軸

---

[17] 土田・前掲注1）書193頁以下，三井正信「労働契約法7条についての一考察（2・完）」広法32巻4号（2009年）25頁以下参照。

シンポジウム（報告③）

としつつも，就業規則規制や均衡の考慮に基づく企業組織の尊重，就業形態の多様化や労働者の安全確保という労働市場の制度設計の適正さの確保にも配慮しているのである。労働関係を基礎付ける「労働契約」を基盤として，労働者の自律性，企業組織からの要請，社会全体からの要請の最適な調整点を模索する必要がある。企業組織や社会生活・労働市場と適切に関係付けられた形で，労働者個人の自律性を確保する労働契約制度が探求されるべきである。労契法が，信義則や権利濫用，さらには「合理性」という社会・経済環境に開かれた規定を整備しているのは，そうした多様な要請を取り入れるためであるとみることができるのである。

第一に，企業組織の要請と労働者の自律性の両立については，個別の労働者と使用者の間の利益調整と並んで，労働者の参加や発言の保障が確保されるなかで達成されるべきものであろう。また，組織性の要請によって，特定の労働者に不利益が偏在することのないような配慮も要求される。

第二に，均衡の考慮や仕事と生活の調和が求める雇用形態の多様化と労働者の自律性の関係については，次のように考えることができる。

まず，均衡の考慮や仕事と生活の調和への配慮については，たしかに，一面において，「合意原則」と緊張関係にあるといえる。しかし，他面において，労働者と使用者の個別の契約自由を強調しすぎることによって，長時間労働と短時間労働の二極分化を招き，女性の労働参加を妨げている可能性がある。また，非正社員の増加という形の社会的排除を生み出し，結果として，労働市場の矮小化を招いている可能性もある。さらに，仮に長時間労働を行うことに労働者が同意したとしても，そのコストが当該労働者の家族に転嫁されている可

---

18) DeakinとWilkinsonは，イギリスの労働契約制度が，合意を基礎とするのか管理を基礎とするのか，交換なのか関係なのか，公的規制の対象の類型なのか私法的取引なのか，といった緊張関係を反映する形で発展してきたけれども，そこには常に「契約」と「身分」の要素が共存していたことを強調する。「身分」から「契約」への動きは確認されないというのである。Deakin and Wilkinson, The Law of the Labour Market（OUP, Oxford 2005）37. DeakinとWilkinsonの議論については，拙稿「イギリス労働法の新たな動向を支える基礎理論と概念——システム理論，制度経済学，社会的包摂論，Capability Approach」石橋洋教授・小宮文人教授・清水敏教授還暦記念論集『イギリス労働法の新展開』（成文堂，2009年）49頁以下。

能性も否定できない。「均衡の考慮」,「仕事と生活の調和への配慮」は,いずれも,正社員／非正社員という二極化・分断化された就業形態から,多様で連続的な就業形態を長期的に実現していくことを志向する理念であって,これにより,労働者が前提としなければならない労働市場の環境が改善され,労働者の実質的な自由度が向上するといえる[19]。就業形態の選択肢が多様化すれば,それだけ労働者の自主的交渉の幅が拡大される。そうした意味で,労契法は,労働者と使用者の個別の関係を規定するだけではなく,労働市場における労働の分配を規律する意義があるといえる。また,均衡の考慮は,パートタイム労働者や有期労働契約者の賃金を引き上げる効果があると考えられるが,これは使用者の教育訓練投資を促進し,パートタイム労働者や有期労働契約者の交渉力を高める作用があるという考え方もできよう。引き上げられた賃金に見合う生産性を有する労働者とするために,使用者は教育訓練を行うということもできるからである。均衡の考慮や仕事と生活の調和への配慮を通じて,雇用の質が高められ,社会的排除を生み出さない労働市場が整備されることによって,労働者の自主的交渉の質も高められるというべきであろう。

さらに,均衡の考慮や仕事と生活の調和への配慮と労働者の自律性の関係については,それらが含む政策的理念の実現を当事者間の交渉に委ねるという趣旨も含まれよう。たとえば,仕事と生活の調和への配慮は,労働契約に私生活を反映させることを要求するものであるが,これについては,労働者からの労働時間変更請求について,使用者が真摯に対応する信義則上の義務を観念することが考えられる[20]。さらに,労働契約の基本法である労契法の自主的交渉の理

---

19) Deakin と Wilkinson の Capability Approach (CA) から示唆を受けている。CA とは,労働契約・労働市場に対する規制を通じて,教育・職業訓練,労働市場へのアクセスなど自らを取り巻く環境や制度を含めた個人の潜在能力 (capability) を高め,個人の自由度を向上させることにより社会的排除を克服し,市場を活性化させるというものであり,最低賃金法,雇用差別禁止法,職場での発言の保障など多岐にわたる規制を正当化することを志向する。Deakin and Wilkinson (n 18) 342-353; Deakin, Renewing Labour Market Institutions (Central European University Budapest, 2001) 46-58. ディーキン＝ウィルキンソン (古川陽二・有田謙司訳)「労働法,競争力,そして社会権──労働法学における最近の理論上の貢献について」労旬1656号 (2007年) 8頁以下,有田謙司「イギリス労働法学における人権論の展開──新たな労働法規制の理論化の動き」季労215号 (2006年) 200頁以下,拙稿・前掲注18)論文53頁以下参照。

念には，均衡の考慮や仕事と生活の調和への配慮に関する新たな立法規制について，集団的交渉を促すための明確な行為規範を備えた任意規定，あるいは，労働組合との交渉やそれに代わる集団交渉によって適用除外を受けることのできるような強行規定の立法化を根拠付ける機能があると考えることもできよう。

V　おわりに

　以上において検討してきたように，労契法は，合意原則と衝突関係に立つ合意制限規定を定めているといえる。しかも，均衡の考慮，仕事と生活の調和への配慮，安全配慮義務，労働契約期間に関する規制など，単に労働者と使用者の非対等性の観点からだけでは説明できない内容を含んでいる。そもそも労働契約は，社会的・経済的文脈を基礎とする「労働」を対象とするもので，社会的・経済的要請を不可避に受ける契約である。その意味において，労契法が，「合意原則」によって貫徹されない規制を多数整備していることは必然的な結果であるとみることができよう。

　もちろん，労働契約に対する規制は，これまで，労働者の従属性を中心としながらも，組織性や共同性，継続性，労働者の人格性など多様な規制原理に基づいて正当化されてきた。しかし，とりわけ均衡の考慮と仕事と生活の調和への配慮は，政策的要請から取り入れられた規定であり，これまでの規制原理とは異なる側面がある。

　たしかに，均衡の考慮と仕事と生活の調和への配慮は，抽象的な規範であり明確な行為基準を提供しているわけではない。このため，労契法に規定されたこうした要請は，限定的に把握されるべきであるという考え方もできる。

　しかし，これらの要請が，労働契約の原則として規定されている意義を看過すべきではない。労働法の規制原理が，労使の利益調整に加えて，労働市場における「労働」の適正さや労働市場の効率性・柔軟性をも考慮する方向へシフトしていると考えるべきであろう。現在の労働法規制の問題関心が，労使の利

---

20) E.g., Collins, The Right to Flexibility, in Gonaghan and Rittich (eds.), Labour Law, Work, and Family (OUP, Oxford 2007) 118-124.

益調整というよりも，格差社会の是正やワークライフバランス，差別禁止法の立法を通じた労働市場の適正化に重点を置いていることも考慮する必要があろう。労働組合の団体交渉制度，男性を中心とした正社員労働力と女性を中心とした専業主婦・補助的労働としての非正規労働力という基盤のうえに成立してきた労働契約制度は，労働組合の組織率の低下や女性の社会進出，非正規労働の増加という大きな社会的・経済的基盤の変化を受けて，労働者と使用者の交渉力格差のみに着目するのではなく，少子化対策，ワークライフバランス，均衡な処遇といった政策的・公的な利益調整を行う役割をいっそう期待されてきているということができるのである。

　上記のような見方が正しいとすれば，労契法の「自主的交渉の下で」の「合意原則」も，労働者と使用者の交換関係という側面からのみ理解されるのではなく，政策目的を自主的交渉によって労働契約に組み入れていくという理念規定として，あるいは，企業組織における各労働者の発言・参加を保障する趣旨として解釈していく必要があるといえる。

　労契法の合意原則と合意制限規定の関係は，合意原則に軸足を移して労働契約の内容規制を後退させるものでも，合意制限規定を重視して合意原則を軽視するというものでもない。合意原則は，二つの緊張関係を踏まえた合意制限規定と次のような関係に立っているといえる。すなわち，①市場取引でありながら「労働」が社会に埋め込まれているという緊張関係と②私的自治と従属性の緊張関係を踏まえて，適正かつ持続可能な労働市場を整備して労働者の潜在能力・自由度を高めるために要求される合意制限規定について，合意原則は，労働者の参加やコミットメントを強化して，自省的に労働者の潜在能力・自由度を高めていくことを求めていると解される。また，そうした意味で，労契法は，労働者と使用者の個別の利益調整のみならず，「均衡」や「ワークライフバランス」などの労働市場における公的価値の実現を目指す公法的性質を備えているのであって，純粋な私法ではないということもできよう。

（いしだ　しんぺい）

民法の現代化と労働契約法

山 本 敬 三

(京都大学)

I　はじめに

　民法典については，現在，債権法を中心として，抜本的に改正するための作業が進められつつある。これは，民法典が制定されてから110年が経ち，前提となる社会・経済の状況が制定当時の予想を超えて大きく変化していることを背景としている。この間に，判例・学説を通じて対応がはかられてきたほか，数多くの特別法が制定され，民法の不備が補完されてきた。しかし，その結果，民法典に書かれていない規範が膨大なものにのぼり，全体の見通しと透明性が損なわれることになっている。しかも，そのような補完的・部分的な対応だけでは限界があることも否定できない。そのため，市場のグローバル化に対応した国際的な調和をはかる動きもふまえながら，民法を現代的な状況に応じて見直すこと——民法の現代化——が焦眉の課題となってきた。

　そこで，民法学者を中心とするグループが民法（債権法）改正検討委員会を組織して検討を重ね，2009年4月に『債権法改正の基本方針』——以下では「改正試案」という——を発表した[1]。これは，債権編のうち，事務管理・不当利得・不法行為を除く部分に，総則編の法律行為と消滅時効をふくめて，改正提案をまとめたものである。現在，法制審議会では，こうした動きをふまえながら，改正に向けた作業が開始している。

---

1) 民法（債権法）改正検討委員会編『債権法改正の基本方針〔別冊 NBL 126号〕』（商事法務，2009年，以下では『基本方針』として引用），同編『詳解債権法改正の基本方針Ⅰ——序論・総則』（商事法務，2009年，以下では『詳解Ⅰ』として引用），同編『詳解債権法改正の基本方針Ⅱ——契約および債権一般(1)』（商事法務，2009年，以下では『詳解Ⅱ』として引用）を参照。

もし民法が改正されるならば，労働契約法の意味や評価も違ってくるし，労働契約法がこれでよいのか，民法と労働契約法の関係をどう見直すかというところまで問題が波及してくる可能性がある。そこで，本稿では，このような民法の現代化の現況を紹介しながら，それが労働契約法にとって持ちうる意味を検討することを通して，労働法学の側に問題提起をすることとしたい[2]。

　以下では，こうした観点から，体系編成の見直しにかかわる問題と規制内容の見直しにかかわる問題に分けて，検討を進めることとする。

II　私法の編成と民法の役割

1　民法改正の基本方針

　まず，体系編成の見直しに関しては，民法典の外に形成されてきた特別法を今後も特別法として維持すべきか，それとも民法典に取り込むべきかということが問題となる。このような観点からは，労働契約法も検討の対象となるが，現在の改正作業で特に問題とされているのは，消費者契約法と商法である。

　この点について，改正試案は，「改正民法典は，消費者取引や事業者間取引に関する私法上の特則のうち基本的なものを含むものとする」としている[3]。これは，民法典は，「市民社会の基本法」であり，そこには市民社会に妥当する基本的なルールが定められていなければならないという考え方にもとづく。

　このような考え方に対しては，特に消費者契約法の統合について異論もある[4]。消費者契約法を民法に取り込むと，保護の内容が固定化し，消費者保護の発展の阻害要因になりかねないほか，消費者保護関連法の所管が分断化され，縦割り行政による弊害が生じかねず，機動的な改正ができなくなるおそれがあるというのがその理由である。

---

2) より一般的に契約規制という観点から民法の現代化を検討したものとして，山本敬三「契約規制の法理と民法の現代化(1)(2)」民商法雑誌141巻1号1頁・141巻2号1頁（2009年）を参照。
3) 前掲注1)『基本方針』10頁のほか，『詳解I』28頁以下を参照。
4) 大阪弁護士会『実務家からみた民法改正──「債権法改正の基本方針」に対する意見書〔別冊NBL131号〕』（商事法務，2009年）4頁以下を参照。

シンポジウム（報告④）

たしかに，市民社会に妥当する基本的ルールは，市民社会の基本法として明確に定める必要がある。しかし，そのすべてが民法典に定められている必要はない。むしろすべてを取り込むと，理解しにくくなり，将来の発展可能性を阻害する場合もある。そのようなものについては，民法典とは別に基本法典を形成し，それらの連携をはかりながら多元的に市民社会の基本法を定めることも考えられる。こうした可能性も視野に入れながら，検討を進めるべきだろう。[5]

2 雇用契約法の将来

それでは，民法に定められた雇用契約に関する規定はどうなるか。

(1) 雇用契約法と労働契約法

改正試案は，将来的には，民法の雇用契約に関する規定と労働契約法を統合すべきであるとしている（【3.2.12.A】）。

民法の起草者によると，雇用契約は，労務提供契約一般を意味するものだっ[6]たが，その後の学説では，雇用契約も，使用者の指揮命令にしたがって労務を提供するものと理解されている。[7]しかも現在，民法の雇用契約に関する規定は，労働契約全体にとっては補充的な性格を持つものにすぎない以上，労働契約法と切り離して定める必要性は乏しい。むしろ国民にとってのわかりやすさという観点からは，労働契約に関する法は統一的に定める方が望ましいというわけである。[8]

問題は，両者を統合するとして，民法と労働契約法のいずれに統合するかである。

改正試案は，労働契約法と統合すべきであるという考え方を示している。[9]これは，労働契約法には民法典に統合しきれない特性があり，独立した法領域を

---

5) 山本・前掲注2)民商法雑誌141巻2号45頁以下を参照。
6) 『法典調査会民法議事速記録』（日本学術振興会版）34巻13丁裏以下を参照。
7) 我妻栄『債権各論中巻二』（岩波書店，1962年）532頁以下，来栖三郎『契約法』（有斐閣，1974年）412頁以下等を参照。
8) 前掲注1)『基本方針』389頁を参照。荒木尚志＝菅野和夫＝山川隆一『詳説労働契約法』（弘文堂，2008年）164頁以下も参照。
9) 前掲注1)『基本方針』389頁を参照。ただし，その表現はかならずしも明確ではない。

なすべきものであるという理解にもとづく。労働契約に関する法形成は、労使の代表と公益代表者が参加し、労使双方の意見を反映させるかたちでコンセンサスを形成して、法案を作成するというプロセスがとられる。しかも、実効的な規制をおこなうためには、公法的規制と連携をとる必要があり、指導理念、努力規定、訓示規定のほか、自主規制や慣行等をふくめたソフト・ローがはたす役割が大きい。また、労働契約に関しては、その特性に対応した紛争解決手続が用意されている。さらに、労働契約法の今後の発展可能性を考慮に入れると、民法の雇用契約法は労働契約法と統合すべきだと考えるわけである。

(2) 雇用契約に関する規定の見直し

もちろん、労働契約法と統合しようとすると、民法の側だけで決めるわけにはいかない。そこで、改正試案は、当面は、労働契約の基本的な補充規範として必要な範囲で、現行規定を維持しつつ、整序することとしている。実質的な修正を提案しているのは、次の2点である。

第一は、期間の定めのある雇用の解除に関する626条を削除している点である（【3.2.12.04】）。626条は、期間の定めのある雇用について、雇用期間が5年を超えるときは、5年経過後はいつでも解除できると定める。これは、労基法14条で、契約期間が原則3年、例外的に5年とされている以上、実質的に意味を失っていると考えたわけである[10]。

第二は、雇用の更新の推定に関する629条について、従来の通説にしたがい更新後は期間の定めのない雇用になることを明文化している（【3.2.12.08】）。もっとも、この点は、なお検討を要するところだろう。

Ⅲ 契約規制の現代化と労働契約法

次に、契約規制の内容についてどのような見直しがおこなわれ、それは労働契約法にとってどのような意味を持つ可能性があるかという点をみてみよう。

---

[10] 前掲注1）『基本方針』390頁を参照。

シンポジウム（報告④）

1 契約規制の現代化

もっとも、契約規制の内容に関する見直しは、多岐にわたる。そこで、最初に、契約規制の類型とその変容という観点から、契約規制の理論枠組みを明らかにし、それに即して改正試案の意味と特徴を整理することにしよう。[11]

(1) 契約規制の類型と現代化の方向性——他律型規制から自律保障型規制へ

かつては、契約規制というと、当事者の自律に対して外在的な理由にもとづく規制——他律型規制——が念頭におかれていた。一定の公共的な目的から、あるべき秩序を設定し、それを維持するためにこのタイプの規制をおこなうものや、一定の者たちを特別に保護するために契約規制をおこなうものが、それにあたる。借地借家法や労働法上の規制等が、その典型例と考えられてきた。

これに対して、当事者の自律を保障するための規制——自律保障型規制——が前面に出てきたのが、最近の契約規制の傾向である。これは、当事者の自律をその侵害から保護するための規制と、当事者の自律を支援するための規制に分かれる。前者の自律保護型規制は、契約の締結時に意思決定の自由が侵害され、本来ならば望まない契約が締結された場合の規制——決定侵害型規制——と、契約の締結時にはそのような侵害がなく、みずから同意した契約に拘束され、将来の自己決定が拘束されることによって侵害が生ずる場合の規制——自己拘束型規制——に分かれる。そして、前者の決定侵害型規制は、決定侵害があったかどうかの判断を個別的におこなうか、定型的におこなうかで、個別的決定侵害型規制と構造的格差型規制に分かれる。

(2) 自律保護型規制の拡充

まず、自律保護型規制がどのように拡充されているかという点をみてみよう。

(a) 決定侵害型規制

(ア) 個別的決定侵害型規制

このうち、個別的決定侵害型規制は、従来から民法でも認められてきた。詐欺・強迫による取消しや暴利行為等がその例である。しかし、特に80年代から90年代にかけて、消費者取引や投資取引の領域で紛争が多発したのをきっかけ

---

11) くわしくは、山本・前掲注2）民商法雑誌141巻1号6頁以下を参照。

として，従来の民法上の手段では保護に限界があることが意識されるようになった。そこで，学説では，意思形成の過程で，相手方の不当な干渉により，本来ならばするはずのない契約をさせられた場合に，錯誤や詐欺・強迫，暴利行為の規制を拡張する可能性が議論された。改正試案は，これを受けて，法律行為に関する一般的な規定として，3つの規定を定めることを提案している。

第一は，不実表示に関する規定である（【1.5.15】）。これは，消費者契約法の不実告知を拡充して，意思表示一般に適用される規定として民法に取り込んだものである。事実に関して取引の相手方が不実の表示をおこなえば，消費者でなくても，誤認をしてしまう危険性が高い。しかも，前提となる事実が違っていれば，それを正確に理解しても，その結果おこなわれる決定は不適当とならざるをえない。したがって，事実に関する不実表示については，表意者を保護すべき必要性は一般的に存在し，かつその必要性は特に高いと考えたわけである[12]。これによると，動機錯誤と異なり，法律行為の内容になっていなくてもよいし，詐欺のように，故意がなくても，取消しが認められることになる。

第二は，沈黙による詐欺に関する規定である（【1.5.16】〈2〉）。これは，従来から，信義則上相手方に告げるべき義務がある場合には，沈黙も民法96条の「詐欺」にあたると考えられてきたのをリステイトしたものである。ただし，どのような場合にそうした義務が認められるかという点については，改正試案は，「信義誠実により」と定めるにとどめ，解釈にゆだねている。これを明確に定めるには，まだコンセンサスが確立していないと考えたわけである[13]。

第三は，暴利行為に関する規定である（【1.5.02】〈2〉）。暴利行為については，伝統的に，「他人の窮迫・軽率・無経験に乗じて，いちじるしく過当な利益の獲得を目的としてなされた法律行為は，無効とする」と考えられてきた。これに対し，最近では，意思決定過程に関する主観的要素と法律行為の内容に関する客観的要素の相関によって不当性を判断するという考え方が有力に主張されている。改正試案は，これを前提としている。その際，主観的要素について，関係の利用や不当な威圧，情報・交渉力の格差を利用する場合もカバーし，

---

12) 前掲注1）『基本方針』31頁，『詳解Ⅰ』128頁を参照。
13) 前掲注1）『基本方針』33頁，『詳解Ⅰ』142頁以下を参照。

客観的要素についても,「不当な」利益の取得で足りるとし,権利の侵害も加えている。これが明文化されれば,個別的決定侵害型規制の受け皿規定として活用されることになるだろう。

以上に対して,改正試案では,内容規制に関する新しい提案はおこなわれていない。公序良俗も,基本的に現行法と同様である(【1.5.02】〈1〉)。ただ,ここでも,暴利行為の提案が同じ提案の〈2〉として定められることが意味を持つ可能性がある。暴利行為の提案では,「その者の権利を害し」という要素が加えられている。このような規定が公序良俗の具体化として定められれば,公序良俗の射程に個人の権利を保護するものも含まれることが明らかになる[14]。その意味で,公序良俗は,権利保護型規制――私の考えでは,個人の基本権が他人によって侵害されている場合に国家がその基本権を保護する義務を実現するための規制[15]――としての性格を持つことが明確化されたと評価できる。

(イ) 構造的格差型規制

次の構造的格差型規制とは,決定侵害があったかどうかの判断を定型的におこなうタイプの規制である。その代表例は,消費者契約法による規制である。

改正試案は,まず,締結過程に関する規制のうち,断定的判断の提供と困惑による取消しを拡充した上で,民法に統合することを提案している(【1.5.18】【1.5.19】)。

次に,内容規制に関しては,消費者契約法の不当条項規制を民法に統合するほか,約款規制を導入することが提案されている。

消費者契約法が特別な不当条項規制を定めたのは,事業者と消費者の間に情報・交渉力の構造的な格差があるため,その点で優位に立つ事業者がその格差を利用して自己に不当に有利な契約条件を作成し,それを押しつける可能性があるからである。この基礎には,契約の内容形成に一方当事者が実質的に関与できないという意味での不均衡が構造的にある場合には,特別な内容規制をお

---

14) 前掲注1)『基本方針』20頁,『詳解Ⅰ』61頁以下を参照。
15) 山本敬三「現代社会におけるリベラリズムと私的自治――私法関係における憲法原理の衝突(2)」法学論叢133巻5号(1993年)2頁以下,同『公序良俗論の再構成』(有斐閣,2000年)61頁以下,同「契約関係における基本権の侵害と民事救済の可能性」田中成明編『現代法の展望――自己決定の諸相』(有斐閣,2004年)13頁以下等を参照。

こなうことが正当化されるという考え方がある。これによると，約款も，その内容の形成に相手方が実質的に関与できない点は同じである。内容を認識する可能性や交渉によって変更する可能性についても，不均衡を来すことに変わりはない。そこで，改正試案は，約款規制を導入することとしたわけである。[16]

具体的には，消費者契約と約款に共通の規定として，現行消費者契約法10条を拡充した一般条項を定め（【3.1.1.32】），不当条項リストを定めるほか（【3.2.1.33】【3.2.1.34】），消費者契約固有の不当条項リストを定めることとしている（【3.2.1.35】【3.2.1.36】）。その際，ブラックリストのほか，グレーリスト——不当と推定されるだけで，反証を許すもの——も定めることとしている。

(b) 自己拘束型規制

(ア) 締結規制

以上に対して，自己拘束型規制とは，意思決定に対する侵害がなくても，自分のした契約の拘束力から解放される可能性を認めるものである。これについては，まず，締結規制として，契約の拘束力を貫くために，意思決定をおこなう資格要件を設定するものと，手続要件を設定するものが考えられる。

資格要件型規制として現在定められているのは，行為能力制度である。改正試案では，さらに，意思能力——「法律行為をすることの意味を弁識する能力」——に関する規定も明文化することとしている（【1.5.09】）。

手続要件型規制の代表例は，契約の拘束力を認めるために方式要件を課すものである。民法では2004年改正で，保証契約が要式行為とされた（446条2項）。改正試案は，約款の組入れについて手続要件を定めることを提案している。[17]

まず前提として，改正試案は，約款を「多数の契約に用いるためにあらかじめ定式化された契約条項の総体」と定義している。ただし，個別交渉を経た条項については，約款に関する規制は適用されないとしている（【3.1.1.25】）。

その上で，約款が契約内容に組み入れられるためには，開示と約款を契約に用いることの合意が必要としている（【3.1.1.26】〈1〉）。開示とは，相手方が特別なアクションを起こさないでも，約款内容を認識しようと思えば，容易に認

---

16) 前掲注1)『基本方針』105頁以下・111頁以下，『詳解Ⅱ』80頁以下・104頁以下を参照。
17) 前掲注1)『基本方針』107頁，『詳解Ⅱ』90頁以下を参照。

識できるようにすることをいう。約款の交付がその典型例である。ただ，公共交通機関の約款などがそうだが，開示をするのがいちじるしく困難な場合は，約款を契約に用いる旨を表示して，相手方が約款を知りうる状態におけば足りるとしている（【3.1.1.26】〈1〉但書）。これは，相手方がみずからアクションを起こせば，約款内容を容易に知りうるようにすることを意味する。たとえば，停留所に，ここへ行けば約款が置いてあると掲示するような場合である。これで最低限の認識可能性を確保し，契約の実質を維持しようとしたわけである。

このほか，改正試案は，約款と消費者契約について，不明確準則を定めることを提案している（【3.1.1.43】）。具体的には，通常の解釈の準則によってもなお複数の解釈が可能なときは，条項使用者の不利に解釈することとしている。これは，透明性の原則の実効性を確保するための規制として位置づけられる。

(イ) 内容規制

次に，自己拘束型規制については，内容規制に相当するものとして，個人に幸福追求を可能にする基盤を保障するための規制や，事情の変更を理由に契約の拘束力から離脱する可能性を認めるものが考えられる。

前者の基盤保障型規制については，公序良俗違反による無効等が考えられる。ただし，改正試案では，これについて，特に新たな提案はされていない。

これに対して，事情変更型規制については，従来の事情変更の原則に相当するものを明文化し，そこに再交渉義務を導入することが提案されている（【3.1.1.91】【3.1.1.92】）。それによると，事情変更の原則の客観的要件をみたすときは，当事者は契約改訂のための再交渉を求めることができ，その申出がされれば相手方は交渉に応じなければならず，たがいに再交渉を信義にしたがい誠実におこなわなければならないとされる。当事者がこれらの義務に違反し，または再交渉を尽くしたのに，契約改訂の合意が成立しないときは，当事者は，裁判所に契約の解除もしくは契約改訂を求めることができるとされている。これは，当事者による自律的な決定を支援するために，手続要件型規制を組み込んだものと位置づけられる。

(3) 自律支援型規制

以上に対し，次の「自律の支援」という考え方は，もともと民法の基礎にお

かれていたものだが，この20年の間に，パターナリスティックな保護と自由放任の間の第三の道としてクローズアップされるようになってきた。そこでは，個人は等身大の人間としてとらえられ，さまざまな制約を受けつつも主体的に決定できる存在として尊重することが要請される。したがって，そこで必要となる規制も，そうした個人の自律を可能にし，その実現をサポートするための規制とされる。改正試案では，この自律支援型規制が大幅に拡充されている。

　(ア)　制度保障型規制

　まず考えられるのは，意思決定をおこなうことを可能にする法的な制度を用意するものである。この場合の制度とは，契約という行為をおこなうことを可能にするための制度である。契約制度そのものがこのような意味を持つほか，典型契約類型を定めることもこれに含まれる。改正試案では，このような考慮から，既存の典型契約類型を整備するほか，さまざまなレベルで新しい契約類型を定めることが提案されている。

　(イ)　内容形成型規制

　このほか，契約の内容形成を支援するための規制も考えられる。その代表例は，任意法規である。これは，契約の標準的な内容を指針として提示し，契約に定められていない事柄についてそれを補完するという機能を持つ。改正試案では，現行法が定める任意法規がすべて点検し直され，整備がはかられている。

　このほか，改正試案では，自律を支援するための補完型契約規制に相当するものが定められている。

　その1つが，契約の補充的解釈に関する提案である（【3.1.1.42】）。これは，本来的解釈と規範的解釈によっても契約の内容を確定できない事項が残る場合に，可能なかぎり両当事者がその契約でおこなった決定を尊重し，それに即した補充をしようとするものであり，当事者の自律を支援するための補完型契約規制として位置づけられる。

　また，改正試案では，債務不履行に関する規律について，債務者に対する責任追及という観点ではなく，契約の拘束力がどこまでおよぶかという観点からとらえ直すことが提案されている（【3.1.1.56】【3.1.1.57】【3.1.1.62】【3.1.1.63】【3.1.1.67】【3.1.1.77】等）。これは，履行請求権や損害賠償，解除について，

「契約の趣旨」に即した救済が認められることを可能にするものであり，自律を支援するための契約補完型規制として位置づけられる。

2 民法の現代化からみた労働契約法の意義と課題

次に，以上のような民法の現代化に向けた動きに照らして，労働契約法にはどのような意義と課題があるかという点を検討することにしよう。

(1) 合意原則の意義

労働契約法は，労働契約の原則として，合意原則を第一にかかげている（労契1条・3条1項）。これは，労働契約についても，自律の尊重を基本とすることを明らかにしたものであり，従来の他律型規制，特に弱者保護型規制から自律保障型規制への転換を示していると評価できる。その意味で，労働契約法も，契約規制の現代化の動きと同じ方向性を示しているということができる。

この合意原則は，現行民法ではどこにも定められていない。それに対して，改正試案は，法律行為は意思表示にもとづいて効力を有するという基本原則を定め（【1.5.01】），それを具体化したものとして，契約自由の原則のほか（【3.1.1.01】），諾成主義の原則（【3.1.1.02】），契約を成立させる合意に関する規定を定め（【3.1.1.07】），全体として合意原則にあたるものを明文化している。

これらの提案では，合意原則のうち，合意すれば効力を生じ，当事者は拘束されるという積極的側面が規定されている。しかし，これは，合意しなければ，当事者は拘束されないという消極的側面も当然の前提としている。

労働契約も契約である以上，こうした民法の一般原則が妥当するはずである。それにもかかわらず，労働契約法で合意原則を定める実践的な意味は，次の2つの点にあると考えられる。

1つは，これまで存在していた合意原則に反するルールや慣行等の是正を命ずるという意味である。

もう1つは，労働契約法が，合意原則を対等決定原則と結び付けて規定していることと関係する。これは，労使が対等の立場で合意してはじめて，拘束力が認められるという考え方につながる。これによると，労使が対等の立場にない場合には，決定侵害型規制をおこなうことが基礎づけられる。つまり，現実

に労使が対等の立場で合意しなかった場合に，個別的な決定侵害型規制をおこなうほか，労使間に構造的な情報・交渉力の格差がある以上，構造的格差型規制を認めることが基礎づけられるわけである。

(2) 労働契約法と自律保護型規制

次に，労働契約法の規定をみると，自律保護型規制，つまり当事者の自律をその侵害から保護するための規制として位置づけられるものが少なくない。

(a) 自己拘束型規制と決定侵害型規制の未分化――就業規則の規制

就業規則の規制もこれにあたる。ただし，労働契約法7条では，就業規則が労働契約の内容になるかどうかという問題と，就業規則の内容規制の問題が融合している。これに対して，民法では，契約内容になるための要件に関する規制――自己拘束型規制――と，その内容が一方当事者の権利や利益を不当に害することを理由とする規制――決定侵害型規制――は，明確に区別されている。判例法理としては，明文の規定がないなかで対応せざるをえなかった以上，やむをえないとしても，立法で対処するときに，いつまでもこのままでよいのか。微妙なバランスの上に成り立っている法理であることは承知の上で，問題提起はしておきたい。

(b) 労働契約法と自己拘束型規制

(ア) 締結規制――手続要件型規制

その上でまず，契約に拘束されるための手続要件に関する規制という観点からいうと，約款の組入要件との関係が問題となる。

約款そのものには拘束力がない以上，約款が契約に組み入れられるためには，約款を契約の内容にするという組入合意が不可欠とされている。ただし，その前提として，およそ知りえなかったものに同意することはできない以上，契約時に約款の内容を知る機会を与えることが必要である。その意味で，開示規制は，約款が契約の内容となるために不可欠な手続要件として位置づけられる。

就業規則については，労働契約法7条で，契約時に就業規則を労働者に周知させていたことが要求されている。これが実質的周知であり，契約時に労働者が知ろうと思えばいつでも就業規則の存在や内容を知りうるようにしておくことを意味するならば[18]，約款の開示規制に対応する。もっとも，労働契約法7条

によると、この要件がみたされれば、就業規則で定める労働条件が労働契約の内容になるとされ、組入合意にあたるものは要求されていない。この点は、労働法学においても、合意原則と抵触するとして疑問視されているところである[19]。民法において先ほどのような方向で約款規制が明文化されるならば、労働契約法はこのままでよいのかという問いが突きつけられることになるだろう。

さらに、約款規制との関係では、透明性原則と不明確準則も問題となる。労働契約法4条は、労働条件および労働契約の内容の理解について「労働者の理解を深めるようにする」ことを要請するだけであり、条項を「明確かつ平易な言葉で表現」することを命じるものではない。しかし、不明確な条項を使用し、その不明確さを生じさせたことに帰責性のある者の不利に解釈するという要請は、就業規則にも同じようにあてはまる。民法でこのような約款規制が明文化されるならば、労働契約法でもさらに踏み込んだ規定が必要になるだろう。

(イ) 内容規制

(i) 基盤保障型規制　次に、契約の内容を理由に契約の拘束力からの離脱を認めるものとして、個人に幸福追求を可能にする基盤を保障するための規制が考えられる。

これは、現在のところ、公序良俗等の一般法理を使っておこなわれる[20]。たとえば、競業避止特約は、労働者が任意に合意したときでも、その後この特約に拘束されることによって幸福追求の基盤が失われる可能性がある。そこで、そのような場合に特約を公序良俗に反し無効とすることが考えられる。これについては、すでに判例・学説の蓄積もある以上、労働契約法で、考慮要因と指針を示した強行法規を定める必要があるというべきだろう。

この関連では、労働契約法3条3項に定められた仕事と生活の調和に配慮するという基本原則が、指針として意味を持つ可能性がある。少なくとも、契約の内容およびその維持が、労働者の仕事と生活の調和を害し、労働者の生活と

---

18)　厚生労働省労働基準局長「労働契約法の施行について」(平成20年1月23日・基発第0123004号、荒木=菅野=山川・前掲注8)書276頁以下に所収) 285頁以下を参照。
19)　土田道夫『労働契約法』(有斐閣、2008年) 137頁等を参照。
20)　山本・前掲注15)法学論叢133巻5号20頁以下、同・前掲注15)『公序良俗論の再構成』68頁以下、同・前掲注15)『現代法の展望』35頁以下等を参照。

幸福追求の基盤が害されるときには，公序良俗などの一般法理により，その効力を否定ないし制限することができると考える可能性があるだろう。

このほか，存続期間の規制も，基盤保障型規制の1つとして位置づけられる。

民法によると，期間を設定するのは自由であり，合意すれば，その期間の満了によって契約は終了する。期間の定めをしなかったときは，いつまでも拘束されるとすれば，当事者の自由を害するため，一定の手続的要件のもとに，自由に解約申入れをすることにより契約から離脱することが可能とされている。

このような原則に対して，改正試案では，継続的契約について特則を定めることが提案されている。それによると，期間の定めのある契約でも，更新を拒絶することが信義則上相当でないときは，更新の申出を拒絶できないとされている（【3.2.16.14】）。継続的契約では，双方の当事者はその関係に特有の投資をせざるをえないため，そのような状況を利用した恣意的な利益追求を抑止し，関係の存続に対する信頼を保護する必要があると考えたわけである。

労働契約も継続的契約であり，解雇権濫用法理は，そうした労働契約の存続に対する労働者の期待を保護しているとみる余地もある。しかし，解雇権濫用法理は，むしろ労働者の人格権や労働権を保護するための基盤保障型規制として位置づけるべきだろう[21]。労働が生活と幸福追求の基盤をなすことを抜きにして，契約の存続を使用者のみに強いることは正当化できないと考えられる。

もっとも，こう考えるならば，労働契約は存続するのが原則であり，解雇が認められるためには，それを正当化する理由が必要と考えるべきではないか。これは，実質的に使用者側が解雇の合理的理由について主張・立証責任を負うと考えられていることとも平仄があう[22]。その意味で，労働契約法16条が解雇権の濫用という構成を維持していることは，その趣旨に照らして本当に適当かど

---

[21] 吉田克己「労働契約と人格的価値——労働契約法に寄せて」法律時報80巻12号（2008年）29頁も参照。

[22] 山川隆一「解雇訴訟における主張立証責任——解雇権濫用法理・解雇事由・整理解雇の問題を中心に」季刊労働法196号（2001年）49頁以下は，「解雇権濫用法理については，実際上，権利濫用の成立範囲はかなり広く認められており，正当事由説とさほど変わらないと指摘され」，「こうした判例法理を前提にすれば，解雇権濫用の評価根拠事実として，労働者に詳細な事実の主張立証責任を負わせるのは適切でない」として，労働者が主張・立証すべき評価根拠事実の内容は「当該労働者の平素の勤務状況が通常のものであったことで足りる」

うかが問題となる。むしろ，このように構成を転換した上で，解雇が正当化される事由を法律に例示列挙することにより[23]，解雇に一定の枠づけを与え，立証対象を明確化しながら，それ以外の考慮から解雇が不当とされる可能性を確保するという方向で整備を進めることが検討に値すると考えられる。

期間の定めのある労働契約については，民法によると，期間を定めるのは自由であり，定めれば原則としてその拘束力を認めるべきである。労働契約法17条1項は，こうした考え方を確認したものと評価できる。ただ，このような期間の定めは，労働者の生活や幸福追求の基盤を害する可能性と結びつくため，労働者を拘束するために特別な手続的要件を認めることが考えられる[24]。これについては，借地借家法で，定期借地が認められるためには，書面による必要があるとされているのが参考となる（借借22条）。その上で，労働契約法17条2項は，解雇規制の脱法を規制するものと位置づけ，雇用継続の合理的な期待がある場合には，解雇規制の適用を免れないと構成することが考えられる[25]。

(ii) 事情変更型規制——労働条件の変更　このほか，自己拘束型規制として，事情変更を理由とする規制も考えられる。これは，労働契約法では，就業規則の不利益変更と関係する。就業規則が労働契約の内容になるとすれば，これはまさに事後的な契約内容の変更にほかならない。実際，労働契約法9条が，就業規則の不利益変更は労働者の合意によらなければならないとし，この原則に対する例外として10条を定めているのは，契約の拘束力の原則に対する事情変更の原則の位置づけと対応している。

このような観点からみると，労働契約法10条の定め方には問題がある。まず，事情変更の原則が適用される要件は，先ほどの改正試案によると，客観的要件と手続的要件からなる。客観的要件は，両当事者の利害がいちじるしく不均衡

としている。西谷敏『労働法』（日本評論社，2008年）416頁，土田・前掲注19)書579頁・753頁以下等も参照。
23) 労働契約法制研究会最終報告「今後の労働契約法制の在り方に関する研究会報告書（平成17年9月15日）」荒木＝菅野＝山川・前掲注8)書241頁以下を参照。
24) 労働契約法制研究会最終報告・前掲注23)251頁以下を参照。
25) 山本敬三＝野川忍「対談：労働契約法制と民法理論」季刊労働法210号（2005年）131頁以下を参照。

をきたすことである。労働契約法10条だと，労働条件の変更の必要性がこれに対応する。ここでは，単なる必要性だけで，契約内容の変更は正当化できないのではないかということが問題となる。もちろん，この点については，労働契約の特殊性が関係してくるのかもしれない。しかし，そうであるならば，そうした特殊性を特定し，それにふさわしい要件や判断基準を示すべきだろう。

次に，手続的要件に対応するのは，変更後の就業規則の周知と労働組合等との交渉の状況である。このうち，変更後の就業規則の周知のみでは，変更を正当化する手続的要件として十分といえない。民法の改正試案では，再交渉義務が導入され，この義務に違反した場合は，改訂が認められない可能性が定められていた。労働契約法10条では，労働組合等との集団的な交渉が斟酌されているが，実際に不利益を受ける労働者個人に対して契約内容の不利益変更を正当化する手続的要件は定められていない。労使間に構造的な格差がある以上，集団的な交渉を組み込むことは当然であるとしても，個々の当事者間でも最低限の手続的規制は必要ではないか。

また，労働契約法10条では，労働者の受ける不利益の程度と変更後の就業規則の内容の相当性があげられている。しかし，これは，改訂案の合理性に関するものであり，事情変更の原則では，以上の要件が備わった上で，一方当事者が示す改訂案が認められるかどうかを判断する要素に相当する。そのようなものとして，労働契約法10条を構成し直していくことが考えられるだろう。

(c) 労働契約法と決定侵害型規制

(ア) 構造的格差型規制

以上に対して，労働契約では，当事者間に構造的な格差があるため，使用者がその格差を利用して自己に不当に有利な労働条件を押しつける可能性がある。したがって，就業規則についても，組入要件とは別に，内容規制をおこなう必要があると考えられる。

もっとも，労働契約法7条では，審査基準として合理性だけが定められ，それ以上の手がかりが示されていない。判例法理によって解釈が確立しているということなのかもしれないが，これでは予測可能性が乏しく，法的に不安定であるし，労働者側にとっても争うためのコストが大きいといわざるをえない。

これに対して，消費者契約法と約款に関する一般条項では，「当該条項が存在しない場合と比較して，……相手方の利益を信義則に反する程度に害する」ことが審査基準とされている（【3.1.1.32】）。これは，民法の場合，当該条項が存在しない場合について，明文・不文の任意法規が整備されていることと関係している。労働契約法でも，合理性審査が機能するためには，労働条件に関するそのようなルールを整備していく必要がある。

また，労働条件についても，個別条項規制に相当するものを整備していく必要もある。ただ，そこでブラックリストのみを定めようとすると，実際に定められるものはきわめてかぎられることになる。むしろ，グレーリストを活用し，不当性を推定するにとどめ，合理性の反証を許すようにしておくことが，労働者の保護と使用者側の事情の斟酌を両立させる手法として有用と考えられる。

(イ)　個別的決定侵害型規制

これに対して，実際に労働者の意思決定が侵害を受けている場合の多くは，現代型暴利行為に関する準則（【1.5.02】〈2〉）で対処できる。もちろん，労働契約を無効としても，労働者にはあまり意味はないため，これが活用されるのは，履行過程や契約の終了時におこなわれる個別合意についてだと考えられる。

ただ，そこでも定型化が可能なものは，強行法規として明文化していくことが望ましい。これは，労働者の基本権を使用者による侵害から保護するための規制として位置づけられる。労働契約法は，5条で，使用者は，労働者の安全を確保しつつ労働できるよう，必要な配慮をするものと定めている。民法の改正試案では，安全配慮義務について明文化は予定されておらず，債権債務関係において，当事者は信義則にしたがって行動する義務を負うことが定められているだけである（【3.1.1.03】）。それだけに，労働契約については，より明確かつ具体的に，強行法規として安全配慮義務を規定していくことが要請される。

このほか，プライバシーをはじめとした情報コントロール権の侵害やセクシュアル・ハラスメント等についても，労働契約法に，手がかりとなる規定を整備していく必要があるだろう。

(3) 労働契約法と自律支援型規制
(a) 個別合意の優先

最後に，自律を支援するという観点からいえば，労働契約法7条と10条が，就業規則に対して個別合意の優先を定めているのは積極的に評価できる。当事者が実際に合意するかぎり，それを実現できるようにすることが，自律の尊重という観点から要請されるためである。ただし，その場合の個別合意は明確かつ確定的なものであることが要請される。

(b) 契約補完型規制の必要性

さらに，労働契約についても，通常の解釈によっても契約内容を確定できないときは，契約の趣旨にしたがって補充的に解釈するという原則（【3.1.1.42】）があてはまる。他律的な規範をただちに適用するのではなく，当事者の自律的な合意を尊重し，それを可能なかぎり継続形成していくわけである。

また，この観点からは，労働契約についても任意法規にあたるものを整備する必要がある。当事者の自律を支援するためには，契約について標準的な内容を指針として提示し，契約に定められていない事柄について契約を補完するための基準を用意する必要がある。そして，このことが，構造的格差型規制における内容規制とも連動していくことになる。

Ⅳ　おわりに

以上で，民法の現代化という観点からみた労働契約法の意義と課題に関する検討を終える。労働契約法については，「小さく産んで大きく育てる」といわれる。これはもちろんそのとおりであるが，労働契約法は，本来，民法の一部をなしてもおかしくないものであり，単に労働契約の基本法ではなく，私法の基本法の一翼をになうべきものである。労働契約法は，民法の現代化と歩調をあわせながら，まさにそのような意味での基本法として発展・拡充させていく必要がある。いささか踏み込みすぎた感があるが，今後の法形成に向けた民法および民法学からの問題提起として受けとめていただければ幸いである。

（やまもと　けいぞう）

労働契約法の課題
——合意原則と債権法改正——

大 内 伸 哉

(神戸大学)

I はじめに

　本稿は第118回日本労働法学会(「労働契約法の意義と課題」)において行った「総括コメント」をベースにしたものである。本稿では、その「総括コメント」のうち、「合意原則」に関する部分と債権法改正のインパクトに関する部分で、かつ、他の報告者へのコメントをしたところではなく、自分の考えを積極的に述べた部分のみを採り上げることとする(他の報告者へのコメントについてはシンポジウムの記録の中で紹介されているので、そちらを参照されたい)[1]。

II 合意原則について

1 合意原則とは何か

　労働契約法(以下、労契法)1条は、次のように定めている。

　「この法律は、労働者及び使用者の自主的な交渉の下で、労働契約が合意により成立し、又は変更されるという合意の原則その他労働契約に関する基本的事項を定めることにより、合理的な労働条件の決定又は変更が円滑に行われるようにすることを通じて、労働者の保護を図りつつ、個別の労働関係の安定に資することを目的とする」。

---

1) なお、本稿における債権法改正に関する部分は、同じ報告書グループの京都大学の山本敬三教授(民法学者)により多くのご教示を受けた。むろん、債権法改正に関する理解の誤りや不十分な点は、すべて筆者の責任である。

同条でいう「合意の原則」（以下，合意原則）とは，「労働契約が合意により成立し，又は変更される」という原則である。この合意原則が，労契法の中心となるべき原則の一つであることは，前記の労契法1条の文言から明らかである。また，合意原則は，労契法上のその他の箇所でも定められており（3条1項・6条・8条・9条），まさに労契法の基底的な概念となっている。

2　二つの意味の合意原則

　民法の契約理論によると，契約の成立や変更は，当事者の合意に基づかなければならない[2]。合意があれば，それに法的な効力が認められる。こうした合意原則は，契約自由の原則と密接に結びついたものであり，契約（合意）の拘束力を当事者の自由な意思に求める考え方に依拠するものといえる。

　ところが，労働法学においては，契約自由の原則に対して，伝統的に，否定的なスタンスをとってきた。契約自由の原則をそのまま認めてしまうと，使用者が，その優越的な地位を利用して，労働条件を実質的には一方的に決定してしまう可能性があるからである。これでは，実質的には，契約自由はなきに等しい。労働法は，このような使用者の一方的な決定，すなわち「他人決定（Fremdbestimmung）」が行われている状況を前提にして，労働者の権利や利益を保護するための法的規制として生まれてきたものである。

　歴史的にみて，労働法が，契約自由の原則やそれと密接に関係している合意原則を，民法の一般の契約の場合と同じようには認めようとせず，むしろ労働契約に対する法的な規制を進めていったことは，十分に理由のあることであった。それでは，新たに制定された労契法は，こうした労働法における伝統的なスタンスと訣別したのであろうか。

　この問題を考える際に，合意原則には，二つの意味があるということを確認しておくことが有用であろう。

　第1に，合意原則には，労働者の同意のない労働条件の決定や変更を認めないという意味が含まれている。これは，労働者の「不同意の自由」を認めるこ

---

[2] 契約が合意のみで成立するのかどうかは一つの論点となるが，これは諾成主義を採用するかどうかという問題であり，合意原則と切り離して考慮すべきものである。

とでもある。この意味での合意原則は、労働者の同意の拘束力ではなく、不同意による拘束からの回避のほうを重視することから、消極的意味での合意原則と呼ぶことにする。

　第2に、合意原則には、労働者の同意があれば、労働条件の決定や変更（特に、実際上問題となるのは、不利益変更）を認めるという意味もあるはずである。本稿では、これを積極的意味での合意原則と呼ぶことにする。

　前者の消極的意味での合意原則は、労働関係が契約関係である以上、当然に認められるべきものである。逆に、これが認められなければ、労働関係は契約関係とはいえなくなる。労働関係の実態においては、前述のように使用者の一方的決定や他人決定という状況があるのであり、そのことを考慮すると、当然ともいえるこの原則を法律であえて強調しておく意味は過小に評価できないであろう。労契法における合意原則は、言うまでもなく、この消極的意味での合意原則を含むものである。

　もっとも、労契法は、労働者の同意がなくても合理性があれば労働条件の不利益変更を認めるという合理的変更法理を成文化している（10条）。元来、就業規則の合理的変更法理は、消極的意味での合意原則に反するものとして、学説上、批判されてきた[3]。合理的変更法理を成文化したということは、労契法が、必ずしも消極的意味における合意原則を貫徹しようとしたものではないともいえる。しかし、法規定上は、10条は、合意原則に基づく9条の例外であるということが強調される形になっており、労契法において合意原則が軽視されているようにはみえない。むしろ10条については、合意原則との抵触はひとまず認めたうえで、その程度をできるだけ弱めるような解釈を採用することが求められていると考えるべきであろう（後述）。

　では後者の積極的意味での合意原則は、どうであろうか。これについては、労働法の伝統的な発想からすると、容易には認められないものとなろう。この点を敷衍すると、次のようになる。

　かつての懲戒権論や就業規則論（いまでも論争の決着はついていないと思われる）

3）　筆者も、合理的変更法理には、批判的である（拙著『労働条件変更法理の再構成』（有斐閣、1999年））。

において，有力な学説の中には，労働者がその適用に異議を申し立てない場合には，黙示の同意があるとして，そこから使用者の懲戒権や就業規則の拘束力を正当化する立場があった[4]。しかし，学説の多数は，こうした見解に対して，「合意の虚偽性」を指摘して批判し，懲戒権や就業規則は，労働者の同意の有無に関係なく，法的効力を認めるべきという主張を行った。契約説と法規範説（就業規則）ないし固有権説（懲戒権）との対立である。「合意の虚偽性」をいう論者は，労働法に契約自由の原則を及ぼすことに消極的で，そこに市民法と違う労働法の独自性を見いだしてきたわけである[5]。

また近年でも，労働者の同意は，従属性に基づくもので真意と乖離しており，労働者の真意（一次的自己決定）こそ探求されるべきであるとして，労働者の同意に，容易には法的な効力を認めない見解も有力に主張されている[6]。

それでは，労契法の認めた合意原則のなかには，積極的意味での合意原則は含まれないのであろうか。

労契法の目的規定（1条）には，「労働者の保護を図りつつ」という文言が含まれている。このワンフレーズに大きな意味を見いだすのは必ずしも適切ではないかもしれないが，労契法が，労働基準法と同様の，労働者の保護を重視した片面的な法律であるという性格をもつことを示唆するものである。このことは，さらに，労働者の義務規定が存在していないことにも現れている。当事者の対等性を重視する純然たる（古典的な）契約法であれば，労働者の権利と義務，使用者の権利と義務がバランスよく規定されているはずだからである[7]。

このように，労契法は，労働者保護のための法律であり，そうであるとすると，積極的意味での合意原則は，これをそのまま認めることは妥当でない，ということになりそうである。

---

4) たとえば，就業規則の変更について，石井照久「就業規則論」私法8号（1952年）36頁注(5)，懲戒権については，花見忠『労使間における懲戒権の研究』（勁草書房，1959年）186頁以下等を参照。

5) なお，「合意の虚偽性」に対する自省的検討をしたものとして，籾井常喜「プロレイバー的労働法学に問われているもの」前田達男他編『労働法学の理論と課題』（有斐閣，1988年）86頁以下。

6) 西谷敏『規制が支える自己決定—労働法的規制システムの再構築—』（法律文化社，2004年）418頁以下。

しかし，労契法上の合意原則については，法文上，積極的意味の合意原則を特に除外してはいない。それに加えて，労契法は，1条において，「労働者及び使用者の自主的な交渉」を謳っている。このことから，労契法は，団体交渉や労働協約を通した集団的労使関係における労働条件形成とは別途に，個々の労働者と使用者の個別的労働関係において，合意により労働条件を決定していくことをサポートしようとする法律であるということがわかる。これらのことを考慮すると，積極的合意原則を完全に否定してしまう解釈は妥当でないであろう。

とはいえ，積極的意味の合意原則を無限定に認めることは，労働契約において，「合意の虚偽性」を生じさせる前提的状況が完全になくなったとはいえない以上，妥当ではなかろう。こうして，具体的な法的問題としては，労働者の同意（特に，労働条件を不利益に変更することへの同意）は，どのような要件がそろえば，法的な効力が認められるのかが問われることになる。以下，この点について，労契法9条を素材に検討してみることとする。

3　個別的合意による就業規則の不利益変更の可否

労契法9条は，「使用者は，労働者と合意することなく，就業規則を変更することにより，労働者の不利益に労働契約の内容である労働条件を変更することはできない」と定めている。これを反対解釈すると，使用者は労働者と同意すれば，就業規則の不利益変更が可能ということである。これは，積極的意味での合意原則を認めることでもある。

そうなると，就業規則の不利益変更には，二つのルートがあることになる。一つは，使用者が，労働者の同意を得て就業規則を不利益変更するという労契法9条のルート（以下，9条ルート），もう一つは，使用者が，労働者の同意を

---

7) 民法における雇用契約に関する規定は，まさにそのようになっている。たとえば，民法627条では，期間の定めのない契約の解約について，使用者と労働者の双方からの解約のことが定められているが，労契法では，使用者からの解約，すなわち解雇に対する規制しか定められていない（16条）。また，期間の定めのある契約の中途解除についても，民法628条では，使用者と労働者の双方からの解除のことが定められているが，労契法では，使用者からの解雇に対する規制しか定められていない（17条1項）。

得ないで，一方的に就業規則の不利益変更を行うという労契法10条のルート（以下，10条ルート）である。

10条ルートの場合には，同条に定める要件を充足しなければならない。すなわち，使用者は，就業規則を周知させ，かつその変更が合理的なものでなければ，労働条件の不利益変更はできない。

一方，9条ルートの場合には，労働者の同意さえあれば，このような周知と合理性の要件は不要となる。労働者の同意には，大きな（労働者にとって不利益な）法的効力が与えられることになる。

積極的意味での合意原則に否定的な立場からは，こうした同意に法的な効力を認めることには慎重となるであろう。たとえば，労契法10条で定める意味での合理性がない場合には，9条ルートによる場合にも，労働者の同意の有効性は認められないという見解もありうる[8]。これは，実質的には，労契法9条の反対解釈を否定することに等しい。また，変更に合理性がない場合には，従来の就業規則に最低基準効が発生するので，労契法12条に基づき，不利益変更の同意は無効となるという見解もある[9]。これに対して，反対解釈は認めるものの，その同意の認定は，厳格・慎重になされるべきとする見解もある[10]。前述のように，積極的意味の合意原則を否定すべきではないという本稿の立場からは，9条ルートを否定する見解は妥当でないということになる。労働者の同意の認定を慎重にする[11]ということを前提にして，労契法9条の反対解釈を認める見解をとるべきである。

この最後の立場にたつと，重要なのは，同意の有効要件をいかにして設定す

---

8) たとえば，西谷敏『労働法』（日本評論社，2008年）174頁は，「客観的にみて変更に合理性がないと判断される場合には，変更への同意は，労働者の真意にもとづかず，無効とみなされることが多いであろう」と述べる。
9) 淺野高宏「就業規則の最低基準効と労働条件変更（賃金減額）の問題について」山口浩一郎他編『経営と労働法務の理論と実務』（中央経済社，2009年）303頁以下。これとは逆に，就業規則の最低基準効は，合理性の有無に関係なく，変更後の就業規則において生じるという見解として，荒木尚志＝菅野和夫＝山川隆一『詳説労働契約法』（弘文堂，2008年）129頁。
10) 荒木他・前掲注9)書112頁。
11) なお，川口美貴＝古川景一「就業規則法理の再構成」季刊労働法226号（2009年）163頁のように，反対解釈は認めるものの，その同意は，労働条件変更時の同意に限定すべきとする見解もある。

るかになる。判例上,強行法規からの逸脱という労働者にとって不利益となる同意の有効性について,「同意の真意性」を厳格に解釈する立場を示したものがあり,下級審においては,労働条件の不利益変更に対する同意についても,同様の判断枠組みを示したものがある。労契法上も,積極的合意原則を妥当させる際には,このような「同意の真意性」のチェックが行われていくべきであろう。

もっとも,筆者は,「同意の真意性」について,同意内容の合理性や相当性までを考慮に入れるのは適切でないと考えている。真意性の有無は,同意するまでのプロセスを重視して判断をすべきであり,具体的には,情報提供義務と説明義務を履行することが,必要十分な同意の有効要件であると解している。

4　就業規則の拘束力と合意原則

(1) 労契法7条

労契法7条は,労働契約の締結段階において,個々の労働者の同意がない場合でも,就業規則は,それが周知されていて,合理性があれば,労働契約の内容となることを認めている。労働者の同意を要件としていないという点では,合意原則と抵触している（一方,同条ただし書は,合意原則を肯定しているといえる）。

元来,就業規則の法的性質については,契約説と法規範説の争いがあり,また判例法理に対しても,どのような法的性質論に立っているのかについて,一致した理解があるわけではなかった。労契法7条は,この判例法理を成文化し

---

12) 日新製鋼事件・最二小判平成2・11・26民集44巻8号1085頁。「同意が労働者の自由な意思に基づいてされたものであると認めるに足りる合理的な理由が客観的に存在する」かどうかを問うものである。シンガー・ソーイング・メシーン事件・最二小判昭48・1・19民集27巻1号27頁も参照。
13) 三井埠頭事件・東京高判平成12・12・27労判809号82頁等。
14) 私見の詳細は,拙稿「個別的労働条件の変更」民商法雑誌134巻6号（2006年）830頁以下。また,労働条件変更についての使用者側からの説明が不十分であった事案で,合意の成立を否定した最近の裁判例として,東武スポーツ事件・東京高判平成20・3・25労判959号61頁がある。なお,労契法4条については,1項は私見の補強要素となろう。一方,2項で定める書面性は,同項の「できる限り」という文言を考慮すると,これを個別的同意の有効要件と解することは妥当でなかろう。

たものであり，契約説のロジックによっているとは言い切れないものである。たしかに，判例法理については，契約説の範疇に含まれる定型契約説（約款法理）を採用したという理解も有力もある[16]。ただ，約款の法的性質についても議論がある。この点，「債権法改正の基本方針」（以下，「基本方針」[17]）では，「約款は，約款使用者が契約締結時までに相手方にその約款を提示して……，両当事者がその約款を当該契約に用いることに合意したときは，当該契約の内容となる」（【3.1.1.26】）として，約款が契約の内容となるためには，「相手方への開示」と「約款を用いることについての合意」を要件としている。これは，約款が契約の内容に組み込まれるための要件を設定したもので，契約理論との整合性を考慮したものである。

就業規則は約款とは別の法理で規制されるべきという考え方もありうるが[18]，合意原則との抵触を解消するという観点からは，むしろ「基本方針」を参考にして，「約款を用いることについての合意」に相当する要件，すなわち，労働契約の内容は就業規則によるという合意を要件として設定すべきといえる。

もっとも，このような包括的な合意がある場合には，労契法7条ではなく，6条の合意原則に基づき，就業規則が労働契約の内容となると解すことができるかもしれない。この点，「基本方針」における約款法理では，「約款を構成する契約条項のうち，個別の交渉を経て採用された条項」には，約款規制を及ぼさないとされている（【3.1.1.25】〈2〉）。これを参考にすると，労契法6条により就業規則が労働契約の内容となることが認められる場合とは，単に労働契約の内容は就業規則によるという包括的な合意があるだけでは不十分で，就業規則の定める労働条件が「個別の交渉を経て採用された」場合であることが必要といえるであろう。

---

15) 秋北バス事件・最大判昭和43・12・25民集22巻13号3459頁，電電公社帯広電報電話局事件・最一小判昭和61・3・13労判470号6頁等。
16) 菅野和夫『労働法（初版）』（弘文堂，1985年）93頁。
17) 民法（債権法）改正検討委員会編『債権法改正の基本方針』（商事法務，2009年）を参照。
18) なお，「基本方針」においては，「約款」とは，「多数の契約に用いるためにあらかじめ定式化された契約条項の総体」と定義されているので（【3.1.1.25】），就業規則も，一応，「約款」の定義に含まれることになる。

7条の合理性審査は，従来の判例から考えると，実際にはあまり機能していないかもしれないが，積極的合意原則における合意の認定を厳格にすべきという立場からは，約款法理を参考にして6条の適用可能性を限定する解釈は妥当といえるであろう。

(2) 労契法10条

前述のように，合理的変更法理を成文化した労契法10条は，合意原則と正面から抵触する。しかし，ここでも，合意原則との抵触をできるだけ回避するための解釈論は検討されてしかるべきであろう。

この点，「基本方針」は，事情変更の原則を成文化している（【3.1.1.91】以下）が，そこでは，事情変更が認められる要件を厳格に絞ったうえで，事情変更が認められた場合の効果について，再交渉義務が定められていることが注目される。事情変更による契約改訂や契約解除は，私的自治の原則の例外であるので，厳格な要件に加えて，効果面でも，できるだけ私的自治原則との整合性を考慮して，当事者間での交渉による解決の模索を義務づけたものとみることができる。

労契法10条については，合理的変更が認められる実体要件である合理性要件が，事情変更が認められる場合の要件よりも緩いのではないかという論点もあるが，その点はさておいても，少なくとも手続的な面で，「基本方針」の定める再交渉義務に相当するような要件を設定することは検討に値すると思われる。筆者は，前述のように，合理的変更法理に反対の立場をとっているが，この法理をかろうじて支持できるとすれば，それは，変更に反対している労働者に対して，合意を得るようにどの程度努めたかという要素を考慮に入れる解釈論を定立する場合であると主張してきた[19]。具体的には，変更に反対する労働者に対して，十分に情報を提供し，協議をしたかどうかという要素である。条文上は，10条における「就業規則の変更に係る事情」の判断要素において考慮されるものであろうが，私見では，総合判断における要素の一つではなく，不可欠の前提要件とすべきと解している。

---

[19] たとえば，拙稿「完全週休二日制の実施にともなう就業規則の変更による平日の所定労働時間の延長について合理性ありとされた例（羽後銀行事件）」ジュリ1202号（2001年）230頁。

Ⅲ 債権法改正と労契法

1 はじめに

民法の債権法の部分が改正されると，雇用契約に関する部分にも修正がもたらされることになり，それが，労契法の今後の見直しにおいても大きな影響を及ぼす可能性がある。「基本方針」では，「『雇用』に関する規定は，将来的には，『労働契約法』と統合するものとし，それまでの間は，『労働契約』の基本的な補充規範として必要な範囲で，現行規定を維持しつつ，整序するものとする」とされている（【3.2.12.A】）。

そこで以下，民法の雇用規定が，労契法に統合されることを想定しながら，「基本方針」において，民法の雇用規定について，どのような見直しが検討されているのかをみていくこととする。

まず第1に指摘しておくべきは，「基本方針」において，雇用，請負，委任，寄託を包摂する上位概念として新たに「役務提供契約」という概念を導入している点である。「役務提供契約」とは，「当事者の一方（役務提供者）が相手方（役務受領者）から報酬を受けて，または，報酬を受けないで，役務を提供する義務を負う契約」である（【3.2.8.01】）。

ただ，「役務提供契約」に関して定められる規定は，「雇用・請負・委任・寄託といった各種の役務提供契約に関する現民法の規律の中で，当該契約類型を超えて広く役務提供契約の一般に妥当すると考えられる規律を役務提供の総則規定として括り出したもの」とされている。したがって，雇用契約，請負契約等に対する固有の規律は，これまでどおり適用される（【3.2.8.03】）。

「役務提供契約」という概念の有用性は，その総則規定を設けて，雇用・請負・委任・寄託のいずれにも該当しない役務提供契約に対する受け皿を作るという点にある。ただ，労働法学の立場からは，役務の提供形態がいかなるものであれ，客観的にみて，労働契約に該当すると判断されれば，労働法の適用は及ぼされるというだけであり，この概念の有用性は特に感じない。むしろ，指揮命令の存否という点で，雇用とそれ以外の契約との違いを意識してきた伝統

的な発想からすると，それを「役務提供契約」という一つの契約類型で括ることじたいに違和感が残ることになろう。[20]

2 定義規定

現在の民法623条は，「雇用は，当事者の一方が相手方に対して労働に従事することを約し，相手方がこれに対してその報酬を与えることを約することによって，その効力を生ずる」と定めている。同条は，「効力を生ずる」という文言からもわかるように，効力発生要件に関する規定である。

これに対して，「基本方針」では，「当事者の一方（労働者）が相手方（使用者）に対して労働に従事する義務を負い，相手方がこれに対してその報酬を与える義務を負う契約である」となっている（【3.2.12.01】）。

このような修正をしているのは，「基本方針」では，雇用に限らずすべての契約類型において，これまでの効力発生要件を定めるという形式をやめて，各契約の定義規定を設けることに改め，その定義の内容において，両当事者の負う義務を示す，という方法をとることにしたからである。

他方，労契法6条は，「労働契約は，労働者が使用者に使用されて労働し，使用者がこれに対して賃金を支払うことについて，労働者及び使用者が合意することによって成立する」というように，労働契約の成立要件を定める形式になっている。

民法において，定義規定について前記のような統一方針がとられるのであれば，将来，民法623条に相当する規定が労契法に統合された場合にも，民法と同じような定義規定を設けるべきであろう。労契法6条が成立要件を定める規定となっているのは，合意のみで労働契約が成立するということ（諾成主義）を定めたという意味もあるが，諾成主義じたいは，民法の本則に定められれば，それで十分といえる（【3.1.1.02】）。

なお，「基本方針」では，「将来，『雇用』の規定を民法典から分離して『労

---

[20] 「役務提供契約」には，無償のタイプも認められているので，ボランティア労働が，民法典における規律（具体的には，報酬に関係しない部分の規定）の対象となる可能性がある。その適否も議論の余地があるであろう。

働契約法』に統合する場合には，民法典に『雇用』の定義規定のみを残すのが適当であるとの見解がある」と注記されている。

3　有期契約の更新後の法律関係

「基本方針」の定める現行の雇用規定の見直しの中で最も議論がありうるのは，黙示の更新に関する民法629条についてであろう。

「基本方針」では，同条について，「雇用の期間が満了した後，労働者が引き続きその労働に従事する場合において，使用者がこれを知りながら異議を述べないときは，従前の雇用と同一の条件（期間を除く。）で更に雇用をしたものと推定する」という規定への改正が定められている（【3.2.12.08】）。

これは，「従前の雇用と同一の条件」について，「期間を除く」と明記すると同時に，同条の第2文を削除する提案である。要するに，黙示の更新後の雇用契約は，期間の定めのないものになるという趣旨である。これは，民法における通説に従ったものであるが[21]，労働法学においては，この見解に否定的な立場も有力である[22]。

というのは，民法における通説は，期間の定めのない雇用契約となっても，2週間の予告をおけば解約は自由にできるということが前提となっている（627条1項）。ところが，実際には，使用者からの解約（解雇）については，労契法16条の適用を受けるので，使用者は自由にこれを行うことができない。雇用保障の限界が，これまで有期であったものが，黙示の更新により，実質的には無期の雇用保障になってしまうというのは，あまりに極端な結論であり，適切ではない[23]。したがって，黙示の更新後も，期間の定めのある契約となると解

---

[21]　なお，労働法学においては，民法の通説を受け入れてきたが，最近でも，西谷・前掲注8) 書436頁，水町勇一郎『労働法（第2版）』(有斐閣，2008年) 179頁，荒木尚志『労働法』(有斐閣，2009年) 417頁等は同旨。

[22]　菅野和夫『労働法（第8版）』(弘文堂，2008年) 176頁以下，青木宗也＝片岡曻編『労働基準法Ｉ』(青林書院，1994年) 210頁（諏訪康雄執筆），下井隆史『労働基準法（第4版）』(有斐閣，2007年) 101頁等。

[23]　期間の定めのない契約となったとしても，解雇権濫用の判断を柔軟に行えば，不都合はないという見解もある（荒木・前掲注21) 書417頁等を参照）。

すべきである[24]。今回の「基本方針」は，このような労働法学の有力な立場をとらないことを明示したものであるが，この点については賛成できない。

また，「基本方針」では，現在の民法の規定上は存在していない「継続的契約」という概念を新たに導入している。そして，この「継続的契約」に関して，「契約の目的，契約期間，従前の更新の経緯，更新を拒絶しようとする当事者の理由その他の事情に照らし，更新を拒絶することが信義則上相当でないと認められるときは，当事者は，相手方の更新の申し出を拒絶することができない」とし，この場合には，「当事者間において，従前の契約と同一の条件で引き続き契約されたものと推定する。ただし，その期間は，定めがないものと推定する」という規定を設けている（【3.2.16.14】）。

この規定が雇用契約に適用されることになると，判例上，形成されてきた「雇止め制限」法理に明文の根拠を与えることにもなる。ただ，雇止めの制限が認められた後の雇用契約が，期間の定めのないものとなるとすると，前記の民法629条の改正方針と同様の問題を抱えることになる。この点について，判例は，雇止めの制限が認められた場合には，従前の労働契約が更新されたのと同様の法律関係になると述べており[25]，この立場は妥当と解されるので，「基本方針」の【3.2.16.14】のただし書きは，雇用契約には適用除外にすべきである。

4 危険負担

「基本方針」では，危険負担に関する規定が削除されている。民法534条の債権者主義については従来から批判があったため，これを削除し，契約の解除に関する規定に統合しようとしたものである。ただ，536条2項については，534条の抱えるような問題はもともと存在せず，あえて削除する必要はなかったので，これを実質的に残すために，役務提供契約の総則において規定が設けられた（【3.2.8.09】〈2〉）。その規定は，「役務受領者の義務違反によって役務を提

---

[24] 「従前の雇用と同一の条件」という部分を重視して，これには「期間」も含むと解することになる。
[25] 日立メディコ事件・最一小判昭和61・12・4労判486号6頁。

供することが不可能となったときは，役務提供者は，約定の報酬から自己の債務を免れることによって得た利益を控除した額を請求することができる」というものである。

現行の民法536条2項と比較すると，「基本方針」では，「責めに帰すべき事由」という言葉に代えて「義務違反」という言葉が用いられている。「基本方針」によると，使用者の「義務違反」がなければ，労働者は賃金請求をできないということになるので，一見すると，賃金請求権が認められる場合が縮減しそうでもある。

もっとも，この文言の改正は，債権者の「責めに帰すべき事由」という表現は，債権者の「過失」を想起させるもので適切でないということから，規定の内容を実質的には維持したうえで，表現だけを変えようとしたもののようである。したがって，「義務違反」については，特に厳密な意味での使用者の義務違反があったことを問うことは想定されておらず，従来の「責めに帰すべき事由」と同じように解されるべきものといえる。とはいえ，「義務違反」という表現はミスリーディングなので，文言の修正が検討されるべきであろう。

5 その他

債権法改正に関しては，労働契約との関係でも，いろいろな論点があるが，紙数の関係上，次の二点だけ指摘しておきたい。

一つは，前述した事情変更の原則についてである。もし「基本方針」に則して成文化されると，労契法制定前に検討されていた『今後の労働契約法制の在り方に関する研究会報告書』で構想されていた「雇用継続型契約変更制度」の立法論議にも影響が生じる可能性がある。

もう一つは，「基本方針」で，「暴利行為」に関する規定が新設されている点である。これは「当事者の困窮，従属もしくは抑圧状態，または思慮，経験もしくは知識の不足等を利用して，その者の権利を害し，または不当な利益を取得することを内容とする法律行為は，無効とする」（【1.5.02】）という規定である。暴利行為に関する規定は，当事者の力関係の差が大きい労働契約において，適用される場面が多くなるのではないかと思われる。

シンポジウム（総括コメント）

Ⅳ　おわりに

　制定法である（形式的な意味での）労契法の背後には，膨大な実質的な意味での労契法の領域が広がっている。今後は，この領域を，どのようにして，どこまで制定法である労契法に取り込んでいくのかが理論的に重要な課題となる。その際には，債権法改正で，約款規制などの整備が進められようとしている民法との連携が，これまで以上に必要となるであろう。

　その一方で，労契法の独自性ということにも留意しておく必要がある。筆者は，労契法は，民法の消費者契約法の領域との関係性があり，両者との理論的連携が可能であるが[26]，他方で，労働契約には，労働保護法による強行法規的規制が広く及んでいること，労働団体法による保護の可能性があることなどから，民法の法理から離れた，独自のルール形成のあり方を模索する必要もあると考えている。特に労働団体法の観点からは，労働組合の位置づけ，さらにはそれと関連して，過半数代表や労使委員会の見直しも，労契法に付随する重要論点として議論していかなければならないであろう。

　さらに，契約法としての労契法のあり方を考えていくうえで，どうしても避けて通れないのは，労契法が労働者保護のための片面的法律という性格をいかに克服していくか（あるいは，維持していくか）である。なかでも重要なのは，積極的意味での合意原則を，どのような要件で認めるのかである。合意原則の研究の深化が，今求められているのである。そこには，労働契約と契約自由の原則との関係という古くて新しい難問が横たわっているといえよう。

　　　　　　　　　　　　　　　　　　　　　　　　　（おおうち　しんや）

---

26)　拙稿「労働法と消費者契約」ジュリ1200号（2001年）90頁以下。

《シンポジウムの記録》

労働契約法の意義と課題

1　総括コメントに対する報告者の回答

● 合意原則の理念的意味内容，合意の多層性

和田肇（司会＝名古屋大学）　それでは討論を始めます。大内会員から4名の報告者に対する総括的なコメントがありました。その中で，それぞれの報告者に質問・疑問等が出されていますので，それに対する回答をお願いします。最初に，土田会員からお願いします。

土田道夫（同志社大学）　私に対しては，「合意原則の労働契約法の役割としては，交渉促進規範と適正契約規範の2つの規範を指摘したけれども，その両者は両立するのか。あるいは，交渉促進規範はともかく，適正契約規範については正当なものか」という疑問をいただいたので，回答します。

労働契約法は，1条，3条1項にあるように，労働者と使用者が自主的な交渉の下で，対等な立場における合意によって労働契約を運営すること，一言で言えば，自主的かつ適正な労働契約の運営の促進を理念としていると考えられます。したがって，労働契約法は交渉促進規範を主な趣旨としていると考えます。しかし，労使当事者が交渉を促進するためには，その拠り所となる規範が必要ですし，拠り所となるべき規範である以上，それは適正な規範であることが必要とされます。その意味で，労働契約法は，適正契約規範という性格を有していると考えることができ，交渉促進規範と適正契約規範は矛盾なく両立すると考えています。

ただし，こうした考え方によって労働契約交渉を促進するのであれば，任意法規という法技術を考えていく必要があります。出向について例を挙げると，出向中の労働条件や出向期間・復帰条件が規定され，内容上不利益を含まない場合に出向義務が発生するという任意法規範を立てて，そこから著しく乖離する契約条項の効力を否定するという手法で交渉を促進するという立法構想ができないかと考えています。これが第1点に対する回答です。

第2に，「『合意原則による合意は多層的な含意を有している』と述べたが，それは合意の概念を拡散し過ぎて，かつ飛躍しないか」との指摘をもらいました。これはそのとおりで，口が滑ったというか筆が滑って，労働協約の規範的効力まで含めたのはやや広すぎたと思います。

ただ，私の報告の重点は，合意原則による個別合意が，「その都度の合意」に限るものではないということです。採用時・事

前の合意や就業規則に関する合意を含みます。また，立法論として就業規則の拘束力に関する7条，10条について推定効構成を採用するとすれば，これはまさに，「合意」に入ります。

さらに，現行法の解釈としても，就業規則は労働契約のひな形として合意（労契法6条）の対象となる機能を有しており，その場合は，就業規則は労使間合意を介して契約内容となるので，「合意の多層的構造」という把握も十分可能ではないかと考えています。以上です。

● 労契法10条の合理性基準論，合意原則を前提とした条文案（立法論）

和田（司会） ありがとうございました。次に，唐津会員からお願いします。

唐津博（南山大学） 大内コメントで，私の報告に2点の言及がありました。1点は，労働契約法10条の合理性基準論についてです。「『合意がなければ変更できない。そして，合意がない場合は例外だ』ということだが，原則と例外についてどう考えるのか。そういう解釈論が成り立ち得るか」ということです。もう1点は，条文案で，「例外は例外としてきちんと明確に識別するためには，現行の条文でいいのではないか」ということでした。その2点について，今の考えを示します。

まず，原則と例外の関係ですが，原則があって例外がある場合の理解の仕方には2つあると思います。1つは，あるロジックで原則が成り立っている。そして，そのロジックが適用できない部分について，例外を考える。そうすると，この場合は，原則で示された考え方は通用しないことになります。

もう1つは，「原則と例外」といっても，例えば，労働条件の設定の仕方のように，別のロジックを立てる必要がないものもある。すなわち，個別合意によって労働条件を設定するのが原則だとして，例外的に就業規則で規制をするというような「原則と例外」については，個別的な労働条件は基本的に個別の労使の意思にかかわって形成されるべきだと考えていますから，例外として就業規則という法制度を活用するとしても，これについては労働契約法の趣旨・目的という基本原則に沿って，合意原則をかぶせた解釈が成り立ち得ると考えて，本日のような報告をいたしました。

もう1点，条文の整理についてのコメントですが，現行法の構成は，私からすれば非常にいびつな感じがしていたので，合意原則のもとに労使の合意によって労働条件が設定できることを基本にして，仮に就業規則規制を労働契約法に組み込むとしたらどうなるかということで，就業規則の推定的効力を定める条文を作りました。大内コメントでは，「むしろ，就業規則法制を組み込むのではないか」との言及もありましたが，仮に組み込むとしたらこのような組み込み方が考えられるということで，この条文案を示しました。

● 政策的規制と合意原則（自主的交渉理念）の関係

和田（司会） 続いて，石田会員から

お願いします。

石田信平（駿河台大学）　大内会員から2点指摘がありました。1点は、「ワーク・ライフ・バランスや均衡の考慮は、どう考えても合意原則と矛盾するものなのに、なぜ、あえて合意原則と両立するような解釈を採るのか」という点です。2点目は、この指摘から進んで、「政策的規定にまで自主的な交渉という理念を活用するのは理解しがたい」という内容でした。

まず、1点目の「ワーク・ライフ・バランスや均衡の考慮というポイントが、労働契約法の原則として入れられたか」ということについてです。これは、合意と労働契約制度、あるいは、労働市場との関係の捉え方如何に関わる問題であると私は認識しています。労働者と使用者が個別に合意をして、それが尊重できるというのは、そもそも労働市場が適正に整備されていることが前提にあるといえるからです。

したがって、労働市場には何らかの規制が不可避であるというのが私の見方ですが、人口構造や時代背景、経済状況等によって、労働市場の適切な運営が可能かどうかは変わってきます。

適切な労働市場が整備されていなければ、自主的な交渉のもとの合意原則も実質化されないと私は考えています。ワーク・ライフ・バランスや均衡の考慮は、一見すると合意原則と矛盾するように見えますが、労働市場の持続可能性や適切さの確保と合意原則が両立するという解釈もあり得るというのが私の見解です。

2点目は、「政策的規定にまで自主的な交渉という理念を活用するのは理解しがたい」という点です。私は、公的な利益の確保、あるいは適正な労働市場の実現という観点から、労働市場には何らかの規制が必要不可欠であると考えていますが、公的利益の確保のための立法規制に関して、自主的交渉の理念を組み込んでいくというのは、現在の労働法規制で既に行われている手法です。

例えば、労働時間規制や育児介護休業法などには、労使協定による適用除外の考えが既に盛り込まれています。立法規制と自主的な交渉、あるいは労使交渉、集団交渉という考え方をミックスさせて政策的規制を行うということは既存の労働法規制でも行われているので、労働契約法の自主的な交渉の理念も、そうした立法規制を根拠付ける規定になってくるのではないかと考えております。以上です。

● 民法と労契法との関係、自己拘束型規制の位置付け

和田（司会）　最後に、山本先生から、コメントに対する反論をお願いします。

山本敬三（京都大学）　反論ではありませんが、2点だけ補足をします。

先ほど、大内先生は、コメントの中で、「民法との連携作業は確かに必要だが、労働契約法の独自性も気になる」と指摘されました。私の報告は、全くの門外漢で、「とにかく民法から何か言えることはあれば」ということで、一方的に話を進めましたので、危機感を抱かれたのだろうと思います。

言うまでもありませんが，民法と共通するところがあるとしても，そのままではなく，修正する必要は当然あります。例えば，先ほどの報告の中で，私は，労働条件の変更について，「労働条件の変更の必要性だけで，契約内容の変更は正当化できないのではないか」，事情変更の原則ですと，客観的要件として「両当事者の利害が著しい不均衡をきたす」ことが必要とされているけれども，果たして「労働条件の変更の必要性」だけで十分なのかと申し上げました。しかし，そのときも，「このあたりは，労働契約の特質性が関係してくるのかもしれませんが，それならば，そうした特殊性をきちんと特定して，それにふさわしい要件や判断基準を示すべきでしょう」ということもあわせて申し上げました。

大内先生は，そのような独自性として，労働契約には「継続的契約という特質があること」，「労働保護法による強行法規的な規制が広く及んでいること」，「労働団体法による保護の可能性があること」という要因を挙げておられましたが，それらが具体的な判断にどう結び付くかということを明確に示すことこそが，労働法学の課題ではないかと思いました。

もう1つは，「自己拘束型規制の位置付けが理解しにくい」と言われた点です。今日の私の報告では，たくさん規制の分類を挙げましたが，これは私の用語法で，民法で一般的に使われているものではありません。その点はご注意いただければと思います。いずれにしても，「自己拘束型規制」とは，契約を締結した時は，意思決定に対する侵害を受けたわけではないけれども，いったん自分がした契約から解放される可能性を認めるというタイプのものです。「このようなものを認めると，私的自治に対する過剰な介入ないしパターナリズムになるのではないか」ということが，大内先生のご指摘の背後にあるのだろうと推察します。

ただ，そこで念頭においているものは，主として，締結規制として比較的オーソドックスなもの，行為能力や意思能力のような資格要件型規制のほか，手続的規制，例えば要式行為や約款の組入れ規制のようなものです。もちろん，大内先生は，あまりこれらの規制は気にされていないようでして，むしろ，内容規制に当たるものを認めると他律型規制と変わらなくなるのではないかということを懸念されているのでしょう。

この内容規制にあたるものは，レジュメの6頁に挙げてあります。「基盤保障型規制」は，かなりハードなもの，たとえば臓器売買契約や売春契約のようなセンシティブなものを主として想定しています。そのほか，「事情変更型規制」がありますが，これも，どうしても認めざるを得ないものを限定的に認めるというものでして，広く一般的に契約の拘束力を否定するというものではありません。

ただ，いずれにしても，このような意味での自己拘束型規制が実際にどのような場合にどう認められるかということをきちんと示していきませんと，誤解を生むかもしれません。その点は，ご指摘を受けて，こ

れからも考える必要があると思った次第です。

西谷敏（司会＝近畿大学）　ありがとうございました。

2　合意原則と労働契約規制

● 合意原則の意義

西谷（司会）　それでは，多くの質問用紙が出ていますので，それに沿って討論を進めます。適宜，挙手して発言してくださっても結構です。多くの論点が出ていますので，短時間で全部採り上げられるかわかりませんが，できるだけこれに即して議論を進めます。

まず，土田会員に対して，特に合意原則の問題について3人から質問が出ています。1つは，野川会員からの，「『合意原則が合意外在的規範と調和する』と言うが，民法でも『裸の合意』が最優先するという立場は通説ではない。労働契約法の特質とは言えないのではないか」という質問です。

また，立命館大学の松本克美会員からの質問は，土田報告に限りませんが，「『労働契約法は合意原則を定めているのに，それに矛盾するかのような規定がある』と指摘されました。しかし，労働契約法自体は，1条で『合意の原則その他労働契約に関する基本的事項を定める』としているので，そもそも法律自身は必ずしも意識的に合意原則のみに関連して組み立てられているわけではないとも考えられます。その点はどう考えますか」ということです。

濱口会員からの質問は，少し視点が違います。「労働契約法の合意原則は，個別労使の合意という理解で立法されていることは確かだが，その沿革が，労働基準法2条1項（労使対等決定原則）に由来するならば，集団的労使の合意という概念に基づくのではないか。労働基準法制定時において，実質的立法者であった労務法制審議会も，法案を審議した国会も，制定直後の裁判所の裁判例も，いずれも労働基準法2条1項を集団的労使合意と解釈している」。そこで，これは労働契約法の解釈の論点だと思いますが，「集団的合意を原則としつつ，その例外として個別合意を優先させるべき場合の補充的規範として合理性を位置付けるほうが，労働法体系全体との整合性ある理解ができるのではないか。この例外を判断する基準として，ワーク・ライフ・バランス等の公共政策的配慮が位置付けられるのではないか」という質問です。

この質問に対して土田会員に答えていただき，必要であればさらに質問者から補足してお話しいただきます。

土田（同志社大学）　ご質問ありがとうございます。

まず，1点目の野川会員のご質問です。私も，今日の民法ないし現代型の民法規制が，合意を「裸の合意」ととらえているとは考えていません。労働契約法や労働法が歴史的に前提としてきた古典的・伝統的な意味での合意が「裸の合意」であって，それがかつての民法では合意としてとらえられていたのではないかという趣旨です。今日の民法が，合意を「裸の合意」あるいは「あからさまな合意」ととらえているとは

もちろん考えていません。

2点目の松本会員のご質問です。労働契約法1条は,「労働契約が合意により成立し,又は変更されるという合意の原則その他労働契約に関する基本的事項を定める」と規定しています。おっしゃるとおり,「その他労働契約に関する基本的事項」は重要な意味を有しています。ですから,合意原則とこの「その他労働契約に関する基本的事項」との関係をどのように考えるかは,労働契約法をどのように考え解釈するかという問題に帰着すると思います。

そこで,私もそうですが,大内会員のコメントや石田会員の報告にもあったように,今回の報告では,「非合意的な要素ないし合意外在的な要素と合意原則との関係をどのように解釈するか」という問題意識を持って議論してきました。この点を1条に即して言えば,「合意の原則」と「その他労働契約に関する基本的事項」の関係をどのように考えるかという問題ということになります。

私は,合意原則を基本に考え,労働契約法が定める合意外在的規範(1条のその他労働契約に関する基本的事項)は当事者の交渉促進規範として合意原則を実質化する規範を意味すると考えています。しかし,恐らく,大内会員はそうではないでしょう。この点は,まさに今回のシンポジウムの論点で,メンバー全員でその点を認識したうえで議論しました。松本会員ご自身の意見があれば,ぜひ聞かせてください。

濱口会員のご質問の趣旨は取りづらいところがありますが,労働契約法における合意原則は,あくまで個別労使の合意に関する原則と解釈するしかありません。合意原則は,理念規定として労働基準法2条1項の労働条件対等決定の原則を継承していると思いますが,同条が対象とする労使間合意が集団的労使間の合意か否かということと,労働契約法における合意原則にいう合意が個別労使間の合意であるということは,別の問題だと考えています。

ただし,例えば,就業規則上の労働条件が労使間合意を介して契約内容となった場合を想定すると,労働者と使用者の個別的合意のみならず,就業規則の集団的ルールが合意の内容に入ってきます。その意味では,集団的な性格というものが生じるので,労働契約法7条本文と但書の関係や,10条本文と但書の関係については,集団的合意と個別的合意の関係という問題を検討せざるを得ない場面だと考えています。回答になったかどうかわかりませんが,以上です。

● 労働法体系における労働契約法の位置付け

西谷(司会) 今の点について,濱口会員,発言をお願いします。

濱口桂一郎(労働政策研究・研修機構)
解釈論としては,労働契約法がそういう趣旨で作られたことは当然承知しています。やや立法論的に,そういう作り方でよかったのかという問題提起をしたつもりです。

合意原則や自主的な交渉が,個別の労働者だけの話として想定されているのであれば,労働法は100年をさかのぼった昔の民法に戻るだけではないでしょうか。そこを

きちんと区分けした議論をしないと，何の議論をしているのかわかりません。労働法と言いながら，実は民法で議論していることになり，それでは意味がありません。

これは，労働法の存在根拠は労使間の情報格差だけの問題なのか，それとも交渉力格差も問題なのかという判断にかかわると思います。スタート時点における交渉力格差も問題だと考えれば，個別合意だけではだめだから，交渉力格差を補うために集団的合意というものが位置付けられたのだと思います。ところが，逆に集団的な合意だけでやると，そこから個別的な利害がこぼれ落ちてきます。その個別的利害を，いかなる場合に集団的合意に優先させるべきかという判断基準として，一般的には「合理性」判断ということになるのでしょうが，とりわけ均衡処遇やワーク・ライフ・バランスといった一般条項が用いられるべきではないか。つまり，原則としての集団的合意と例外としての個別的異議をどのように組み合わせるべきかという観点が必要ではないか。

それを，「みんなで合意したからこれでやっているが，俺は嫌だよ」という話を，「個別労働者の合意があったかなかったか」という枠組みでいきなり議論すると，本来複数の層で議論しなければいけないものが，非常に単層的になるのではないでしょうか。形式的意味における労働契約法を前提とした議論をここですべきだとすると，趣旨が違う質問だったかもしれませんが趣旨を説明させていただきました。

西谷（司会） わかりました。労働法体系における労働契約法の位置付けと立法論的な方向に関する提言という趣旨ですね。土田会員，今の点についてお願いします。

土田（同志社大学） まず，合意原則が個別的合意だけを想定しているのであれば，昔の民法に戻るだけではないかという点については，私はそうは思いません。先ほどから述べているとおり，合意原則は，労使間の交渉力・情報格差を是正し，「裸の合意」たることを是正するための法規制（交渉促進規範・適正契約規範）を随伴する理念であって，この合意原則が想定する「合意」も，そうした法規制を介して認められる合意，つまりは実質的な合意だと考えられるからです。

次に，労働契約法において，個別的合意だけを問題にすべきではないという点については，実は，私も問題意識を共有しています。集団的労使自治や労使協議制の導入の必要性が関係してくると思います。私は，個別合意だけで労働契約法を構想する必要は全くないと思います。むしろ，集団的な協議である労使協議制を積極的に導入すべきです。労使間の交渉力・情報格差を是正するための労働法の基本的システムはまさしく集団的労使協議ですから，それを含めて労働契約法を構想することが可能です。現に，「今後の労働契約法制の在り方に関する研究会」ではそういう構想がありましたし，今も必要だと考えています。

ただ，それを，「集団的合意が基本だ」と理論的に言い切ることには賛成できません。しかし，方向性としてはかなり共通していると思います。

シンポジウムの記録

● 就業規則変更における個別的手続規制と集団的手続規制

西谷（司会）　宮里会員から土田会員に，今の問題に関係する質問が出ています。これは，労働契約法10条の解釈の問題ですが，「就業規則の変更について，労働者への情報開示・説明義務という個別的手続規制と，労働組合との交渉という集団的手続規制の2つの点を指摘されたが，両者の関係をどう位置付けるのか。両者の手続は並行して進められるのか。それとも，いずれかが先行するのか。私は，労働組合が存在する場合には，団結権・団体交渉権保障の趣旨から，集団的手続が優先されるものと考えるが，ご意見はいかがですか」。

2つ目に，それと関連して，「労使委員会は，（労働契約法）研究会報告のそれと同じものか，それと異なるものとして言われたのか」という質問です。お願いします。

土田（同志社大学）　1点目ですが，私も集団的手続を優先すべきだと考えています。理由は，宮里会員が挙げられた団結権・団体交渉権の保障と同時に，労働契約法を構想するときに，労使協議制は必須とまでは言いませんが，非常に重要な要素だと思うからです。ですから，労働契約法に集団的労使協議のシステムを組み込むなら，まずはそれを時間的にも手続的にも優先させるべきだと思います。

問題は，労使協議をした場合に，法的にそれをどう評価するかで，「今後の労働契約法制の在り方に関する研究会」の報告でも提案された問題です。つまり，労働条件の変更等について，過半数組合が合意したときや，労使委員会で協議して5分の4以上で合意したときに，どのような法的評価をするかという問題です。私自身は，過半数組合の合意がある場合について判例（第四銀行事件・最二小判平成9・2・28民集51巻2号705頁）が説くように，「合理性の一応の推測」という評価をしてよいと思いますが，その点は宮里会員には異論がおありでしょうし，意見が分かれるところかと思います。

次に，このように集団的手続を優先したうえで，就業規則の変更が特定の労働者層に著しい不利益を及ぼす場合には，合意原則の趣旨を重視して，集団的協議とは別に，使用者は，当該労働者個人に対する説明あるいは情報提供を別途行うべきだと考えています。

判例も，みちのく銀行事件（最一小判平成12・9・7民集54巻7号2075頁）などで，そういうケースでは実体的合理性を厳しく判断していますが，私は，実体的な合理性とともに，個別的な手続も合理性の判断要素として考慮するべきだと考えます。

2点目の労使委員会についてのご質問については，「今後の労働契約法制の在り方に関する研究会」報告時のそれと同じものであると単純に考えています。以上です。

● 個別合意に関する手続的規制と内容規制（立法論）

西谷（司会）　さらに，土田会員に，内容規制の問題で2つの質問が出ています。1つは，井上会員から，個別合意に関する

手続的規制と内容規制の立法論の話です。

「消費者契約法の不当条項による，大学入学金学費返還や賃貸借契約の更新料規定の無効判決が出されているが，労働契約法による個別合意に関する規制をどう考えるか。土田会員は，内容規制，例えば不当条項による無効などには，労使自治原則から消極的な意見だったと思われるが，報告では『内容規制も可能』としている。具体的内容はどういうものか。また，不明確条項（解釈）準則とは，債権法改正（民法の債権に関する規定）試案の【3.1.1.43】のようなものか。あるいは，手続規制のことを言っているのか。また，当事者の困窮・従属や知識の不足等を利用して権利を害することを内容とする法律行為は無効とする試案の【1.5.02】による規制についてはどう考えますか」という質問です。

また，中窪会員からの質問です。

「立法論として，例えば，時間外労働や出向命令に関し，労働者のその都度の個別合意が必要との強行規定を設けるという手法について，どのように考えますか。労働契約法を作る意義は，判例法理では対処できない，このようなセーフガードを作るところにあるのではないかと思いますし，提案された任意規定案よりも簡明な気がします。それらの事項について，そもそも個別合意を要件とすべきでないと言われればそれまでかもしれませんが」ということです。

これら2つについて，お答えをお願いします。

土田（同志社大学）　まず，井上会員からの，労働契約法における個別合意の内容規制についてのご質問です。これは大変重要な問題ですが，ただ，井上会員が，なぜ，私が内容規制には消極的意見だと思われるのかはよくわかりません。私は別に消極的ではありません。

立法論としては，山本先生が報告された債権法改正試案にあるような不当条項規制を参考に，任意法規を中心とする内容規制条項を労働契約法に規定することは十分可能だと考えています。

出向の例を挙げますが，現在の裁判例や有力説をふまえて，「出向中の労働条件や出向期間・復帰条件が規定され，内容的にも労働者の著しい不利益を含まない場合に出向義務が発生する」という任意法規を設けたうえで，そこから著しく乖離する条項については無効とするという規定を，内容規制として設けることは可能だと思います。

このような任意法規をどのような事項について設けるかという点は，非常に議論があるところですし，「内容規制は設けるべきではない」という議論ももちろんあり得ます。私自身は，今述べたような内容で，一定事項について任意法規を中心とした内容規制を設けることは可能だし，必要ではないかという立場です。

不明確条項準則については，就業規則と約款の類似性をふまえると，債権法改正試案の【3.1.1.43】のような規定（条項使用者不利の原則）を労働契約法に設け，就業規則に適用する余地はもちろんあると思いますが，なお慎重に検討する必要があると考えます。

また，先ほど述べた任意法規規制を労働

契約法に規定し，その法規から著しく乖離する条項の効力を否定する規定を設ければ，それが不明確条項準則と実質的に同じ機能を果たすようにも思います。再度，出向の例を挙げますと，今挙げた任意法規を労働契約法に設ければ，出向に関する包括条項（「業務上の必要があるときは，出向を命ずることがある」等の規定）は，任意法規から著しく乖離する条項として効力を否定されることになるので，結果的には，条項使用者不利の原則を採用したのと同じ状況になるのではないでしょうか。ただ，この問題については，さらに考えていきたいと思います。

「当事者の困窮・従属」については，山本先生のレジュメの4頁にある「債権法改正の基本方針」【1.5.02】をご覧ください。「当事者の困窮，従属もしくは抑圧状態，または思慮，経験もしくは知識の不足等を利用して，その者の権利を害し，または不当な利益を取得することを内容とする法律行為は，無効とする」とあります。この規定については，山本先生から，「個別的決定侵害型規制の受け皿規定として活用されることになるだろう」というご報告がありました。労働契約においては，個別的決定侵害型規制というケースは多々発生すると思うので，この規定が仮に制度化された場合には，労働契約に適用されるケースは相当あると考えます。

1つ例を挙げると，有期雇用における更新の際に，「もう1回限り，○年×月まで」という上限期間を設けた雇用規定にサインさせることがありますが，これが仮に労働者の困窮・従属や知識の不足を利用してなされたものであれば，説明や情報提供義務の不足とは別に，この暴利行為の規定から無効とされることはあり得ると思います。あるいは，退職後の競業避止義務について，例えば，退職労働者の知識の不足に付け込んで，5年間，何ら代償なく無制限に競業を禁止する合意を設けた場合には，明らかにこの規定の適用があると考えます。このように，暴利行為規定の適用範囲が相当広くなるだろうというのが私の意見です。

中窪会員のご質問は非常に重要です。まず，解釈論としては，時間外労働，配転・出向等の使用者の権利の法的根拠は労使間合意に求めるべきだし，立法論としても，そのような規定を設けるべきだと考えています。

問題は，そこで言う合意は何かです。1つの考え方として，その都度の個別合意に限定するという立法論があり得ます。中窪会員のご意見もそうだと思いますが，私は，それには必ずしも賛成ではありません。必ずしも個別的合意に限定する必要はなくて，事前の合意や就業規則での規定でも足りると考えています。

ただし，ここで合意原則との関係を考慮する必要があるのは，そのような事前の合意や就業規則規定を法的根拠として認めるとしても，出発点はやはり個別的合意でなければならないということです。すなわち，個別的合意を原則としながら，実質的にそれと同視できるような条件を整備した合意や規定が整備された場合に限って，法的根拠になると考えるべきだと思います。

出向に関する重要な裁判例として，新日本製鐵（日鐵運輸第2）事件（最二小判平成15・4・18労判847号14頁）がありますが，その関連事件である新日本製鐵（日鐵運輸）事件の福岡高裁判決（福岡高判平成12・11・28労判806号58頁）は，原則として，労働者の個別的同意が必要だけれども，それと実質的に同視できる程度の実質を有する特段の根拠があれば，労働協約や就業規則も出向義務の根拠たり得ると判断しています。これは，私の発想に近い判断です。

具体的には，先ほど述べたように，出向中の労働条件や出向期間・復帰条件が規定され，内容的にも労働者の著しい不利益を含まない規定が就業規則や労働協約に設けられれば，個別的同意に準ずる規定として，出向義務の根拠となると思います。

時間外労働について言えば，「個別的合意を原則としながら，それと同価値の条件を設けた規定や合意であれば，時間外労働義務の根拠となる」という趣旨の規定を，労働契約法に設けることは可能だと思います。具体的には，これは労働基準法の問題でもありますが，36条2項の時間外労働の限度基準において，「1ヶ月45時間」と規定されています（平成10・12・28労告154号）。そこで例えば，1箇月45時間以内を要件として，就業規則や当事者の事前の合意があれば，個別的同意と同視できる程度の実質を有する根拠として認め得るという立法は考えられるし，解釈論としても可能だと思います。以上です。

3　民法改正試案

● 改正試案【1.5.02】（公序良俗）〈2〉の趣旨と適用対象

西谷（司会）　先ほどの試案の3つのコメントに関連して，井上会員から山本先生に質問が出ています。「この条項の趣旨は，暴利行為のみに限定される趣旨か」という質問です。山本先生，お願いします。

山本（京都大学）　ご指摘いただいているのは，レジュメで言うと，4頁の【1.5.02】〈2〉です。「『暴利行為』のみに限定される趣旨か」というのは，恐らく，「双方の給付の間に著しい不均衡がある場合」に限られるのかという趣旨なのだろうと思います。

もちろん，それは1つの例ですが，それに限れません。暴利行為に関する従来の定式では，客観的要素を「著しく過当な利益の獲得」としていましたが，【1.5.02】〈2〉では，「不当な利益を取得することを内容とする」と改めました。これは，実は，従来の暴利行為に限らないということを含意しています。

例えば，対価は相当であっても，不必要にたくさんのものを買わせる場合がこれにあたります。これが「暴利行為」と言えるかどうかは微妙ですが，そうした過量販売も，「不当な利益を取得すること」に入ります。あるいは，契約の場合だけでなく，契約によらずに不当な利益を取得する場合も含まれます。困窮などを利用して，不当な遺贈を内容とするような遺言をさせる場

合，あるいは，単純に相続の放棄をさせるような場合もカバーします。

さらに，このように困窮等を利用する程度が極端な場合，例えば，故意に弱みに付け込んで，契約する意図も利益もなかったのに契約に応じさせる場合には，契約自体が不当な利益の取得を内容としていると考えますので，この場合に当たります。

したがって，これを「暴利行為」という表現で呼んでよいかどうかは，それ自体が問題ですが，古典的な暴利行為に限らないものを広くカバーするという趣旨です。だからこそ，先ほどの報告でも，これは「個別的決定侵害型の受け皿規定になる余地がある」と述べた次第です。

西谷（司会）　井上会員，それでいいですか。

井上幸夫（弁護士）　ありがとうございました。暴利行為の話が結構広いことはわかりました。労働契約にも当然適用されることを想定しているということで，「権利を害し，あるいは不当な利益を取得」というのは，前者が労働者，後者が使用者の場合に，その適用が問題になってくるということでいいですか。

山本（京都大学）　これは一般的な規定ですので，当然，労働契約もカバーします。通常は，使用者が労働者の困窮等を利用するのでしょうが，逆の場合ももちろんありますので，それを排除する趣旨ではありません。しかし，典型的には，今言われたような趣旨です。

● 改正試案【3.1.1.43】（不明確準則）と労働契約

井上（弁護士）　労働契約の場合に適用される場面は多くあり得ると思います。「懲戒・解雇相当の行為があるから退職届を出せ」とか，「大きなミスをしたので，多額の損害賠償を請求するけれども，勘弁してやるから退職届を出せ」という場合に，適用があり得ると思います。ありがとうございました。

もう1点，内容規制の例として，6頁の不明確準則の試案の【3.1.1.43】についてです。これは，約款や消費者契約の条項についてのものですが，もし，このような考え方で労働契約や就業規則の解釈に適用していくと，いろいろな面で従来の考え方が変わってくるのではないかと思います。

例えば，従来は配転命令権や出向命令権の濫用かどうかの問題であったものが，就業規則や労働契約の解釈から言って，配転命令権や出向命令権自体が発生しているかどうかという合意内容の解釈の問題になるという考え方があり得るのかと思ったので，それを含めて質問しました。

山本（京都大学）　今の例で言いますと，配転命令や出向命令について，いずれにしても，不当条項規制として，つまり就業規則が契約内容に編入される場合の内容規制ないし不当条項規制として規制することは，立法論として考えられると思います。

これに対して，「条項使用者不利の原則」として定式化するかどうかはともかくとして，仮に不明確準則が定められますと，今ご指摘された労働契約が問題となるケース

でも活用される可能性があります。ただ，それはあくまでも条項の解釈問題でして，個別具体的なケースに即して考えていく必要があります。

いずれにしましても，債権法の改正が実際にされれば，その中では，新しく非常に豊富なアイデアが示されることになるだろうと思いますので，労働法の側でも，活用すべきものはすべきだろうと思います。しかし，先ほども言いましたように，そこでもやはり労働法固有のシステムを忘れてはいけません。例えば，約款や消費者契約について「条項使用者不利の原則」を定めるとしましても，例えば就業規則の不利益変更との関係で，仮に労使協議というシステムを導入して，両者で十分協議したのに，結果として解釈が異なる場合はどうするかというときに，そこは労働法に固有の法システムを重視して，そうした考慮を優先するという解釈もあってよいと思います。

ですから，改めて一般論として言えば，一方で，債権法改正の成果を活用すべきですが，他方で，労働法に固有の考え方も必要に応じて展開すべきではないかと考えています。

4 労契法の合意原則と就業規則法理

● 労契法10条の合理性と集団の関与

西谷（司会） 次に，就業規則の問題について，唐津会員に対していくつか質問が出ています。まず，野川会員から2点出ておりますので，説明していただけますか。

野川忍（明治大学） まず，労働基準法の対等決定原則と合意原則は守備範囲が異なりますが，唐津会員は，「労使対等決定原則を踏まえて合意原則が」とおっしゃいました。それが理念という観点であれば，特に説明は要りません。

大事なのは2点目で，唐津会員は，10条の労働条件の不利益変更に関して，「労働組合との交渉の定義」等々の条文があることから，集団的な関与という契機を説明されました。実は，7条も「合理性」とだけ書いてありますが，その中身にはいろいろな要素が入る可能性があります。そこでは，労働組合等の集団の関与がどのように機能し得るのかについて，考えを聞かせてください。

私は，どちらについても就業規則が労働契約を規律する契機としても，不利益変更が拘束力を有する契機としても，集団の関与が非常に重要な要素になると思っています。

唐津（南山大学） ご質問ありがとうございます。前者については野川会員が言われたような趣旨で話をしました。後者については，わが国の労働法制では，労働条件の決定については，集団的な制度と個別的なそれを組み合わせた制度設計がされておりますし，ご指摘のような集団的なかかわりが強く意識されています。私の議論では，この点が合理性要件のところに出てこないというご指摘ですが，私は，労働基準法106条の周知手続に絡めて，労働者集団とのかかわりを意識して，そこで組み入れていくという理解をしています。ただ，その点はもう少し説明しないと理解してもら

えなかったのかなと思います。

● **労契法における就業規則の概念**

　西谷（司会）　唐津会員に対するもう1つの質問は，安西会員からです。

　「労働契約法第9条は，合意によることなく就業規則を変更することにより，労働者の不利益に労働条件を変更することはできないと定めて就業規則の変更について労働者の同意を原則としている。これは，就業規則の不利益変更について合意したAさんには，改正後の新就業規則が適用され，合意しないBさんには，改正前の就業規則が適用されることが前提であると理解されます。これは，労働基準法に定める就業規則の集団的・画一的・統一的適用と矛盾する考え方だと思います。そうすると，法的概念として新たに個別従業員の合意を前提とする『労働契約法上の就業規則』ともいうべき別の就業規則の存在を，それが実態は労働基準法上と同じであっても，概念上は別のものとして認めたと考えるべきではないか」という質問です。唐津会員から回答をお願いします。

　唐津（南山大学）　ご質問ありがとうございます。「就業規則という概念を，労働契約法では特別に考える余地があるのではないか」というご指摘ですが，就業規則の集団的・統一的適用と言っても，最終的にはそれが個別的な契約内容となるのか，法的拘束力を持つのか，という議論になります。基本的に，合意をしていれば，確かに労働基準法は就業規則という概念を使っているのですが，その就業規則が契約内容になるわけです。合意していない場合には，労働契約法によれば，10条の合理性テストをクリアーすれば契約内容となるので，「労働契約上の新たな就業規則概念を認める，認めない」という議論は特別必要ないと考えますが。

　安西愈（弁護士）　唐津会員からそういう回答が出るとは思いませんでした。就業規則について，私は，9条の合意原則でいくと，「労働者の労働条件の不利益変更の同意には就業規則に対する同意が必要である」という考え方です。そうすると，基本的には，同意したAさんについては改正後の就業規則，同意しなかったBさんについては，改正前の就業規則が適用になるはずです。しかし，このような解釈では「この人にはこの就業規則，この人にはこの就業規則」になりますが，これでは企業秩序が乱れて運営ができず，企業や上司はたまったものではありません。したがって，10条が前提になって，「同意する人は9条のそれでいい。しかし，同意しなかった人は10条だ」というのが本来です。

　しかし，唐津会員の合意原則の立場に立つと，労働契約法10条の意味は付随的なもので，本来の就業規則の不利益変更は9条にしかすぎないということになるのではないか。それは，私は違うと思うのです。唐津会員の立場から言うと，就業規則について，「Aさんは合意した。Bさんは合意しなかった」という場合は，それぞれに合意の有無によって違う就業規則が適用されるというのが本来の労働契約法の趣旨ということになりはしませんか。しかし，そうす

ると企業経営は大変で運営が困難となるので,それは本来の就業規則の趣旨とは違うのではないかということを聞きたいです。

唐津(南山大学) ご質問の趣旨を取り違えたかもしれませんが,別立ての就業規則が適用されるということについてはそのとおりで,基本的なロジックとしてはそれでいいと思います。就業規則の適用の可否について法的に最も問題となるのは,それが拘束力があるかどうかということであると言ったまでで,仮に合意がある場合にも,厳密に考えなければいけない。また,合意についても,就業規則で変えていいという合意がある場合と,就業規則のある特定の条項について変えていいという合意を得ている場合とは,また別のレベルで論じなければならない。私自身は,合理性テストを別の枠組みで論じようとしているので,より厳格に考えるということです。

なお,異なる就業規則が混在すると雇用管理上たまったものではないということがあるかもしれません。が,例えば,特定の類型・職種のタイプの労働者には,今でも別の就業規則が適用されることがあります。それは,それぞれに,集団的・統一的な規制の観点からすれば雇用管理上のコストとなるかもしれませんが,使用者が自由に対応すればいいと考えています。

安西(弁護士) 後者は当然の話ですが,前者の場合,合意原則主義によれば9条は,同一職種の同一労働者についての二本立ての就業規則を前提にしているということになるのではありませんか。私たちはそうではありません。合意原則はあるが,合意した人は変更後の就業規則でいき,そうでない人は10条の合理性を使います。合理性の立証に使用者が負ければ別ですが,原則として,9条,10条を一緒にして企業において同種の労働者に2つの就業規則はないという考え方を採っているので,唐津会員の見解とは違うと理解してよろしいですかということをおうかがいしているのです。

唐津(南山大学) 就業規則の合理性テストは就業規則の契約上の効力の有無を決するための判断基準です。ですから,それは就業規則が1つであるとか,2つであるとかということに関係ありません。紛争の当事者に適用されている,その就業規則の法的拘束力が問題なのです。そして,最終的にはそれが法的拘束力を持つかどうかは,裁判で争うわけです。私自身は,労働契約の効力論のレベルで議論をするのか,就業規則の存在形式のレベルで議論をするのか,その違いであろうと認識しています。

● 就業規則における労働条件変更条項の意義

西谷(司会) 安西会員から唐津会員に,もう1つ質問が出ています。

「就業規則において変更条項の有無について触れているが,先生の考え方として,変更条項を置いたほうがよいとのお考えなのか。ちなみに,私は,変更条項を置くことは,変更があり得ること等についての従業員への事前の周知目的を有することになるとしてこれを奨励しているのですが」ということですが,唐津会員,これはどうで

すか。

唐津（南山大学） 私の考えでは，就業規則の変更の効力問題は変更時の予測可能性の問題です。実務的には変更条項がある場合も多いと思います。ただ，そのような変更条項を置いているからといって自由に変更ができるわけではなく，変更条項の合理的解釈として，いろいろな手続をかけていく，「内容の社会的相当性」も考える必要があると考えています。

安西（弁護士） 質問の趣旨は，私は，「変更条項を就業規則に入れたらいい」と言っているのですが，周りの同業の弁護士たちは，「もう労働契約法に変更のことは書いてあるんだから，わざわざ，それを就業規則に入れる必要がないんじゃないか」と言って軽視されていました。しかし，今日は唐津会員のレジュメを見ると，「これは相当の効力があるんだ」ということなので，意を強くしたということです。

唐津（南山大学） それはそういうふうにご理解されてもいいと思いますが，私としては理論的にはそう考えています。

● 労契法12条の最低基準的効力の内容

西谷（司会） 唐津会員に対して川口会員から何点か質問が出ています。お願いします。

唐津（南山大学） ご質問の第1点は，「現行12条の最低基準的効力は，修正的効力しかないという考えですか」ということですが，川口会員は，「何らかの合意がなされた場合も何もない場合も，12条は当然生きてくる」という考えだと思います。私の考えでは，契約は当事者の合意によって決定するのが基本ですが，合意は制約される。これが旧労働基準法93条，現行労働契約法12条の最低基準保障的効力です。それで，合意も何もなかった場合のために条文案2項をお示ししたのですが，川口会員はどうお考えですか。

川口美貴（関西大学） 契約の定めがない場合は，定めがない状態と就業規則の規定を比較します。そして，定めがない状態より就業規則の規定が有利である場合，例えば，退職金については特に合意がなく就業規則では退職金支払い条項があるという場合は，現行労働契約法12条の最低基準効の問題です。したがって，一般的には実質的周知か行政官庁への届出があれば，就業規則の定めが契約の内容になると思います。

それに対して，例えば，配転について個別契約上定めはないが，配転命令権に関する規定が就業規則にある場合は，労働者にとって有利な条項ではありません。ですからそれは，現行労働契約法7条の問題であり，「合意がなく，かつ労働者にとって有利ではないが，厳格な周知と内容の合理性等の一定の要件のもとに契約内容となることを認めている」と考えます。このように，個別契約上の定めがない場合も，就業規則の規定が労働者にとって有利かそうでないかを明確にして，要件を区別したほうが，論理整合的かと思います。

唐津会員の試案は，「契約上定めがない場合は，就業規則の規定は，労働者にとって有利であろうとなかろうと，周知と合理

性を要件として契約内容となるかどうかを判断する」と読めるので，妥当ではないと思います。

唐津（南山大学） 7条の中に但書で12条を入れると，最低基準的効力がはっきりしなくなる，ということですね。解釈論としては，合意があっても制約されるのだから，合意がない場合にも，当然にその就業規則の最低基準保障的効力が認められる，何故ならば，この効力は労働者保護法的効力であるから，ということもできるかと思いますが，ご指摘の点については考えさせてください。

第2点目のご質問は，「試案の7条2項では，現行7条2項の周知の時期について緩和するのは妥当ではない」ということですが，これはその意味がよくわからないので補足をお願いします。

● 就業規則による労働条件決定・変更に関する試案

川口（関西大学） 現行法だと，労働契約法7条の周知は，労働契約を締結する時点で，当該労働者に対して周知することと，事業場の労働者全体に周知されていることが要件だと思います。しかし，唐津会員の試案では，労働契約締結時に周知していなければならないのかどうかは，明確ではありません。

唐津（南山大学） 7条は「労働契約締結時の周知」としていますが，私は労働契約締結時に限定する必要はないと考えましたが。

川口（関西大学） それは見解の相違かもしれません。労働条件は合意によって決定されるのが原則であることを前提にして，ただ，労働者に有利であれば，就業規則の規定が労働契約の内容となることは問題ないと思います。

これに対して，労働者にとって有利でない就業規則の規定が，契約内容となることを例外的に認める場合については，手続と内容が重視されるべきだと思いますし，合意によらずに，労働者に有利でない就業規則の規定が契約内容となることについては，当然厳格な要件が課されるべきであると思います。

そうすると，周知も，当然，労働契約締結時に周知されていたのでなければならず，契約を締結したあとで周知されても，契約内容となることは認めるべきではないと思います。

なお，私は，一般的には就業規則の規定が労働者にとって有利かどうかは労働契約締結時に判断できると考えています。

唐津（南山大学） 第3点目の「現行12条と7条を明確に区別すべきではないでしょうか」というご質問については，少し検討させてください。第4点目は，「試案の9条と10条は矛盾しているのではないでしょうか」というご質問ですが，私の9条案は，一方的な不利益変更はできない。ただし，合意があれば，変更できるということです。10条案で第1項に持ってきたのは，現行10条の但書の部分です。

10条の但書については，荒木会員が書いておられますが，例えば，定年制について特定の人に別の条件，定年年齢を設定して

おいた場合には，就業規則の変更によってもこれを変更できない，個別合意で対応するという場合もあり得るから，合理性基準論でも，個別合意の機能する余地を確保するためにこれを設けた，と説明されています。ここは，労働条件の変更方法としては異なることになります。

なお，10条案1項の，就業規則の変更によって変更できない労働条件として合意していたという「合意」ですが，これは契約当初の「合意」だけではなく，野田会員が説かれている「追加的合意」についても考慮しなければならない。また，毛塚会員が指摘されているように，労働協約によって，労働条件変更についていろいろな手続が設けられている場合には，この「合意」も考える必要がある。就業規則を変更することによって変更できないという「合意」については，その範囲が広がるということで，9条と10条は矛盾しているとは思いませんが。

川口（関西大学） 現行9条本文ですが，「労働者と合意することなく」というのは，就業規則を変更し，労働条件を変更する時点の合意と解釈していますが，唐津会員の試案の10条1項についての見解は，「以前には，就業規則の変更により変更できない労働条件として一応合意はしていたが，実際に就業規則を変更する時点で，労働条件を変更することに労働者が『いいですよ』と言っても，変更できない」と読めます。

そうすると，変更時点の合意よりも，前の合意が優先するので，この点，整合性がないと思います。

唐津（南山大学） 今，いろいろご指摘がありましたので，条文試案の解釈の可能性については今後，検討させていただきます。

● 就業規則による労働条件の変更と合意原則

西谷（司会） 唐津会員に対して，宮里会員から2つの質問が出ています。

1つは，「『合意原則によって，就業規則法理を再構成すべき』との報告でしたが，合理性の判断にあたって，従来指摘している考慮要素のほかに，新たに考慮すべき要素として考えていることがあれば示してください」ということです。

「例えば，協和出版販売事件の東京高裁判決を指摘しましたが，私法秩序との適合性は，従来から考慮されていたことと思います」。これが第1点です。

2つ目は，「就業規則による労働条件変更合意に，合意原則をかぶせていくのは，就業規則の持つ集団的労働条件決定機能から見ると無理があるのではないか。むしろ，合意原則の例外として位置付けたうえで，就業規則の合理性について厳格に検討するほうがよいのではないか」との質問です。これは，大内会員が指摘したことに関係します。唐津会員，どうぞ。

唐津（南山大学） はい。ご質問ありがとうございます。

第1点目につきましては，私は，かねてから労働条件変更紛争については変更に係る労使当事者の契約意思を探るという処理

方法でことにあたると考えていたものですから、これを労働契約法10条の条文解釈に活用しようということで、本日の報告に至ったわけです。

その具体的な判断の基本は、変更についての労使当事者の予測可能性の有無です。例えば「うちはこの条件でずっとやっていくんだ」ということでこれまできたのに、ある時点で急に極端な変更をするといった場合には、その予測可能性を認めることが困難であることになる。つまり、10条に挙がっている事情は、私の考えでは、変更に係る契約解釈の際の考慮要素として使えるというだけで、変更についての客観的合意的な予測可能性は、個別事情において、使用者がこれまでどういう対応を採っていたかによって変わってくる、いろんな事情が考慮要素に入ってくると考えています。

協和出版販売事件の引用につきましては、野田会員がすでに指摘されており、これに私も共鳴したということです。裁判所は、就業規則については合理的限定解釈をしてきておりますが、具体的に私法秩序云々を語ったことはありませんでしたので、あえて取り上げた次第です。

2点目は、原則と例外をどう考えるかということですが、先ほども大内コメントについて申し上げたことですが、原則と例外があり、ある原則で一定の基準を設定して、あとは例外だからその基準の適用を除外するという原則・例外もあります。しかし、ここは個別労使の労働条件設定にかかわる問題ですから、基本的に、労使の契約意思に基づいて労働条件を設定できることを基本に置いて、労働条件の設定・変更に個々の労働者が関与できるということを重視したいと考えています。そこで、例外についても同じように、合意原則に引き付けて解釈論を試みたということですが、それが説得力を持つのかどうかはわかりません。

和田（司会）　よろしいでしょうか。

5　労契法の合意原則と合意規制条項

● 信義則・権利濫用と合意原則、合意原則と合意外在的規範の関係

和田（司会）　次に石田会員に対して、2つの質問があります。

1つ目は、弁護士の古川会員からです。「石田報告では、『権利濫用の合意と原則』に関して、『合意の補完』と『合意の制約』を指摘しています。しかしながら、民法で『合意の補完』をするのは、権利濫用ではなく信義則です。また、民法では、権利濫用は合意の制約をするものではなく、権利行使を制約するものです。石田報告では、労働契約法3条5項に関して、民法とは異なる理論を主張しているのでしょうか」、というものです。

2つ目は、野川会員からの質問です。「報告で強調された合意原則に加えて、政策目的の実現が、労働契約法の解釈基礎にもなっているという見解は、土田報告と異なるのではないか。石田会員の報告では、合意原則と合意外在的規範は、実質的合意を実現するという意味で調和するという変化を否定する趣旨か。共同体の利益の配慮は、民法一般の原則からもいえることであ

り，それを指摘するのみであれば，労働契約法の独自性はない。逆に，労働契約法が，均等法やパート労働法や育児休業法と同様の政策目的を有する法だとするなら，この解釈は，政府の通達指針の解釈基準に反することにならないか」という質問です。石田会員，お願いします。

石田（駿河台大学） ご質問ありがとうございます。

古川会員からの質問ですが，民法の権利濫用と労働契約法3条5項の権利濫用が違うのかどうかということと，そもそも権利濫用は，民法では，「合意の補完」とか「合意の制約」という考え方をしないという趣旨だろうと思います。

まず，民法と労働契約法の権利濫用については，本質的には違いはないと考えています。しかし，労働契約では，交渉力格差や情報力格差があるので，量的に権利濫用が果たす重要性は非常に高いと考えています。

また，「民法では，『合意の補完』をするのは権利濫用ではなく信義則です」というご指摘については，私も，確たる自信を持ってご回答できるわけではありません。しかし，権利濫用については，契約締結時に，当事者は相手の権利を定めるわけですが，その権利の定め方は，労働契約は非常に長期にわたる継続的な関係であるという観点から，意図的に不完備にしたり，全く抽象的なかたちで定めることが多いのが通常だと考えています。

こういった意味で，抽象的，あるいは不完備なかたちで締結された契約の中で，事後的に生じた事情をくみ上げるという機能を，権利濫用規制は果たすと思われます。それは「合意の補完ではない」と言えるかもしれません。しかし，合意を事後的に補完しているという見方も十分できるのではないかと私は考えています。

野川会員からの質問の1点目は，土田会員の報告と私の報告との違いは，あるのかないのか。2点目は，共同体の利益の配慮は，日本民法の原則にも十分含まれているから，労働契約法独自の意義ではないのではないか。3点目は，労働契約法が，均等法やパート労働法と政策的に共通性を有するとすると，政府の通達や指針解釈に左右されることにはならないかです。

まず，1点目については，土田会員の見方は，私の理解ですが，労使の交渉力格差や情報力格差から，合意外在的規範を説明するものです。しかし，それ以外に，とりわけ均衡の考慮やワーク・ライフ・バランスですが，労使の非対等性だけでは説明できない合意外在的規範があると私は考えています。その意味においては，土田会員の見方とは異なります。

2点目の，共同体利益の配慮は，一般民法の原則にも十分に含まれているというご指摘ですが，確かにこの点については，一般民法においても，「共同体への利益への配慮」といった議論はあろうかと思います。しかし，契約類型によって，共同体利益の配慮も，それぞれに違っていると私は考えております。

特に労働契約は，組織性や共同性を有するという特徴があるので，そういう側面に

即した独自の共同体の利益の配慮が問題になってくる可能性があるということです。

3点目の「労働契約法が、政策目的を有する法となるのは、政府の解釈や指針に終始影響されることにならないか」というご質問についてですが、もちろん、労働契約法が、政策的規定を含むという趣旨から、その規定について出された通達や指針が大きな影響力を持つことはあると思います。

しかし、それは、全く政府の自由な決定をそのまま尊重するという意味ではありません。政策的規定は、あくまで私法的な個別の利益調整ではなく、労働市場全体の利益や、労働市場の円滑な運営を目的にした公的な利益を確保する規定です。

そういう規定が、なぜ正当化されるかというと、配分的正義や、あるいは憲法の人権保障などによるものといえます。市場の効率性という議論もあるかもしれませんが、いずれにしても、そういった観点から、裁判所の中で当該政策に審査を加えることは可能です。したがって、政府の通達や指針にすべて流されることはないと考えています。以上です。

和田（司会） 今のお二方の質問に対する回答ですが、何かありますか。

古川景一（弁護士） 権利濫用と合意原則の関係についての感覚的表現、精神的表現、文学的表現、それから社会学的表現としては、それなりに意味は理解できますが、法律論としては、もう少し煮詰めてほしいというお願いです。

石田（駿河台大学） 私も不手際なところがありまして、民法との整合性は、もう少し勉強して、今後の議論に反映していきたいと思います。

6 労契法におけるソフトロー型規制

● 労契法におけるソフトロー型規制

和田（司会） その次に、山本報告に対しても、かなりたくさん質問が来ております。1つずつ回答していただきます。

まず、野川会員からは2つありますが、1つだけの回答でよろしいでしょうか。

質問は、「労働契約法におけるソフトロー型規制について、意見をお願いします。アメリカでは、ソフトローに対する疑問が、医事法学などの分野で提示されており、労働法の分野でも、育休法やパート法などでは行政の役割が中心で、官の肥大を招くし、労働関係のような本来的不均衡を特徴とする契約関係では、使用者の一方的決定の正当化につながりかねないのではないか」というものです。これについてお願いします。

山本（京都大学） ご質問ありがとうございました。ソフトロー型規制としてどのようなものを考えるかということが、その前提として問題になると思います。これは、非常に多様なものが含まれます。例えば、指導理念や努力規定、訓示規定等として定めるもののほか、さらに、ガイドラインを定めるとか、自主規制、慣行として形成していく等、かなり幅の広いものを含みます。

一般論として言いますと、このようなソフトロー型規制は、広い意味で自律の支援に当たる規制として位置付けることも可能

です。特に，標準的な内容のものを，いわば指針のようなかたちで設定して，それに従ってもよいし，合理的な理由があると考えれば，それに従わないという合意をしてもよい。いずれにしても，当事者の合意で定められていない事柄について，補充する必要があるときに参照される基準を用意する。このようなタイプの規制は，まさに自律を支援するものとして位置付けられます。これは，任意法規に相当するもので，このようなタイプのソフトロー型規制は，自律を尊重するという立場からも注目に値するものです。

もちろん，問題はそこから先でして，ソフトローと言いながら，必ずしもソフトでない働き方をする可能性があります。実際，先ほどの任意法規にしても，消費者契約法では，不当条項に関する一般条項を介して，内容規制の基準として働いていくという側面があります。

実際には，先ほどのような指針に相当するものをもとに，「裁判所による隠れた内容規制」が行われたり，ガイドラインと言いながら，「行政による隠れた内容規制」が行われたり，自主的規制や慣行と言いながら，「使用者集団による隠れた内容規制」，正確に言うと「規制の潜脱」が行われる可能性があります。これをどう考えるかということが，ご質問の趣旨と理解すればよいでしょうか。共同体規範も，ソフトローに位置付ける可能性がありますが，そこでも，隠れたかたちで規制が行われる可能性をどう見るか，さらに抑圧的な規制が行われる可能性をどう考えるかということが問題となります。

このような側面については，やはり，それぞれの基準や規範の形成プロセスが鍵になってきます。そうした形成プロセスにおいて「正統性」が確保されていないものは，ソフトローの前提を欠いている。むしろハードな規制が必要になってくるといえます。

このように，規制の前提に応じて，形成プロセスを考慮しながら規制の妥当性を考えていくことになると思います。お答えになっていないかもしれませんが，一般論としては，以上のとおりです。

和田（司会）　補足的な説明か，それに対する反論がありましたらお願いします。

野川（明治大学）　基本的には，対等性を是認できるような契約関係を前提として，土俵を設定するとか，あるいは契約ルールについての無知を補充して実質的な対等の交渉，合意につなげていくとか，そういうことをサポートするという意味でのソフトローは，おそらく労働関係では成り立ちにくいと思います。

今までも，育児介護休業法にしても，パート労働法にしても，結局，官がお世話をしていって，ある特定の目的に向かって，刑罰とか行政上の制裁を用いずに当事者を誘導していくというパターナリスティックな内容が非常に多いです。

そうではなくて，まさに現場の両当事者が納得をして形成していくルールを支援するというのであれば，実際にはそういう納得がなかなかできにくいから，「労働法の存在感」ということが，先ほどから指摘さ

れているわけです。

したがってそういう、まさに規範の形成の特質において、労働法という法規範の体系は、ソフトローの今まで果たしてきた役割になかなかなじまないし、それを克服するようなソフトローの在り方を労働法という分野でどう考えるのかが重要だと思います。こうした点を、民法の観点からどういうようにお考えになるかということです。

先ほど、アメリカの医事法のことを言いましたが、アメリカでは、いわゆるインフォームド・コンセントの関係は、実はそんなに簡単なものではありません。最近は、ソフトロー的な対応が、必ずしも望ましい結果をもたらすものではないという議論があって、いろいろな新しい警告が出ているので、そういうことも参考にして質問しました。

山本（京都大学） 労働法においてソフトローがうまくなじまないのは、いったい何に由来するのか、どうしてかということですね。これは、むしろ私の方がお教えいただきたいところですが、いかがでしょうか。

7　民法改正試案と労契法

● 改正試案・消費者契約法・労契法の関係，改正試案（事情変更規定）と労契法10条の関係

和田（司会） 民法改正の案が出ているので、それに沿って話を進めます。

改正試案と労働契約法との関係で、1つは、松本会員から、「現行の消費者契約法48条は、労働契約を消費者契約の適用除外としています。ところで、雇用関係については、労働契約法に統合するとしても、改正民法の中に、消費者・消費者契約概念を部分的であれ取り込むとすると、民法による労働契約規制が消費者契約概念を媒介として生じ得ることが考えられますが、この点につき、どのようなお考えですか。今回の報告では、民法、労働契約の関係についてのお話でしたが、民法、消費者契約法、労働契約法というトライアングルの関係はどうなのか」という質問です。

もう1つは、井上会員から、「改正試案の事情変更規定と労働契約法10条との関係で、両規定は、いずれも適用されるのかどうか」という質問です。

それでは、山本先生、お願いします。

山本（京都大学） 松本先生のご質問からお答えします。

消費者契約法48条との関係ですが、今日のレジュメには引用していませんけれども、「消費者・事業者の定義及び消費者契約の定義」に関する提案があります。

【1.5.08】〈1〉が消費者契約の定義で、【1.5.08】〈2〉において、「消費者契約について定められた規定は、労働契約については、適用しない」。つまり、消費者契約法48条をそのまま取り込むような提案をしています。ごく形式的に言いますと、これによって、消費者契約法の規定のうち消費者契約に関する規定として民法に統合したものは、労働契約には適用されないという現在の状態がそのまま維持されることになります。

ただ，ご質問はむしろその先を考えておられるのだろうと思います。つまり，考え方のレベルでの関係ないしは整合性はどうなるのかということだろうと思います。

　今日の報告では，消費者契約の規制や約款規制と労働契約法とはどこまで重なり，どこから違ってくるのかを，一度突き詰めて考えてみようとしました。

　結論としていいますと，約款規制と労働契約法の就業規則に関する規制は，違う点はあるとしても，密接に関係していて，それぞれの考え方が，他方にどう影響するのかが，かなり直接的に問題になってくるという印象があります。

　それに対して，消費者契約に特有の規制は，約款規制に比べると関連が薄いのかなという気もします。

　例えば，現行の消費者契約法で言うと，4条に，不実告知，不利益事実の告知による取消しがあります。これは，今回の提案では，不実表示として，消費者契約に限らずに一般法化しますので，先ほどの適用除外をはずれて，労働契約にもそのまま適用されます。

　ただ，不実表示が問題になる場面はもちろんあると思いますが，そう大きな問題になる事柄ではないのではないかという感じがします。ましてや，断定的判断の提供は，あるいは困惑は関係するかもしれませんが，労働契約法の問題とは少し距離があるのではないかと思いました。むしろ，関係するのは，不当条項規制です。

　それ以外に，消費契約法では，ご承知のとおり，締結過程での情報提供義務は，努力義務としてしか規定していません。今回の改正試案でも，ここは触れていません。「信義誠実の原則により提供すべきであった情報を提供しないこと」，あるいは「信義誠実の原則によりなすべきであった説明をしないこと」としているだけです。

　信義誠実の原則によって，どのような場合に告げるべき義務や説明する義務があるのかは，解釈に委ねています。いずれにしても，消費者契約について，何か特別な規制が明文化されているわけではありませんので，これも労働契約法の問題とは距離があるという印象があります。

　しいて言えば，現代型の暴利行為に関する規制は，労働契約法でも関係してくると思います。ただ，労働契約の締結の際というよりは，履行過程，ないしは終了時での合意を規制するものとしてかかわってきそうです。

　以上のように，確かに，情報・交渉力の格差という思想的なところは共通していて，それが影響してくるだろうと言えますが，直接，個々の規定と労働契約法とがリンクしてくることは，そう多くないのではないかと思った次第です。

　次に，井上先生からは，「労働契約法10条と事情変更に関する規定との関係で，両方適用されるのか」というご質問をいただきました。ほとんど考えたことがなかった問題ですが，事情変更に関する規定は一般規定ですので，それ自体としては，労働契約の場合も排除されないというべきでしょう。

　ただ，恐らく，労働契約法10条は，その

特則に当たるのだろうと思います。賃料増減額に関する借地借家法の規定と同じような扱いになるのではないでしょうか。

もちろん、両方適用される可能性が一般論としてありますが、現在の労働契約法10条の方が適用要件が相対的に緩くできていますので、わざわざ事情変更法理による必要は恐らくないだろうと思います。

もちろん、問題はその先でして、事情変更に関する規制がこのようなかたちで明文化されるとするならば、労働契約法10条の内容は、本当にこのままでよいのか、あるいは手直しをしていく必要があるのかということです。先ほどから、とりわけ再交渉義務に関する考え方は使えるかもしれないというご指摘がいくつかありました。しかし、「本当に使えるのか、使って大丈夫か」という点を、集団的な交渉とリンクさせながら、労働法の側でしっかり考えてほしいというのが、私からのメッセージです。

和田（司会） 最後の課題は、私たちに課せられた課題ですから、今の質問とは直接関係ありません。

松本会員と井上会員、よろしいでしょうか。では、松本会員どうぞ。

松本克美（立命館大学） 立命館大学の松本です。大体、質問の趣旨を正確に理解していただき、適切にお答えしていただいたと思います。

質問の趣旨は、現行消費者契約法は、労働契約を除外していますが、改正試案は、「消費者契約法で定められている部分の一部を、消費者問題だけに特化するものではなくて、民法一般に広げる」というものです。

そうすると、実質的には、これまで消費者契約法においては労働契約には適用されなかった原則が、一般原則として民法の中に入って、労働契約に適用されることになるのかという問題が生じます。そうすると、これまでの消費者契約法とは、労働契約に対する関係が、実質的に変わってくるのではないか。ここら辺をどう考えるかということでした。

これまで学会の議論のレベルですと、民法と消費者契約法というテーマでも議論があり、または今回のように民法改正と労働契約法という議論があります。では、民法と消費者契約法と労働契約法という3つの関係がどうなるのかは、これまであまり正面から議論をしてきませんでした。私は、労働法学会の会員でもありますし、日本私法学会の会員でもありますし、消費者法学会の会員でもありますので、今日の議論は非常に勉強になりました。ありがとうございます。

和田（司会） よろしいでしょうか。

山本（京都大学） むしろ、私ではなく、松本先生に、それぞれの学会で発表をしていただいたらと思いました。

● 改正試案における危険負担の廃止と労契法

和田（司会） もう1つ、民法改正試案との関係で、弁護士の大川会員から質問が出ています。「現在は、解雇が無効になった場合に、危険負担に関する民法536条2項によって、賃金請求が認められていま

す。これに対し、債権法改正の基本方針では、危険負担をなくし、今日の試案の【3.2.8.09.2】によって処理されるものと推察いたします。従って、労働契約法16条に反するような解雇をしたことをもって、義務違反と評価するものと思われます。

そこで、従来、効力規定と考えられてきた労働契約法16条を、就業者に対する義務規定ととらえることになるのではないかと考えますが、そのような理解でよろしいでしょうか」ということです。

2つ目は、「ストによる不就労と当事者による労働者の賃金請求権の事例を規定し、かつ使用者側に帰責事由が認められた場合、現行では、危険負担は民法536条2項で処理されています。よって、賃金請求権が認められます。これに対して、債権法改正の基本方針では、危険負担を廃止し、使用者側に義務違反ありということで、賃金請求権を発生させるものと推察します。

そうすると、使用者側に信義則上の受領義務、就労請求権を肯定することになるのではないかと思慮します。その理解が正しければ、労働者が債務不履行による損害賠償請求権、試案【3.1.1.62】ですが、それを取得することになろうかと思います。

これが正しいとするならば、次に損害として、就労期間中の賃金相当額を超える損害があるのかという論点が出てきますが、就労請求権の内実として、就労による能力アップという側面があることを重視するならば、能力アップの機会を失ったことによる損害賠償が認められることになるのでしょうか。」

これは、労働法プロパーの問題も入っていますが、回答できる範囲の中で答えてもらえればと思います。

山本（京都大学） ご指摘の問題は、今日の報告の中ではまったく触れなかった問題ですので、レジュメにも関係する提案は挙げていません。お答えをする際のポイントは、2つあります。

第1に、今回の改正試案は、「危険負担」に関する規定を廃止し、「解除」に一元化することを提案しています。解除の要件については、帰責事由を問うことなく、「契約の重大な不履行がある場合は、解除を認める」という立場に転換します。

これによりますと、従来、危険負担が問題とされてきた場面、つまり一方の債務が履行不能になる場合は、重大な契約違反に当たることになります。したがって、この場合は、帰責事由を問うことなく解除ができることになります。そうしますと、危険負担に関する規定を置いておく必要がなくなります。だから、解除に一元化するというわけです。

問題は、ここから先です。現在の民法534条の債権者主義は、従来から問題があることが指摘されていたところですので、廃止します。基本的には、536条1項の債務者主義による。ただ、それを危険負担としてではなく、解除にすべて委ねることにしたわけです。

問題は、536条2項で、債権者側の「責めに帰すべき事由」によって履行不能になった場合は、一方の債務が消滅しても他方の債務は残る。したがって、他方の債務に

ついて，給付の請求ができるという規定が，現行法では定められています。

これ自体は，特に問題ありませんので，残す必要があります。ただ，これについては，債権者側に「責めに帰すべき事由」がある場合には，解除を否定すればよいと言うだけでは足りません。536条2項は，まさに労働契約の場合がそうですが，実際には，自分は給付をしていないし，給付できないけれども，対価である賃金の支払請求をしていく場合に，この請求権の基礎付けをしているという意味を持っています。

ですから，この部分だけは規定する必要があるということで，【3.2.8.09】，これは役務提供契約一般に関する提案ですが，そこで，現行法で言うと，相手方の「責めに帰すべき事由」によって履行できなくなる場合については，反対給付を請求できるという規定を置くことを提案しています。

第2の問題は，今回の改正試案では，「責めに帰すべき事由」という言葉を使わないことにしたという点です。

従来は，「責めに帰すべき事由」は，債務不履行に関する規定であるにもかかわらず，不法行為と同じように，過失責任主義を採用したものとしてとらえられてきました。しかし，これはおかしい。契約の不履行に基づく責任については，契約が基準になるのではないか。というわけで，「契約上なすべきことをしていなかった場合に，責任追及ができる」という方向に転換することが提案されています。

ここで，「責めに帰すべき事由」という言葉を残しておきますと，従来どおり，「これは過失の意味だ」と誤解される恐れがありますので，この言葉を避けることとされました。しかし，その結果，適当な言葉がなくなってしまいましたので，先ほどの提案では，「役務受領者の義務違反によって役務を提供することが不可能となったときは」という定め方がされることになったわけです。

そうすると，先ほどのご質問のように，「この義務違反とは何だ」，「不当な解雇をすると義務違反になるのか」という話になってきます。これは，改正試案を作った側から言いますと，よい言葉がなくて，ここでは「義務違反」という言葉を使っているけれども，従来の「責めに帰すべき事由」を実質は変えるつもりはない。この言葉が一人歩きをして，文字どおり解釈されると，困ると言うことができます。

ですので，フロアに内田貴先生がおられますが，適当な言葉を探していくことが今後の課題です。要するに，ここでは，実質を変える意図はないということを押さえておいていただければと思います。

和田（司会）　大川会員，よろしいでしょうか。

大川一夫（弁護士）　想定外の質問で申しわけありませんでした。ところで義務違反ととらえるか，あるいは民法改正の，「契約で引き受けている事項以外は，引き受けない」とか，要するに，単語はともかくとして，先ほどの解雇のところで，「使用者が，解雇の正当性の立証責任を負う」というのは，根本的に，言葉は「義務違反」なのか，「契約で引き受けていた条項」

というのかは別として，大きな考え方として，契約で引き受けたことは守られるべきという発想があるから，解雇については，使用者に立証責任があるという発想になっていくのでしょうか。

山本（京都大学） これはまた別の問題でして，私が立証責任をそのようにすべきだと言っているわけではなく，労働法学でも，実質的に使用者側が立証責任を負担すると考えているのではないかと思ったので，そのように申し上げただけです。

ただ，その際，使用者側が解雇の合理性を立証して，解雇の正当性を基礎付ける必要があるというのは，契約から基礎付けられるわけではありません。大内先生は，私とは違うお考えのようですが，生活の基盤や幸福追求の基盤を保障する意味があり得るという考慮によります。その意味で，契約から見れば外在的と言いますか，基盤保障という考え方から，解雇の正当事由を基礎付けて，初めて解雇が認められることを明確にしてはどうか。現に，立証責任がそうなっているのであれば，むしろそれを規定の上でも明確に表していくほうがよいのではないかと思った次第です。

いずれにしましても，先ほどの「責めに帰すべき事由」の解釈とは別の問題だとお考えください。

和田（司会） 司会の独断ですが，債権法改正の中心的な役割を担っている人が会場にいらっしゃるので，今の議論を聞いて，どういうふうなお考えなのか，一言，二言でも結構ですが，いかがでしょうか，内田先生。

すみません，自己紹介をしたあとにお願いします。

内田貴（法務省） 以前は，東大に勤めておりまして，現在は，法務省で債権法改正の手伝いをしている内田貴です。

今の危険負担の問題は，弁護士会の先生からも，同じようなご質問をいただいています。特に労働法に関心のある学者・実務家の人たちは，問題として非常に意識しているところだと思います。

ただ，中身は，山本先生の説明のとおりです。「危険負担の廃止」は，民法534条1項の危険負担を廃止するということですが，536条2項については，そのまま残すということです。言葉としては，山本先生の説明のとおり，表現が変わったので，その「義務違反」が，債務不履行の趣旨なのかということを巡って，混乱を生じさせてしまいましたが，趣旨は，ただいまの説明のとおりです。ですから，あとは，誤解のないワーディングを探さなければいけないと考えています。こんなところでよろしいでしょうか。

和田（司会） ほかの規定と労働契約法との関係について何か，今日の議論を聞いたうえで，意見等々がありましたらお願いいたします。約款規制との関係とかですが。

内田（法務省） それも特に事実認識が違うということは感じませんで，大変興味深く拝聴させていただきました。

ただ，1点だけ役人的なことを言わせていただきますと，最初に，山本先生が，「学者の検討委員会が作った試案をもとに，

法制審議会で議論が行われる予定である」ということを言われましたが，正確に言うとそうではありません。

検討委員会の試案は，法務省が資料として参照するものの1つでしかありません。何らの特別な地位を持っているものではないという前提でご理解いただければと思います。あとの中身についての議論は，大変勉強になりました。どうもありがとうございました。

和田（司会） 突然の指名で，どうも申しわけありませんでした。

8 雇用と労働契約の異同，労契法7条・10条の周知

和田（司会） フロアから，おひとかた1問ぐらいずつで結構ですが，もし質問がありましたら，手を挙げていただければと思います。

鎌田耕一（東洋大学） 東洋大学の鎌田です。山本先生に意見を聞きたいと思います。民法の今度の試案の中で，雇用と労働契約の統合という将来的な方向性を示していますが，この点について，私の立場から言うと，より慎重に進めてもらいたいと思います。

その根拠は，レジュメでは，雇用と労働契約の独立性が挙げられていまして，雇用ルールの適用される範囲と労働契約の適用される範囲は，あまり違わないという実態的な判断がありまして，それ自体は，これまでの経緯を考えますと，それほど奇異なことではなく，私も納得できることですが，今の点について，見解を聞きたいと思います。私は，雇用と労働契約は違うと思っています。

その理由ですが，まず1つは，民法に契約類型として定めている「雇用」と「労働契約」は，類型としての性格が全く違うと思います。「雇用」はいうまでもなく，任意規定の中で，指針としての役割を果たしていると思いますが，「労働契約」は，労働契約に当たるかどうかの判定にあたっては，当事者の合意というか意思が希薄だと思います。

それはなぜかというと，「労働契約をどう定義するかという問題」になりますが，労働契約は労働者を一方当事者とする契約だと思います。「労働者」というのは，労働基準法での労働者ではないかと思います。そうしますと，労働契約の適用される範囲は，労働基準法が適用される対象であり，それは最低基準法が適用される対象で，労災保険法が適用される対象でもあり，これらの法規がすべて丸ごと適用されるということになってきます。

そうしますと，労働契約なのか，他の契約類型なのかという問題は，いわゆる民法の契約類型のような区分とは，全く性格が違うということであります。

次に，「雇用」と「労働契約」は，沿革的に違うということだと思います。随分昔の話で，民法の制定当初は「指揮・命令」というのは，必ずしも本質的要素ではなかったというのが，そもそもの沿革的な出発点だと思います。

これに対して，労働契約は，「指揮・命

令」が中核になっておりまして，使用従属ということが重要なメルクマールになっているのではないか。こうした点で，「雇用」と「労働契約」は，概念的に違うのではないか。

したがって，そのルールにおいても，解雇についての解約の自由のルールと解約のルールと解雇については，むしろ，解雇権は，成立要件の問題ではないかという指摘がありました。そういう考え方もできます。つまり，解約終了のルールについても，かなり違ってくるのではないかということにもつながってくるかと思います。

最後に，これが一番実質的な理由ですが，いわゆる労働契約ではありませんが，それに近いような役務とか労務を提供する契約が，非常に増えてきています。昔で言えば，大工とかトラックの運転手でしたが，現在では，さまざまな委託労働者，個人請負の就業者の人たちが増えてきている。

こういう人たちに対して，労働契約の適用を拡大するのか，あるいは労働契約には適用されないけれども，何らかの契約ルールを考えていくのかという選択肢があると思います。しかし，今の裁判例の動向を見ると，労働契約としてなかなか認めてくれません。「指揮・命令があるかないか」と言えば，こういう委託の人たちは指揮命令関係が希薄であることは事実です。

そうしますと，「どこが受け皿になるのか」，「こういう人たちの受け皿はどこなのか」というと，やはり雇用という概念を残しておかないと，こういう人たちに対する保護は，非常に，少し問題が出てくるのではないかと思っています。

こういったことで，もしご意見があればお願いします。私のほうは，意見として言いましたので，なければそれで結構です。以上です。

和田（司会） もうひとかた，野川会員からの質問が出ています。

野川（明治大学） 1つ，まず抗議しておきますが，私はそれぞれの報告者に，2問もしくは1問の質問を出しました。時間がないので，全部答えてくれなくてももちろん結構ですが，その場合，削る質問は質問者に選ばせてもらえませんか。

例えば，3つ質問を出したときに，どれか1つにしか応える時間がないとすれば，応えていただく質問をどれにするかは質問者に選ばせるべきです。それを，司会者が，勝手にその中から1つ選んで，あとを削るというやり方は，事前にインフォメーションされていたのであれば結構ですが，そうではないので不適切だと思います。それは気を付けてほしいと思います。

私が紙で出した質問のうち，無視された質問をこれから口頭で言いますので，お答えください。

土田会員に対する質問です。労働契約法7条の周知について，土田会員は，「この周知は，単に知ろうと思えば知れる状態にあることだけではなく，労働者からそれについて，複雑な内容について説明を求められれば使用者は説明するという配慮義務がある」と言いました。

私は，土田会員は，この点については随分抑制的だと思いました。つまり，労働契

約法すべてを，合意原則によって，統一的に理解するという立場は，私は，土田会員と同じです。したがって，7条についても，10条についても，例外的な規定と解釈するのではなく，合意原則と十分に調和するものとして解釈をすべきだと思っています。

そうだとすると，周知は，労働基準法106条の周知とは，もちろん全く違います。労働基準法106条は，そういう周知をしなければ刑罰を受けるという規定です。だから，刑罰を受けないために，最低限これだけすればいいというもので，7条の周知とは全く違います。

その場合に，約款でさえ，契約内容となるためには，開示と同意が原則です。

例えば，「旅客・運送約款」などではそうしなくてよくて，知ろうと思えば知れる立場にあればよいということになっていますが，それは個々に開示して同意を求めることが不可能だからでしょう。だから，普通だったら，当然，交付して，同意を求めて，それで契約内容になるはずです。

就業規則は，本来ならばこのような方法で対応できるはずです。だから，立法論的には，「会社で，就業規則はちゃんと見せて，同意を取りなさい」と規定しても何の不思議もないと思っています。しかし，いろいろな事情でそうなっていないことを前提としても，もし合意原則で解釈を統一されるのであれば，単に，あとから労働者が，「『説明してほしい』と言ったときには，説明する」などということではなく，周知は，使用者のほうから先行アクションを起こすべきことを義務付けるべきではないでしょうか。

つまり，「就業規則を作りました。手続として，周知手続を取りました。しかし，それを，労働者がそういうことを知ったかどうか，それから，本当に読んだかどうかということについては責任はない」ということではなく，「作りましたから，読んでください」，あるいは，「こういう就業規則があります」ということを，使用者の側から労働者にインフォメーションする。それぐらいのことを義務付けなければ，合意に代わりうるような意味での，あるいは合意になぞらえることができるような意味での周知とはならないように思います。

私は，この点を，最近，ある論稿で書きましたけれど，土田会員は，この点について随分抑制的だと思いましたので，意見を聞かせてください。

和田（司会） 質問が2つ出ましたが，山本先生からお願いします。

山本（京都大学） 前提として，実際に行われた契約が，どのような契約に当たるのかという性質決定をする必要があるということは，別に労働契約に限った話ではなくて，ほかでも当然あります。売買なのか請負なのか等々という性質決定は，当然必要になります。その性質決定の基準になる「労働契約」の意味が，労働基準法とリンクしているのではないかという点については，そういうお考えもあるし，その他にもいろいろな考え方もあるだろうと思います。

そのうえで，2点だけ述べさせていただきます。

まず，実践的な意味として，雇用契約を残す場合には，先ほど言われた労働契約に必ずしも当たらないけれども，それに近いような労務や役務を提供している場合の受け皿になるのではないかというご指摘がありました。

それも1つの考え方だと思います。そして，もしそうであれば，雇用契約の規定の内容が，そのような規制にとって本当に適当な規制かどうかということを検証し，考えていく必要があります。これは，民法学者はあまり考えていないところかもしれません。それだけに，この問題についてはこのような規定にすべきだという提案を積極的にしていただければと思います。

もう1つは，仮に雇用契約と労働契約法を別に定めるとすると，しかも先ほどのようなお考えで定めるとすると，恐らく，労働契約と雇用契約は質的に異なっているわけですから，先ほどの論法だと，労働契約法には雇用契約に関する規定はおよそ適用されないことになると思います。そうすると，極端に言えば，雇用契約に関する規定は，労働契約についてはすべて適用除外で，雇用契約とは違う労働契約に特化した規定をすべて定めていくことになると思います。

もちろん，これは，従来の考え方，つまり雇用契約の規定がベースだけれども，それを大幅に修正ないしは補充しているのが労働契約についての規制だという考え方とは，かなり違ってくると思います。そうすると，両者の関係をもっときちんと詰めておきませんと，何をどう規定するか，かなり難しいことになりそうです。ただ，それがいけないというわけではなくて，それも含めて考えていく必要があるということです。

和田（司会）　次に，土田会員への質問についてはいかがですか。

土田（同志社大学）　野川会員の今のご質問も重要な問題です。はじめに，この問題を考えるきっかけとなった中部カラー事件の判決（東京高判平成19・10・30労判964号72頁）を簡単に紹介します。事案は，退職金規程の不利益変更の事案ですが，使用者は，全体朝礼でこの改訂について説明しました。しかし，判旨は，①従業員には理解困難な複雑な変更であるにもかかわらず，会社は十分な説明をしていないと判断し，また，②従業員から質問・意見がなかったことについても，それは説明が十分でなかったからだとして，労働条件変更の要件である「実質的周知」を否定しました。

私は，このうち①は妥当と考えますが，②については疑問があります。つまり，従業員が就業規則の変更について説明を求めれば，使用者はもちろん適切な説明・情報提供を行い，労働者が規則内容を認識できる状況を提供する必要がありますが，説明を求めていない場合にまでそういう義務を課すべきではないと述べたわけです。そこで，野川会員から「抑制的だ」という批判を受けたのですが，私は，野川会員の立場も理解できますが，私のような立場も成り立ち得るのではないかと考えています。

といいますのは，1つには，労働者から質問がない場合にまで説明を行うことを実質的周知に含めてしまうと，質問するかど

うかは労働者側の問題ですから，使用者にとっては予見不可能な事態が生じてしまうと考えるからです。つまり，使用者が説明をしたのに対して，労働者から何ら質問も意見もない場合に，なお使用者のほうから，具体的な説明のアクションを起こさなければいけないというのは，使用者に対して，やや過度の拘束となるのではないかと考えるわけです。

もう1点は，私は，労働契約法7条，10条ともに，同法11条を用いて，労働基準法90条の意見聴取を要件と解する説を採っています。これは少数説ですが，まずは，そこで，意見聴取の手続をしておかないと，7条，10条に基づく労働条件の決定・変更は認められないと考えていますので，労働者が質問しない場合に説明義務を求めなくても，使用者に具体的なアクションを求めることになるのではないかと考えています。

ただ，ここは議論のあり得るところで，今後さらに考えていきたいと思います。

和田（司会） もう少し質問があるかと思いますが，このくらいで打ち切らせていただきます。

本日の山本先生の話との関係では，民法の雇用の規定が民法改正の中でどうなるかということは，我々にも重大関心事です。鎌田会員がずっとご指摘されておられるように，労働基準法や労働契約法の対象外とされている人たちの問題をどうしたらいいかということは，やはり，もう少しきちんと議論したほうがいいのでしょう。何かの機会がありましたら，ぜひ考えてみたいと思います。

9　総　　括

和田（司会） 最後に，司会者のほうから，少しまとめをさせていただきます。

西谷（司会） まとめというほどでもありませんが，最後に司会者として一言述べさせていただきます。

今回は，「労働契約法」というテーマでシンポジウムを開催しました。いうまでもなく，労働契約法については大小さまざま無数の問題があります。今日は，とりあえず，そのなかの「合意原則」に焦点を当てて，さまざまな角度から議論をしました。報告者の間で，合意原則の内容とか位置付けについて，意見が一致しているわけではありませんが，次の点では一致が見られたと思います。

つまり，労働法は，もともと労働者と使用者が非対等であるということを出発点にしています。従属性という言い方をするかどうか別にしまして，これは労働法の原点です。その非対等な当事者が，対等な立場で合意をして，労働条件を設定するというのはどういうことなのか。そこに，労働契約をめぐる最も根本的で困難な問題があると思います。

報告者はおそらく，合意というものを，単に形式的なものとして，労働者がサインをすればそれで終わりというものとしてとらえてはならないという点で一致していると思います。

ただ，実務上は，かなりそういう形骸化した合意がまかり通っているようですので，

この点については，ぜひ実務上の扱いを改めていただきたいと思います。合意というものが，実質的な合意になるということが，労働契約法の基本的要請だろうと思います。

ただ，「実質的合意」とはいったい何なのかというのは，また非常に難しい問題で，これを巡って，さまざまな見解が分かれ得るところであります。たとえば手続に重点を置いて考えるという場合でも，労働者と使用者の非対等性を情報の格差というところにウエートを置いて考えますと，使用者の情報提供義務や説明義務によって問題が解決できることになるわけですが，交渉力の格差という点にウエートを置きますと，それを踏まえたうえでの実質的な対等の立場にたった交渉や合意というのはいったいどういうことなのかという非常に難しい問題が出てきます。さらに議論をしていく必要があると思いました。

それから，もう1つは，今日は十分議論できなかったわけですけれど，「労働契約法というものを，労働法の全体系の中でどのように位置付けるか」という問題も重要です。

労働法は労使の非対等性の認識から出発し，さまざまな労働者保護のための法律や判例法理が形成されてきたわけですが，そういった労働法体系全体の中で，労働契約法というものが，どの部分を担って，どういう法として位置付けられるのか。労働契約法が今後育っていくとすれば，どのように育っていくべきなのか。この点については現行の労働契約法の立場を固定的に考えるのではなく，また労働契約法制定の経緯に過度にとらわれるのではなく，今後のあるべき労働法全体の中でのあるべき労働契約法という広い視野にたって考えることが必要だと思います。

今回のシンポジウムにつきまして，とりわけ民法の山本先生にご参加いただき，大変貴重な刺激的な問題提起をいただきました。そのために，このシンポジウムが非常に実り多いものになったと思います。

私の個人的な感想を申し上げますと，民法学では，いろいろ現代的な流れに即応した理論的な展開がなされ，また立法も構想されている。それは，労働法の観点から見ましても，かなり幅の広い弾力的な議論のように思われます。場合によっては，従来の労働法学における民法理解のほうが狭かったという面もあったのではないでしょうか。

例えば，山本先生は，解雇については正当事由説で構成した方がいいのではないかとおっしゃいました。最近では，労働法学でもあまり聞かれない議論を，民法学から出されたということは大変興味深いことです。もちろん，そういう解雇制限制度に反対という立場もあり得ますが，私たちが今後の解雇法制のあり方を立法論として議論する際には，正当事由説もあり得ることを含めて，広い土俵を設定した方がいいのではないか。そのことは，労働契約法をめぐるさまざまな問題に同様にあてはまるのではないかと思います。これまでの労働契約法に関する議論は，あまりにも既存の判例法理に枠をはめられていたのではないか，と本日改めて痛感しました。

貴重な問題を提起してくださった山本先生には，改めて御礼申し上げたいと思います。どうもありがとうございました。

それでは，これをもちまして，本日のシンポジウムを終了させていただきます。

(終了)

個別報告

ニュージーランドにおける解雇法理の展開 　　　　　　　　　田中　達也
　　——フェアネスの原理による規律の含意——

精神障害に基づく雇用差別と規制法理 　　　　　　　　　　　所　　浩代
　　——アメリカの障害者差別禁止法（ADA）の考察——

同一労働同一賃金原則と私的自治 　　　　　　　　　　　　　大木　正俊
　　——イタリアの判例から——

有利原則の可能性とその限界 　　　　　　　　　　　　　　　丸山　亜子
　　——ドイツ法を素材に——

ニュージーランドにおける解雇法理の展開
―― フェアネスの原理による規律の含意 ――

田 中 達 也
(岩手大学)

I　はじめに

　ニュージーランドにおいて，正当理由なく (unjustifiably) 解雇された労働者は，制定法所定の紛争処理手続を利用して，原職復帰などコモンロー訴訟によっては得ることのできない救済を求めることができる (図表1参照)。

　ただし，この手続の対象となる「正当理由なき解雇」の定義は制定法になく，解雇が正当か否かの判断はもっぱら裁判所等の紛争処理機関に委ねられてきた。そして，「行為の方法は正義あるいはフェアネス (justice or fairness) に合致すると示すことができないとき，その正当性を認めることができない」[1]，「解雇が正当性を欠くかどうかを判断する際には，手続的フェアネス及び実体的フェアネス (procedural fairness and substantive fairness) の問題が生じる」[2] などの判示が積み重ねられることで，解雇の正当性をフェアネスという法原理によって判断する判例法理が確立されてきた。さらに，2004年に行われた現行法 (2000年雇用関係法 (Employment Relations Act 2000)) の改正に伴い，この判例法理による正当性の判断内容を成文化した103A条が設けられた[3]。

　本稿は，ニュージーランド解雇法制がいかにして生成・発展してきたかを踏まえつつ，フェアネスという抽象的な原理によっていかなる解雇法理が展開さ

---

[1] Auckland City Council v Hennessey [1982] ACJ 699 (CA) (顧客に暴力をふるったとされた駐車場係員の即時解雇の例).

[2] BP Oil NZ Ltd v Northern Distribution Workers Union [1989] 3 NZLR 580 (CA) (不正行為をはたらいたとされたガソリン配達員の即時解雇の例).

個別報告①

図表1

application →	雇用関係局 (EA)	challenge →	雇用裁判所 (EC)	appeal with leave of CA	控訴裁判所 (CA)	appeal with leave of SC	最高裁判所 (SC)
解雇から3年内(使用者に対して原則90日内に通知する必要がある。)	雇用関係問題に排他的管轄権を有し,裁判所同様の法的判断を行う機関。前身は雇用審判所(ET)。	EA裁決から原則28日内	EA判断に排他的管轄権を有する特別裁判所。前身は労働裁判所(LC)。	法律問題に限るEC判決から原則28日内	法律問題のみを審理。2004年のSC設置まで労働関係訴訟における最上級審であった。	特別な事情下にあると認められた法律問題に限る	2004年に設置されたニュージーランドの最上級裁判所。CA判断を経ない上訴は原則不可。

れてきたのかを検討することにより，日本の解雇権濫用法理を考察するにあたってニュージーランド法が有する含意を示そうとするものである。

II 解雇法制の生成・発展

　ニュージーランドは，コモンウェルス諸国の一員として本国イギリスの法を比較的忠実に継受した国である。ただし，植民国家ゆえの労働力不足は，労働者の保護とともに労使紛争の激化による国民経済上の非効率を回避すべき必要性を強く生じさせ，19世紀末頃からは労使調停仲裁法（Industrial Conciliation and Arbitration Act）をはじめとする独自の労働立法が制定されてきた。[4]

　もっとも，これらの独自の立法は，主として労働条件設定に伴う紛争を平和裡に処理するためのものであり，被解雇者の救済には本国イギリスと同じコモンロー原則が適用された。したがって，被解雇者に対して付与される救済内容は解雇の予告期間に応じたものに限られており，労働組合が被解雇組合員の解

---

3) 同条は，解雇の正当性を判断するにあたり，当該解雇が「客観的な理由に基づくものとして，当該解雇の生じた時点でのすべての事情に照らし，フェアでかつ合理的な使用者が当該行為及び行為の方法をとったであろうといえるかどうか」を考察しなければならない，と規定している。同条の趣旨等については，田中達也「解雇の正当性とフェアネスの原理(1)」筑波法政43号（2007年）64頁以下参照。

4) 労働法制の詳細は，田中達也「雇用関係におけるフェアネスの原理—ニュージーランド解雇法理の基準—」筑波大学審査学位論文（博士）（筑波大学大学院ビジネス科学研究科企業科学専攻，2007年）（http://www.tulips.tsukuba.ac.jp/limedio/dlam/B27/B2780670/1.pdf）第1章を参照されたい。

図表2

	対象	救済内容	申立当事者	紛争処理機関	手続規制
労使調停仲裁法の1970年改正	不法な解雇 wrongfully dismissed	原職復帰，逸失賃金の補償，労使協議による賠償金の支払	労働組合（個々の組合員に申立ての資格なし）	労使間で協議・決定→特別裁判所へ付託 or 仲裁人による仲裁	制定法上は特になし
1973年法	正当理由なき解雇 unjustifiably dismissed	原職復帰，逸失賃金の補償，使用者による賠償金の支払	（同上）	労使間で協議・決定→特別裁判所へ付託	（同上）
1976年改正			組合員は特別裁判所へ直接申立て可		
1983年改正			組合員資格の範囲内にある組合員以外の労働者が，組合以外の団体を当事者として選択可（1985年改正により廃止）		
1987年法	（同上）	原職復帰，逸失賃金の補償，精神的損害又は得べかりし雇用上の利益に応じた賠償金の支払	組合員資格の範囲内にある個々の労働者（紛争処理の手続利用権を付与）	原則として労使間で協議・決定→特別裁判所へ付託（組合員以外は直接申立て）	解雇理由書の付与
1991年法	（同上）	（同上）	個々の労働者（紛争処理の手続利用権を付与）	雇用審判所→雇用裁判所	（同上）
現行法	（同上）	（同上）	個々の労働者（紛争処理の申立権を付与）	雇用関係局→雇用裁判所	（同上）
2004年改正	103A条創設				（事業譲渡時等の特則などを新設）
2009年改正	20人未満の労働者を雇用する使用者と新規採用労働者とが試行労働期間（90日間以内）を書面合意することにより，その期間中，当該労働者は正当理由なき解雇の申立てをすることができないとする適用除外規定の新設				

雇の撤回を求めてストライキによる力の救済を指向した例は少なくなかった。

　こうした解雇紛争に端を発した操業停止等を回避するために設けられたのが，労使調停仲裁法の1970年改正による解雇紛争処理手続であった（**図表2参照**）。この手続では，救済対象を「不法に」（wrongfully）解雇されたこととしていた点や，紛争処理の当事者を労働組合としていた点など，現行法上の手続とかな

個別報告①

り異なる特徴を有していたものの，コモンロー原則によっては実現しえなかった原職復帰等の救済を労使協議ないし裁判所等の紛争処理の結果に応じて実現しうる点で，現行法に至る解雇規制枠組みの端緒を示したものであった。

その後，1973年労使関係法（Industrial Relations Act 1973）において，救済の対象となる解雇が現行法と同じ「正当理由なき解雇」とされ，さらに1987年労働関係法（Labour Relations Act 1987）に至り，組合員資格の範囲内ではあるものの個々の労働者に解雇紛争処理手続を利用する権利が認められ，同時に個々の労働者において解雇理由の開示を請求しうる権利が付与された。そして，1991年雇用契約法（Employment Contracts Act 1991）において，組合員資格の範囲にかかわりなく，個々の労働者に解雇紛争処理手続を利用する権利が認められたことに伴い，紛争処理にあたり労使の集団的協議を前置する仕組みが失われ，現行法上の雇用関係局の前身となる雇用審判所が設けられた。

ただし，いずれの立法においても「正当理由なき解雇」の定義規定は置かれず，被解雇者は制定法上の紛争処理手続を利用して救済を求めうるものの，いかなる救済内容がどれだけ付与されるかは，紛争処理機関たる裁判所等の裁量判断に委ねられたままであった。この枠組みは現行法においても基本的に踏襲され，前述の2004年改正による103A条が設けられた現在も同様である。

Ⅲ　解雇規制の特徴

以上のように生成・発展してきたニュージーランド解雇法制はいかなる特徴を有しているのか。特に次の二点を指摘しておきたい。

第一に，「正当理由なき解雇」は制定法上の紛争処理の対象として規定されているものの，紛争処理の対象となる解雇をされない実体的な権利は制定法に明文化されていない点である[5]。

---

5) この点は，本国イギリスの1996年雇用権法（Employment Rights Act 1996）94条1項において，「労働者は使用者によって不公正に解雇されない権利を有する」と規定されていることとの顕著な違いである。なお，隣国オーストラリアの1996年職場関係法（Workplace Relations Act 1996）659条2項にみられるような，特定の解雇の禁止を明文化した規定も，いわゆる差別禁止の文脈で解雇が違法とされる場合を除き，ほとんど存在しない。

第二に、第一の特徴と関連するが、制定法において解雇要件を定めた規定がほとんどなく、使用者に対して解雇の予告を義務づける規定など解雇手続を規制する定めもほとんど存在しない点である。

以上の二つの特徴について、アンダーソン教授は、ニュージーランドにおいて解雇紛争の処理にあたり適用すべき「実体法（substantive law）のほとんどは裁判所によって創造され、議会の役割は基本的な裁判権の創設に限定されている」[6]と指摘している。ニュージーランド解雇法制は、紛争処理機関たる裁判所等の弾力的な法適用をいわば当然の前提とするものであり、このことが、フェアネスという抽象的な法原理によって解雇の正当性を判断する判例法理を展開させた基礎となっているといえよう。

Ⅳ　フェアネスの原理による規律

1　フェアネスの概念

ニュージーランドにおいて、フェアネスという言葉それ自体は、一般に正義（justice）の概念を基礎付けるものと定義されているところ[7]、判例法理にいう「手続的フェアネス及び実体的フェアネスの問題」とは、解雇の正当性判断において、解雇理由の評価と解雇プロセスの評価とがいずれも必要であることを指摘したものと解されている[8]。

　この特徴は、ニュージーランド解雇法制が、その制度沿革上、集団的労使紛争を平和裡に解決するために、労使双方の妥協しうる合意内容を裁量的に形成するための制度であったことに起因するものと推察される。しかしながら、とりわけ1991年法制定の後、労使の自治的な合意形成のしくみが失われ、その代わりに専門的な紛争処理機関が設立された後も、基本的に同じ規制枠組みが踏襲されたことからすれば、現行法に至る立法者の意思には、労働者の雇用保護にあたり、権利義務関係の要件充足によるルール準拠型の規制を回避して、紛争解決内容の実質的妥当性を尊重する趣旨が含まれているようにも思われる。

6) Gordon Anderson, 'The origins and development of the personal grievance jurisdiction in New Zealand', *New Zealand Journal of Industrial Relations* Vol. 13(3) (1988), p. 264.
7) Peter Spiller, *Butterworths New Zealand Law dictionary* 5th ed., LexisNexis NZ, 2002.
8) *See* Gordon Anderson, John Hughes, Michael Leggat and Paul Roth, *Employment Law Guide* 7th ed., LexisNexis NZ, 2005, p. 801.

そして，解雇理由の評価に関する実体的フェアネスについては，コモンローに対する解雇制限立法の必要性そのもの，すなわち，労働者の雇用保護に向けた社会的正義（social justice）の要請によるものと解されている[9]。この点に関連して控訴裁判所は，「制定法上のこの〔解雇規制を定めた〕部分に反映された哲学は，コモンローが使用者と労働者との間の正義を実現するのに適切なものでない，というものである」と判示し[10]，制定法による解雇規制を通して社会的正義が実現されることを示唆している。

他方，解雇プロセスの評価に関する手続的フェアネスは，当事者双方に対する意見陳述の機会の保障など，ニュージーランドにおける司法手続上の原則として確立されてきた自然的正義（natural justice）の原則[11]を雇用関係の文脈で表現したものと解されている[12]。すなわち，手続的フェアネスの問題とは，解雇にあたり警告や改善の要求などの公正な手続の保障が要請されるという問題と考えることができる[13]。

---

9) Central Clerical Workers Union v Taranaki Maori Trust Board [1989] 3 NZILR 612 (LC)（公的部門労働者の秘密保持義務違反等を理由とする解雇の例）において Goddard 裁判官は，正当理由なき解雇に関する判例法理に影響を与えたもの一つとして，ILO条約158号等に象徴される社会的正義の概念を指摘している。

10) Brighouse Ltd v Bilderbeck [1995] 1 NZLR 158 (CA)（上級管理職の整理解雇の例）．

11) 1990年ニュージーランド権利章典法（New Zealand Bill of Rights Act 1990）27条1項は，「すべて人は，法（law）により保護又は承認される権利，義務若しくは利益についての判断にあたり，権限ある裁判所又は公的機関によって自然的正義の原則を遵守される権利を有する」と規定している。本条にいう自然的正義の原則の内容について，See Grant Huscroft, 'The Right to Justice', Paul Rishworth, Grant Huscroft, Scott Optican and Richard Mahoney, *The New Zealand Bill of Rights*, Oxford University Press, 2003, pp. 754-755.

12) Department of Labour, *Employment Contracts Bill : Report of the Department of Labour to the Labour Select Committee* (1991), quoted in John Hudges, 'Personal grievances', Raymond Harbridge ed., *Employment Contracts : New Zealand Experiences*, Victoria University Press, 1993, pp. 126-127. 労働省は，「解雇事案における手続的フェアネスの要求は，解雇前の警告，改善の要求及び十分な調査を要素としている。これらは単に自然的正義の原則を雇用関係の文脈で表現したものにすぎない」と説明している。

13) なお，判例は，「フェアで合理的な取扱いは，今日，法が役務の契約と認める契約上の通常の義務（ordinary obligation）として，どの使用者にも一般に期待される」ものと解している。Marlborough Harbour Board v Goulden [1985] 2 NZLR 378 (CA)（地方港湾局管理職の解雇の例）．

2 フェアネスの原理による解雇の正当性判断
(1) 一体的総合的判断の必要性

以上のように,実体的フェアネスと手続的フェアネスとはそれぞれ別個に論じうるものである。にもかかわらず,判例は,とりわけ解雇の手続的な要素の履行状況如何が解雇の実体的理由を左右しうることを指摘して,解雇を取り巻くすべての事情を一体的総合的に判断する必要性を強調してきた[14]。

この点に関し,雇用裁判所の主席裁判官として数多くの影響力ある判決を示したゴダード裁判官は,労働者の非行を理由に解雇をするにあたり,当該「労働者に対して十分な弁明の機会を与えなかった使用者は,労働者に不都合な結論に達したことの正当な理由を有するとは解されない」と判示し[15],解雇プロセスの履行状況によって解雇理由の正当性が左右されることを指摘している。

他方で,同裁判官は,非行事案の解雇の正当性を判断するにあたり検討されるべき手続的要素を具体的に挙げつつも,「この理想からのわずかな又は取るに足りない逸脱が,……〔解雇事由の〕重大さとの均衡を完全に失って語られるべきではない」と指摘している[16]。

以上のゴダード裁判官の指摘を総合すると,解雇の正当性判断においては,解雇理由のみ,あるいは特定の手続の履行状況のみをとらえてフェアか否かを判断するのではなく,解雇事由の重大さを勘案しつつ,すべての事情に照らして一体的総合的に行う必要がある,ということになる。

解雇の実体面と手続面をそれぞれ独立に判断するのではなく,事案のすべて

---

14) Nelson Air Ltd v New Zealand Airline Pilots Association [1994] 2 ERNZ 665 (CA)(試用期間中の航空機パイロットが試用期間満了後に即時解雇された例)において控訴裁判所は,手続的フェアネスと実体的フェアネスとを区別して判断することが便宜であるとしつつも,「そこに明確な二分法は存在しない。すべての問題は,その労働者がすべての事情に照らしてフェアに取り扱われたかどうか,である」と判示している。
15) Madden v NZ Railways Corporation [1991] 2 ERNZ 690 (EC)(勤務記録改ざん等の疑いのあった機関車運転手の解雇の例).さらに,同裁判官は,Drummond v Coca-Cola Bottlers NZ [1995] 2 ERNZ 229 (EC)(販促用Tシャツで悪ふざけをした電気技師の解雇の例)において,「手続をコントロールする者は,手続によって結果をアンフェアにコントロールすることができる」との一般論を示している。
16) NZ (with exceptions) Food Processing etc IUOW v Unilever New Zealand Ltd [1990] 1 NZILR 35 (LC)(フォークリフト作業員が不服従により解雇された例).

個別報告①

の事情に照らして一体的総合的に判断すること，これがフェアネスの原理による判例法理に含まれた第一の原則となる。

(2) 労使の利益衡量の必要性

次に問題となるのは，一体的総合的なフェアネスの判断をいかなる方法によって行うかである。

判例は，フェアネスの考察について，労働者と使用者との良好な労働関係を基礎付ける相互の信頼関係を基準として，労使相互にフェアに行われる必要があると解している[17]。より具体的には，労使相互の信頼関係及びフェアな取扱いの必要性に応じて，「一方では労働者の働く権利ないし雇用確保の利益の重要性を尊重する必要が生じ，他方では労働者には使用者の経営権ないし事業経営上の判断を行う権利を尊重する必要が生じる」ことから，解雇の正当性判断は，労使が相互に尊重すべき利益を比較衡量することによって決せられるものとされている[18]。

なお，ロス博士は，フェアネスの概念に利益衡量の考え方が含まれることを指摘しつつ，解雇の正当性判断に利益衡量が用いられる場合には，「使用者の事業経営の正当性」と「労働者の正当理由なき解雇をされない正当性」との間にフェアで合理的な均衡をもたらすことが意図されていると説明している[19]。

労使の相異なる利益を相互の信頼関係及びフェアな取扱いの必要性の点から比較衡量すること，これがフェアネスの原理による解雇の正当性判断に含まれ

---

17) Airline Stewards and Hostesses of New Zealand Industrial Union of Workers v Air New Zealand Ltd [1990] 3 NZLR 549 (CA)（米国ハワイ州の酒類持込規制に違反した航空機乗務員の解雇の例）．「良好な労働関係は使用者と労働者との相互の信頼ないし信用（loyalty and confidence）に依拠している．ひとたび労働者がこの〔信頼〕関係を……破壊したとき，その労働者は非行をなしたといえ，……そのとき解雇は正当なものといいうるだろう．同様に，使用者が……合理的理由なく労働者を解雇したことによってこの〔信頼〕関係を破壊したとき，解雇は正当なものと認められない」と判示されている．

18) Telecom South Ltd v Post Office Union (Inc) [1992] 1 NZLR 275 (CA)（人事管理部門上級管理職の解雇の例）．「解雇が正当と認められるか否かは，労働者と使用者との利益を考慮しかつ衡量することによってのみ決せられる」と判示され，同旨は，Aoraki Corporation Ltd v McGavin [1998] 3 NZLR 276 (CA)（上級管理職の整理解雇の例）においても判示されている．

19) Paul Roth, 'The Poverty of Fairness in Employment Law' [2001] ELB 85 (2001), p. 87.

た第二の原則となる。

(3) 解雇の正当性判断の理論的構造

以上のように，フェアネスの原理による解雇の正当性判断は，第一に，解雇の実体面と手続面とをすべての事情に照らして一体的総合的に考察するという原則を含んでおり，第二に，労使の相異なる利益を相互の信頼関係及びフェアな取扱いの必要性に応じて比較衡量するという原則を含んでいる。そこで問題となるのは，この二つの原則が解雇の正当性判断にどのように働くのか，その理論的な構造である。

この点については，個々の解雇事案を類型別にみた場合に，それぞれ特徴的な手続の要素がしばしば指摘されていることに注目したい。例えば，ゴダード裁判官は，労働者の非行を理由とする解雇を正当化するにあたり，一般に検討されるべき手続の要素として，非行の「事実が明らかになった場合に起こりうる結果の通告，弁明の機会の付与，及び弁明に対する偏見のない考察」の三つを挙げている[20]。また，同裁判官は，労働者の能力不足を理由とする解雇を正当化するにあたり，能力不足の事実を知らせ，求められる改善の程度を示し，改善に至るまでの合理的な猶予期間を与えることが必要となるとの一般論を示したうえで，さらに労働者の能力評価に関して詳細なチェックリストを提示している[21]。

ここで，非行事案と能力不足事案とを，フェアネスの原理に含まれる労使相互の信頼関係及びフェアな取扱いの必要性という観点から比較すると，非行が信頼関係の破壊に結びつきやすく，労働者の利益のウエイトが相対的に低く評

---

20) NZ (with exceptions) Food Processing etc IUOW v Unilever New Zealand Ltd (LC), *supra* note 16.
21) Trotter v Telecom Corporation of New Zealand Ltd [1993] 2 ERNZ 659 (EC)（上級管理職の能力不足による解雇の例）．このチェックリストには以下の内容が示されている。①実際に労働者の職務遂行に不満があったか。②労働者にその不満を伝え期待される水準を示したか。③その評価と期待は労働者に理解できるものであったか。④期待水準の達成のために認められた改善のための期間は合理的か。⑤期待水準を達成したかどうかについて，(i)測定可能な客観的基準を用い，(ii)評価結果に対する弁明の機会を与え，(iii)弁明を虚心坦懐に聴き，(iv)労働者に有利な点や教育訓練，マネジメント，及び採用上の問題を考慮し，(v)教育訓練，カウンセリング，配置転換のような，実行可能な救済の手段を尽くした上で，フェアに解雇を決定したか。

個別報告①

価されやすいのに対し，能力不足は，これによって労使相互の信頼関係が直接に破壊されるわけではなく，労働者の利益のウエイトが相対的に高く評価されやすいといえる。能力不足事案では，このような意味での利益衡量の判断を通じて，手続的保障の要素がより多く必要とされると考えることができるのであり，このことを敷衍して述べれば，フェアネスの原理による解雇の正当性判断は，解雇の正当性を左右する手続的保障の内容が労使相互の利益の比較衡量を通じて具体化されるという理論的な構造をみることができる。

他方，ニュージーランドにおいて，人員整理が生じる状況は，その影響を受ける労働者に何らの落ち度がないという点で特別なものと解されている[22]。人員整理事案においては，使用者の事業運営上の権利が尊重される結果，原則として「労働者は事業が彼なしにより効率的に運営される場合に，雇用継続の権利を有さない」ものと解され，その正当性判断にあたり検討されるべきは，使用者の人員整理決定にかかる「論拠の誠実性及び実行された手続のフェアネスである」とされている[23]。それゆえに，例えば，労働者との事前協議を合理的に期待しえた場合であるにもかかわらず，使用者が協議をしなかった場合には，協議の不履行が「人員整理の真正性又はそのタイミング」に疑いを投げかけるものと解され，そのような場合には，労働者の雇用継続の利益に応じた原職復帰等の救済を付与することも不可能ではなく，配置転換等が可能とされるときにその考慮をしなかった場合も同様であると指摘されている[24]。すなわち，人員整理事案の場合，労働者と使用者との相互の信頼関係には何ら影響がないにもかかわらず，労働者に解雇の不利益が一方的に課せられることとなるため，剰員が生じた事情の真正性を担保するための手続的な保障が必要となる，ということであり，事前協議や配置転換などの実施は人員整理が真正のものであることを担保する定型的な要素とみることができる。

---

22) Aoraki Corporation Ltd v McGavin (CA), *supra* note 18.
23) G N Hale & Son Ltd v Wellington, etc, Caretakers, etc IUW [1991] 1 NZLR 151 (CA)（清掃作業員の整理解雇の例）.
24) Aoraki Corporation Ltd v McGavin (CA), *supra* note 18. 同判決では，このほかに，予告，キャリアカウンセリングないしアドバイス，再訓練の実施等が問題となりうると判示されている。

もっとも，使用者の事業運営にかかる一応の権利（prima facie right）との調和が要請されるために，上記の定型的な手続的保障を使用者に期待しえない合理的な事情が存在する場合は，解雇の正当性が否定されないこともありうる。[25] このように，人員整理の事案においても，労使相互の信頼関係及びフェアな取扱いの必要性に照らした利益衡量を通じて解雇の手続的保障の内容が具体化されるという理論的な構造をみることができる。

V　おわりに

　ニュージーランドと同じく，日本の解雇規制においても，判例法理が大きな役割を果たしており，このことは，労働基準法18条の2に解雇権濫用法理の内容が成文化され，これが労働契約法16条に移管された現在においても，基本的には変わることがないと考えられている。[26]

　また，解雇権濫用法理の適用レベルでは，一方で使用者に配置転換や教育訓練などの解雇回避措置の実施を要請し，他方で個々の事案ごとの諸事情を勘案した結果，特定の解雇回避措置を期待することが困難な場合は，その実施を解雇の要件としないケースバイケースの判断がなされてきた。このような判断のあり方は，ニュージーランド解雇法理にも共通するものであり，両国の解雇法理はその適用レベルにおいて相互に親和的である。

　もとより，ニュージーランドと日本とでは労働法制の内容やその基本となる労使関係の実態に相違があり，両国の解雇法理を単純に比較することには慎重でなければならない。しかし，フェアネスの概念を基礎付ける「労働者の雇用保護に向けた社会的正義」の必要性や「公正な手続の保障」の要請は，日本においても妥当しうる普遍性を有するものといえようし，また，フェアネスの原理による一体的な利益衡量の判断において主要な基準とされる労使相互の信頼関係は，日本の判例においてもその侵蝕如何を解雇の有効性判断の基礎とした

---

25)　*Ibid.*
26)　山川隆一「日本の解雇法制――歴史・比較法・現代的課題」大竹文雄＝大内伸哉＝山川隆一編『解雇法制を考える――法学と経済学の視点　増補版』（勁草書房，2004年）14頁。

個別報告①

例がある。[27]さらに、解雇権濫用の有無が労使の利益衡量によって決せられることについては、日本の従来の裁判例・学説においてもこれを肯定する趣旨が述べられることがあった。[28]こうした共通性がみられることに鑑みれば、フェアネスの原理による規律のしくみは、解雇権濫用法理の内容を説明する一つの考え方となりうる可能性を有しているように思われる。

例えば、従来、我が国の学界では、解雇権濫用の判断において使用者に解雇回避プロセスの実施が要請されることの理論的な根拠付けが試みられてきたところ、学説の多くは、憲法の社会権規定などから導かれる規範的根拠に基づき、労働者に雇用継続の利益が存在することを指摘して、解雇回避努力は解雇の要件と解されるとの結論を導いてきた。[29]ただし、雇用継続の利益から解雇回避の必要性を導く考え方については、労働者に退職の自由が保障されるにもかかわらず、何ゆえ使用者に対してだけ制約が生じるのかの説明が困難であるとの指摘がなされてきた。[30]

この点について、フェアネスの原理による規律のしくみが、解雇権濫用法理の内容を説明する一つの考え方となりうるとすれば、次のような考え方を示すことができるように思われる。すなわち、使用者に要請される解雇回避のプロセスは、解雇理由の相当性を担保するための手続的な保障の表れとして把握されるものであり、その具体的な内容は労使の利益衡量を通じて導き出される、という考え方である。これにより、使用者による解雇の場合には解雇回避措置の実施が要請されるが、退職の場合には特段の回避措置を必要としないという違いのあることを、労使の利益衡量という統一的な枠組みの下で整合的に説明できるのではないだろうか。

---

27) 例えば、敬愛学園事件・最一小判平成6・9・8労判657号12頁参照。
28) 裁判例として、高知新聞社事件・高知地判昭和31・12・28労民集7巻6号1018頁参照。学説として、藤原稔弘「整理解雇法理の再検討――整理解雇の『4要件』の見直しを通じて」大竹ほか編・前掲注26)書155頁以下参照。
29) 議論の状況については、根本到「解雇制限法理の法的正当性(上)」労旬1540号(2002年)37頁以下参照。
30) この点について、例えば、土田道夫「解雇権濫用法理の正当性――『解雇には合理的理由が必要』に合理的理由はあるか?」大竹ほか編・前掲注26)書107頁は、労使の非対等性を是正すべき必要性を使用者に対する制約の根拠として示している。

また，解雇権濫用の判断においては，個々の事案の事情によっては特定の解雇回避措置を解雇の要件と解しないケースバイケースの処理がなされてきたところ，これが法的ルールとしての明確性を失わせているとの指摘がなされ，解雇権濫用法理の内容を特に解雇要件の設定という観点から具体化する必要性が説かれてきた。[31]

　この点についても，フェアネスの原理による規律のしくみが，解雇権濫用法理の内容を説明する考え方となりうるとすれば，個々の事案ごとに解雇要件となる解雇回避措置の内容が異なりうることについては，労使の利益衡量を通じて解雇の手続的保障の内容が異なりうることを反映したものと説明することができるように思われる。

　それぞれの考え方の展望とその具体的な検証については，今後の課題としたい。

（たなか　たつや）

---

31) 土田道夫『労働契約法』（有斐閣，2008年）582頁は，解雇規制の内容の具体化にあたり，解雇権濫用規制に内在する「最後の手段の原則」と「期待可能性の原則」とを基本に考えることが適切であると指摘しているところ，ニュージーランド法の考え方は，「期待可能性の原則」がいかに機能するかを，労使の利益衡量を通じた手続的保障の観点から説明する根拠となりうる可能性を有しているように思われる。

精神障害に基づく雇用差別と規制法理
―― アメリカの障害者差別禁止法（ADA）の考察 ――

所　　浩　代

（北海道大学）

I　はじめに

　2006年12月，国連本部において「障害者権利条約（CRPD）」が採択された[1]。同条約は，障害に基づく差別を禁止し，障害者の自律（および自立）を尊重し，障害者の社会への完全参加を保障している（前文）。就労・雇用に関しては，障害者にも他の者と等しく労働に関する権利があることを定め[2]，条約の締約国に対し，障害者に均等な雇用機会を保障するために，種々の雇用促進施策を図るように求めている（第27条）。これらの施策には，障害に基づく差別の規制や[3]障害者が就労するに際して必要となる便宜（合理的配慮）を提供する制度を整備すること等が含まれる。日本は，2007年9月に同条約に署名している。

　条約への署名を契機として，国内では雇用分野における障害者差別禁止法をめぐる論議が活発化したが，この問題の検討を進めるにあたっては，一つ留意すべき点があると思われる[4]。

---

[1]　United Nations Convention on the Rights of Persons with Disabilities, Dec. 13, 2006, http://www.un.org/disabilities/convention/convention full.shtml. CRPDの特徴等については，山田耕造「障害者権利条約とわが国の障害者の一般雇用施策関係法の問題点と課題」労旬1696号（2009年）6頁等を参照。

[2]　障害（障碍，障がい）を有する人の呼称をめぐっては様々な議論があるが，本稿では国内法の呼称に従って，「障害者」の用語で統一する。

[3]　障害に基づく差別は，「障害差別」または「障害者差別」と称されるが，本稿は，「障害者差別」で統一する。

[4]　日本では，すでに，障害者基本法3条3項において，障害を理由とする差別の禁止が明記されている。しかし，雇用分野では，実効性のある差別禁止法は整備されていない。

それは、障害には身体、精神、知的等の類型があり、それぞれの障害者が就労に際して直面する問題は異なっているという点である。よって、障害者差別に対する法規制を考えるに際しては、最初に各障害の特性とその特性から導かれる法的諸問題を確認することが重要と思われる。そこで本稿では、様々な障害の中で最も雇用されにくい精神障害者[5]に焦点をあて、障害者差別禁止法が、精神障害者の雇用問題にどのような影響を及ぼすのかについて考察する[6]。

　すでに多くの国において、雇用における障害者差別禁止法が制定されている[7]が、本稿では、世界に先駆けて障害者差別禁止法を整備し、裁判例が蓄積しているアメリカを取り上げる。アメリカでは、1990年に「障害があるアメリカ人法（Americans with Disabilities Act of 1990、以下「ADA」）」が制定された[8]（1992年7月26日施行）。ADAの重要な特徴は、障害がある求職者や労働者の「身体的または精神的な制限に対して合理的な配慮を提供しないこと」を差別として禁止するところにある。ただし、ADAは施行後に、その適用をめぐって様々な問題が生じ、2008年にこれらの問題の一部を修正する法改正が行われた（「ADA Amendments Act of 2008」、以下「2008年改正法」[9]）。以下では、まず、ADAの規制内容を確認し、次いで精神障害者に同法が適用される場合に生じる問題を考察する。

---

5) 本稿では、統合失調症（精神分裂症）やうつ病、躁うつ病、不安神経症等の精神疾患を有し、その疾患によって日常生活に支障を生じている者を、「精神障害者（persons with psychiatric disabilities）」としている。ADAでは、「精神障害（mental disability）」に、先の精神障害と知的障害が含められているが、精神疾患を患っている場合と知的発達が低下している場合とでは、雇用における問題状況が異なるため、本稿では、知的障害（発達障害を含む）を検討対象から外している。

6) この問題については、幾つかの先行研究がある。本稿では、永野秀雄「障害のあるアメリカ人法における『精神的障害をもつ人に対する雇用差別規制法理』」法学志林98-1号（2001年）41頁を参照した。

7) フランス、イギリス、ドイツ、イタリア等。諸外国の雇用法制に関しては、財団法人労働問題リサーチセンター『障害者雇用法制に関する比較法的研究』（2009年）、WIPジャパン株式会社『障害者の社会参加推進に関する国際比較調査研究』（平成20年内閣府委託報告書）（2009年）等を参照。

8) 42 U.S.C. §12101 et seq. ADAの条文番号は、2008年法改正後に一部変更されている。本稿では、2008年改正後の条文で表記している。

9) Pub. L. 110-325, 122 Stat. 3553.

個別報告②

Ⅱ　ADAの内容

　ADAは，障害者に対する機会の平等，社会への完全参加，自立，経済的自足（economic self-sufficiency）等を図ること等を目的として，アメリカ社会における障害者に対する差別を禁止した連邦法である。雇用における差別は，同法第1編で禁止されている[10]・[11]。

　ADAでは，募集・採用，職業訓練，解雇，報酬等，雇用のあらゆる面において，障害に基づく差別が禁止されている[12]（障害の定義については後述）。「差別」には，障害に基づく意図的な差別（disparate treatment）に加えて，障害者に差別的な効果を与える基準等を用いること（disparate impact）や，ADAが定める条件に反して障害の有無等を調査すること[13]，障害者と関わりをもっていることを理由として障害のない者を不利に取り扱うこと等が含まれる[14]。ADAの特徴は，このように障害者が雇用を得るに際して障壁となる行為や慣行を「差別」として規制するところにある。また，ADAが適用される使用者は，「適

---

10) ADAは，5編で構成されている。第2編では，州や地方公共団体が提供する公共サービスの利用等における差別が禁止され，第3編では，民間によって運営される公共施設や公共的サービスにおける差別が禁止されている。第4編は，聴覚障害者等が利用するテレコミュニケーション（電話通信）に関する規定であり，第5編は，雑則である。
11) ADAについては，多くの先行研究がある。2008年法改正までをフォローした論文には，長谷川珠子「差別禁止法における『障害』(disability)の定義——障害をもつアメリカ人法（ADA）の2008年改正を参考に（特集　障害者雇用の方向性を探る）」季労225号（2009年）40頁，畑井清隆「障害を持つアメリカ人法の差別禁止法としての特徴」日労研578号（2009年）（畑井論文は，改正法案を紹介）53頁等がある。
12) 42 U.S.C. §12112(a).
13) ADAにおける健康診断等の規制については，拙稿「雇用における健康情報収集規制の法理——アメリカ障害者差別禁止法（ADA）からの示唆」労旬1679号（2008年）371頁等参照。
14) 42 U.S.C. §12112(b)(1)-(7). 障害に基づくハラスメントもADAにおける差別として規制される。
15) 年20週以上勤務する者を15名以上雇用する事業主。被用者が15人未満の事業主については，ADAは適用されないが，各州の差別禁止法の適用される場合がある。州や地方自治体は，ADAが適用される。連邦政府については，ADAではなく，リハビリテーション法501条によって，雇用における障害者差別が禁止されている（29 U.S.C. §791). また，宗教団体等はADAの適用を受けない（42 U.S.C. §12111(5)(A)(B)).

格性がある者（qualified individual）」が求めた場合，「合理的配慮（reasonable accommodation）」を図らなくてはならない。「適格性がある者」とは，「希望するあるいは現在の雇用の本質的な内容（essential functions of the employment position）を，合理的配慮を受けて，あるいは受けなくとも遂行できる者」である。「合理的配慮」とは，障害者のために職場の物理的な環境や労働条件，既存の慣行等を調整する便宜である。ただし，事業の運営において「過大な負担（undue hardship）」となる配慮，たとえば，通常の業務に著しい支障をもたらす配慮や著しい出費を伴う配慮等は，「合理的配慮」に当たらない。つまり，使用者は，過大な負担とならない範囲において，障害者のために雇用環境を調整し，障害者に障害のない者と同様の雇用機会を保障することが求められているのである。

なお，ADAは差別禁止法であるため，その根底には，能力の等しい者を等しく扱うという基本原理がある。そのため，同法の保護対象は，雇用に際して使用者が求めている労務の量的及び質的基準を，合理的配慮を受ける等して，最終的には，障害のない者と同様に充たす者に限られている。この労務提供における基準には，「職場において周囲の者の安全や健康に危害を加えないこと」が含まれる（「直接的脅威（direct threat）」の抗弁）。よって，精神疾患に伴う妄想等により，同僚に暴力をふるう者や暴力をふるう蓋然性が高い者を，その疾患を理由として解雇したとしても，ADA違反とはならない。

ADAの救済を求めるためには，提訴に先立ち，ADAを所管する連邦行政機関，「雇用機会均等委員会（EEOC）」に差別の是正を申し立てなければならない。EEOCの調査官は，申立を受理した後に独自の調査を行い，必要に応じて，当事者に，問題の解決に向けた話し合い（協議・調停・説得）を促す。EEOCの話し合いにおいて問題の解決が図れない場合には，EEOCが原告と

---

16) 42 U. S. C. § 12112(5)(A)(B).
17) 42 U. S. C. § 12111(8).
18) 42 U. S. C. § 12111(9)(A)(B).
19) 42 U. S. C. § 12111(9)(A)(B), § 12111(10)(A)(B)(i)-(iv).
20) 42 U. S. C. § 12123(a).
21) 42 U. S. C. § 12123(b).

なって提訴するか,申立者がEEOCより「訴権付与通知（Notice-of-Right-to-Sue）」を受けて,提訴することとなる。救済には,差別行為の差止め,原職復帰命令,採用命令,金銭賠償（補償的賠償・懲罰的賠償）等がある[24]。

Ⅲ　ADAが精神障害者に適用される場合の問題点

ADAの判例法理には,障害の類型に関わらず,全体として労働者が法的救済を受けにくいという傾向がみられる。たとえば,2003年の調査では,使用者側が勝訴している割合が97.3％である[25]。労働者が敗訴する主な要因は,ADAの保護範囲を画する2つの概念,①「障害」と②「適格性」が縮小的に解されているところにある。ADAでは,「適格性がある者」に対し,「障害」を理由として差別をしてはならないと定められているが,逆に言うとこれは,「障害」と認められない傷病の場合や,「障害」が認められても,求められる労務の本質的な内容を（合理的配慮を受けても）遂行できない場合は,雇用に際して不利に取り扱われたとしてもADAの救済を受けることができないということを意味している。そして,特に精神障害者の裁判では,この「障害」と「適格性」の解釈が,原告に非常に不利に解釈されているのである[26]。本稿では,以下,この問題を取り上げ,検討を加える。

---

22)　Equal Employment Opportunity Commission, 42 U.S.C. §12117(a). ADAの救済手続と救済内容は,公民権法第7編の手続が準用されている。ただし,居住する州や自治体に,差別の救済機関が別に設けられている場合には,EEOCに申し立てる前に,当該機関に差別の是正を求めることになる。
23)　EEOCでは,調査の結果,差別を受けた蓋然性が高いとの確証が得られると,当事者に協議・調停・説得（まとめて,調整と称する）の場につくように働きかけ,自主的な問題解決を促す。EEOCにおける調整は,ADAの法定手続であるが,法的な強制力はない。
24)　賠償額には,従業員数に応じた上限がある。42 U.S.C. §1981(a)(2). たとえば,501人以上を雇用する事業主については,30万ドルまで金銭賠償を命じることができる。
25)　National Council on Disability, *The Impact of the Americans with Disabilities Act: Assessing the Progress Toward Achiving the Goals of the ADA*, 101 (2007). ただし,EEOCの調査,話し合い過程において差別の是正がなされ,提訴に至らない事案も多い。
26)　精神障害者とADAをめぐる問題については,Susan Stefan, *Hollow Promises: Employment Discrimination Against People with Mental Disabilities* (2002)が詳しい。

1 精神障害の範囲

ADAでは,「障害」が,(A)主要な生活活動を相当に制限する身体的または精神的な機能障害（impairment）,(B)そのような機能障害の記録（record）,(C)そのような機能障害をもつとみなされていることと定義されている[27]。ここにいう「精神的な機能障害」は,医学上の精神疾患とほぼ同義とされ,うつ病,不安障害,統合失調症等が含まれる[28]。「主要な生活活動」には,自分の身の回りのケア,食事,睡眠,会話,学習,集中する,コミュニケーションをとる,就労等も含まれる[29]。「主要な生活活動を相当に（substantially）制限する」状態とは,「平均的な個人と比較して,ある主要な生活活動を行う能力が相当に制限されている場合」とされれるが[30],風邪等6ヶ月以内に治癒または寛解する機能障害は,障害に含まれない[31]。

ADAの障害概念の特徴は,傷病が実際にはない状態も「障害」に含めて定義するところにある（B/C類型）。ADAの立法者は,心身の機能に着目して保護範囲を画するのではなく,障害者差別の起こるメカニズムに着目して障害の範囲を定めたため,実際には医学的に特に問題のない状態が,「障害」の概念に含まれることとなった[32]。つまり,障害に対する恐れや嫌悪感等が雇用機会を狭める大きな要因となっているという実態から,精神障害の既往歴がある者や

---

27) 42 U.S.C. §12102(1)(A)-(C).
28) EEOCでは,知的障害,器質性脳症候群,感情的情緒的疾患（emotional or mental illness）,特定の学習障害等が例示されている。29 C.F.R. §1630.2(h)(2). ただし,社会的によくみられる性格（短気等）は,ADAの精神障害には含まれない。
29) 例示規定である。42 U.S.C. §12102(2)(A). 2008年改正法によって,「免疫システムの機能,正常な細胞の成長,消化器系,腸,泌尿器系,神経系,脳機能,呼吸器官,血液循環,内分泌系,生殖機能」等の自分の意思を伴わない生理機能の活動も,「主要な生活活動」に含まれることとなった42 U.S.C. §12102(2)(B).
30) 法改正前,連邦最高裁は,「主要な生活活動を相当に制限する場合とは,ほとんどの人々の日常生活の中心的かつ重要な活動を妨げる,あるいは,ひどく制限する状態」と解していたが,2008年改正法により,制限の有無は,「1つの活動に及んでいれば足り,他の主要な活動を制限する必要はない」と修正された。42 U.S.C. §12102(4)(C).
31) 42 U.S.C. §12102(3)(B). この他,違法な薬物を現在使用している者や一定の性的指向をもつ者も,ADAの適用除外とされている。42 U.S.C. §12211(b)(3), 42 U.S.C §12211(a)(b)(1)(2), 42 U.S.C. §12114(b)(1)-(3).
32) House Report 101-485, part 2, (1990).

個別報告②

精神障害であると誤信された者を，障害者と定めたのである。しかしながら，法改正前の判例法理をみると，この立法意図を充分に汲み取っていないような印象を受ける。そこで次に，法改正前後の議論を，裁判例を挙げながら紹介する。ただし，障害の3類型のうちB類型は，C類型と同時に主張されることが多く，全体の訴訟数に占める割合が限られているので，割愛する。

(1) 現に障害がある（者）——A類型

法改正前の精神障害に関する裁判例では，内服治療によって気分の落ち込みや倦怠感等が緩和される者が，障害者と認められるか否かが大きな争点となっていた。連邦最高裁は，Sutton 事件判決において[33]，治療や医療器具等の効果を障害の有無の判断に斟酌するとの立場を示したため，以後の下級審裁判例では，内服治療を受けることによって安定して就労を継続できる者は，ADAの障害者ではないとの判断が下されることとなった。しかし，精神障害の場合には特に，内服等の治療によって症状を抑えたとしても精神科に通っているという事実それ自体によって，差別を受けることが多い。それゆえ，このような縮小的な解釈は，ADAの立法趣旨にそぐわないとの意見がだされた[34]。さらに，判例法理においては，パニック発作，不安発作，短期的なうつ状態等，症状が一時的な場合や症状の強さに波がある場合を，「障害」に含めるべきかについて解釈が分かれていた[35]。これらの解釈問題は，2008年改正法において，「一時的，あるいは，鎮静している機能障害は，その機能障害の症状が現れた際に主要な生活活動を相当に制限するのであれば，障害に該当する」との規定が追加され[36]，現在では立法解決がなされている。

---

33) Sutton v. United Air Lines, 527 U. S. 471 (1999).
34) Susan Stefan, *Delusion of Rights : Americans with Psychiatric Disailities, Employment Discrimination and the Americans with Disabilities Act,* 52 Ala. L. Rev. 271 (2000), Randal I. Goldstein, *Note, Mental Illness in the Workplace after Sutton v. United Air Lines,* 86 Cornell L. Rev. 927 (2001).
35) 短期的なうつ状態が問題となった裁判例として，Edmond v. Fujitsu-ICL Systems, 1997 U. S. Dist. LEXIS 4835 (1997).
36) 42 U. S. C. §12102(4)(D).

(2) 障害をもつとみなされた（者）——C類型

法改正前の判例法理では，C類型に当たる精神障害者とは，精神的な機能障害によって，主要な生活活動の一つ，あるいはそれ以上が相当に制限されていると誤信された者と解されていた。C類型の定義が，A類型の定義に続く形で，「そのような機能障害があるとみなされた（being regarded as having such a impairment）」とされていたことから，C類型の解釈にA類型の解釈が組み入れられ，単に，精神疾患があるとみなされただけでは足りず，生活に相当な制限があると誤信されなければC類型に当たらないとの解釈が採られることとなったのである。ただし，この解釈に対しては，精神障害に基づく差別が起こる実際のメカニズムに適合しないとの強い批判がだされた[37]。先にも触れたが，精神障害者が雇用を得にくい，あるいは，解雇されやすいのは，精神障害によって就業能力が低下しているということ以上に，精神障害者を職場から排除したいという感情に基づくことが少なくない。立法者は，このような就業能力の評価と関連しないところで発生する感情的な差別の抑止を企図して，「障害があるとみなされた」というC類型を設けたとされている[38]。ところが，裁判所は，就業に相当に制限があるとみなされたか否かという"能力に対する誤解"に力点を置いたために，多くの原告が，C類型に当たらないとして敗訴することになった。2008年改正法では，障害者とみなされたことによる差別の立証に際しては機能障害が主要な活動を制限したか否かを問わない，との条文が追加され，判例法理が修正されている[39]。

2 被用者として適格な者

(1) 「雇用の本質的な内容」とは何か

精神障害者の裁判例では，「適格性」の解釈において，「雇用の本質的な内容」とは何かという点が非常に重要となる。ADAでは，「適格性がある者」とは，「雇用の本質的な内容を，合理的配慮を受けて，あるいは受けなくとも

---

37) Stefan・前掲注34）。
38) 前掲32）の報告書。
39) 42 U.S.C. §12102(3)(A).

遂行できる者」と定められているが[40]，それ以上の判断要素は示されていない。そのため，裁判では，問題となっている職種の性質や内容から，ケース毎に実体的な判断がなされることになる[41]。精神障害者の裁判では，この「雇用の本質的な内容」の中に，"円滑な人間関係を築く"等の具体的な作業能力ではない要素を含めるべきかという点がよく問題となる。うつ病や統合失調症等を患っている者は，要求されている作業自体は支障なく遂行できるけれども，同僚とうまく関わることができない等の問題を抱えていることが多いからである。裁判例をみると，このような対人関係に関する問題も，「適格性」の判断の重要な要素とし，原告を保護対象から除外するものがみられる[42]。しかし，学説には，これに否定な意見がある[43]。否定的な論者は，ADAには，障害者の就業能力を，「雇用の本質的な内容」に限定して判断することにより障害者の雇用機会を拡大するという意図があり，人間関係の問題にまで拡大して適格性の有無を判断することは立法趣旨を没却しかねないと懸念している。

（2） 適格性と合理的配慮

ADAの下では，合理的配慮を提供しないことは差別となる。ただし，合理的配慮の要請は，それ自体が独自の義務というよりは，障害者の潜在的な能力を引き出し「適格性がある者」とするための媒介的な義務と捉える方がより正確にADAの構造を理解できると思われる。そして，精神障害者の裁判例では，この合理的配慮をめぐっても，障害の特性に由来する問題が生じている。

精神障害者が求める配慮としては，労働時間の短縮，夜勤シフトの免除等が一般的であるが[44]，裁判例をみると，これらの配慮はなかなかADAにおける

---

40) 42 U.S.C. §12111(8).
41) 「雇用の本質的な内容」は，①その職務の実施される頻度，②その職務の遂行に費やされる労働時間，③その職務を遂行するために必要な専門知識や技術（skill）の程度，④過去あるいは現在，その職務を遂行している従業員は何人いるか，等を踏まえて，総合的に判断される。29 C.F.R §1630.2(n)(2)(3).
42) Baker v. City of New York, 1999 U.S. Dist LEXIS 14324 (1999).
43) Stefanは，人間関係の問題は，職場の上司や同僚の性格等と本人の資質や精神疾患が複合的に連関して生じる問題であるとして，裁判所の「適格性」の解釈に疑問を呈する。Stefan・前掲注26)書103頁以下参照。
44) 特に，うつ病や不安神経症等を患う者は，このような配慮を求めることが多い。

「合理的配慮」として認められていない。その要因としては，まず，裁判所が，「雇用の本質的な内容」に，"長時間労働に応じることができる""夜勤シフトに応じることができる"等の要素を含めて，「適格性」を判断するという点が挙げられる。「雇用の本質的な内容」をこのように広く解すると，たとえば，労働時間の短縮を求めた者は，ADAにおける「適格性」が認められないということになり，使用者は，その者（障害者）に合理的配慮義務を負わないという結論に至る。[45] 他方，長時間労働や夜勤シフト自体は「雇用の本質的な内容」に含まれないと解された場合には，労働時間を短縮すること，夜勤シフトを免除することが，「合理的配慮」に当たるか否かが問題となる。この場合には，さらに結果的に他の労働者に一定の負担を強いることとなる措置が，ADAの「合理的配慮」として認められるかという点が問題となる。判例傾向としては，職場全体の労務管理に変更を生じさせる配慮や，他の労働者に一定の負担を強いる配慮は，「合理的」ではないと判断する裁判例が多くみられる。[46]

(3) 合理的配慮が提供されるまでのプロセス

ADAの判例法理では，障害者の側に合理的配慮を求める責任があると解され，障害者側から，使用者に，障害の性質や程度を説明し，配慮が必要なことを伝えなければ，合理的配慮義務が生じないと解されている。[47] しかしながら，精神障害者の場合には，病識がない，あるいは病識があったとしても判断力の低下等により，適切な時期に配慮を求めることが難しいといった状況がみられる。よって，このような厳格な解釈を身体障害等の場合と同様に，精神障害者の場合にも適用する裁判例に対しては，批判的な意見が多い。[48]

---

45) Simmerman v. Hardee's Food Systems, 1996 u. s. Dist. LESIS 3437, aff'd, 118 F. 3d 1578 (3rd Cir. 1997).
46) 三交代のシフトに応じることは，看護師としての「雇用の本質的な内容」であるとし，かつ，他の労働者に一定の負担を課す配慮は「合理的」ではないと判断した裁判例に，Laurin v. Providence Hospital, 150 F. 3d 52 (1st Cir. 1998).
47) Toylor v. Principal Financial Group, 893 F. 3d 155 (5th Cir. 1996).
48) Amy R. Brown, *Mental Disabilities Under the ADA: The Role of Employees and Employers in the Interactive Process,* 8 Wash. U. J. L. & Pol'y 341 (2002).

3 「障害」と「適格性」をめぐるディレンマ

保護範囲をめぐっては,「障害」と「適格性」の解釈をいかに整合させるかという問題もある。精神障害者の場合には,休暇の取得をめぐって,特にこの問題が生じやすい。たとえば,適格性の判断において"所定の日数を予定通りに勤務する"という要素が「雇用の本質的な内容」とされた場合,体調に波があって,不定期に,あるいは,突発的に休暇を取得する者は,適格性のない者となる[49]。一方,治療のために短期の休暇を取得し就労可能な状態にまで回復した者は,「障害」があるとは認められないとされてしまうことがある[50]。つまり,短い休暇で復職した者は「障害者」ではなく,長期に渡って休暇を取得せざるを得ない者は「適格性」がなく,いずれにしても,ADAの保護から外れるというディレンマに陥るのである。

Ⅳ おわりに

ADAは,個々の使用者に対し,障害者が抱える様々な就労上の制限に応じて細やかな配慮を講じるように求めている。この点は,日本の障害者法制を検討するに際して,今後参考にすべき点であろう。しかしながら,ADAの判例法理をみると,合理的配慮という概念を媒介にしつつも障害者の能力評価を厳格に行う点や,配慮の提供プロセスにおいて障害者からの能動的な働きかけを求める点等,平等と自己決定を重視するアメリカの価値観が色濃く反映されている部分がある。この点は,精神障害に関する裁判において,ADAが適用されにくい要因となっている。

ADAについては,アメリカ雇用法制の特徴との関係を踏まえて更なる考察が必要であるが,これについては,今後の研究課題としたい。

（ところ　ひろよ）

---

49) Greer v. Emerson Electric Company, 185 F. 3d 917 (8th Cir. 1999).
50) Edmond v. Fujitsu-ICL Systems, Inc. 1997 U.S. Dist LEXIS 4835 (1997).

同一労働同一賃金原則と私的自治
—— イタリアの判例から ——

大 木 正 俊
(姫路獨協大学)

I 問題の所在

　本稿は，賃金の均等待遇原則（principio di parità di trattamento retributivo：以下「均等待遇原則」）をめぐるイタリアの判例を跡づけることを通じて，同原則をめぐる判例の議論の特徴を整理し，また同原則と私的自治の調整がいかにはかられているのかを考察することを目的とする。

　日本において，同一労働同一賃金原則は，当初，男女間の賃金差別に関する法理として提示された。その後，正社員と非正社員の賃金格差を是正する法理として提唱され，同一労働同一賃金原則を法規範として認めるか否かについては今なお議論が続いている。

　この議論は，結局のところ平等原則と私的自治の調整がどのような形で可能なのかが問題となっているといえよう。特に，平等原則が私的自治におよぼす影響に対する評価の違いが議論の分岐点になっている。したがって，この問題を考える場合には，平等原則による私的自治への介入がいかなる形で可能なのかを考察することが重要である。その意味で，イタリアの判例を検討することはこの問題について比較法的視点を提示してくれるだろう。

　イタリアの均等待遇原則も，同一の労働をおこなう者に対し同一の賃金が支払われるべきとする原則という点では日本の同一労働同一賃金原則と通じるところがあり，比較のための同一の土台が存在する。また，均等待遇原則をめぐって，後掲の1989年の憲法裁判所判決により，判例が大きく揺れたが，結局，判例は均等待遇原則を否定する立場に落ち着く。そのような結論に至るのに，

個別報告③

判例は私的自治を中心にした議論を展開している。では，その議論にはどのような特徴があり，平等原則による私的自治への介入についていかなる考えをとっているのか。本稿では，現在の判例の立場を説明する1993年破毀院連合部判決（以下「93年判決」）と1996年破毀院連合部判決（以下「96年判決」）の議論に注目しつつ，判例の流れを追うことを通じて，その点を明らかにしたい。[1]

II　イタリアの判例

1　初期の判例

初期の判例は，均等待遇原則を否定していた。すなわち，私法上の労働関係において，使用者に対して同一の職務を遂行した労働者の間で賃金の均等待遇を実現させる強行的で，直接的に効力をもつ原則は存在しない（1987年破毀院判決2853号）とされ，また，法律にも，EC法および国際法にも，同原則を根拠付けるものはなく，憲法36条[2]や憲法3条[3]からは，最低賃金を除いて導き出すことはできない（1988年破毀院判決4011号）とされていた。

2　1989年憲法裁判所判決[4]

(1)　事件の経緯

原告労働者は，彼らと同一職務を行う労働者が彼らより上級の協約上の格付

1）　均等待遇原則に関わるイタリアの判例については，大木正俊「イタリア労働法における賃金の均等待遇原則の展開(1)(2)」(未完) 早法84巻2号 (2009年) 101頁，同85巻1号 (2009年) 219頁が詳しく扱っている。本稿では，判例の紹介は必要最小限にとどめ，判例の議論が意味するところを中心に検討する。
2）　憲法36条1項は，「労働者は自らの労働の量と質に比例し，また，いかなる場合においても自身と家族に対して自由で尊厳のある生活を保障するのに十分な報酬を求める権利を有する」と規定する。同項は，判例により，最低賃金法がないイタリアにおいて，すべての労働者に賃金の最低水準を契約上の権利として保障する根拠条文となっている。また，同項が「労働の量と質に比例」した賃金を保障していることに注目して，同項を根拠に均等待遇原則を認めることができるとの学説（G. PASETTI, *Parità di trattamento e autonomia privata*, CEDAM, 1970, p. 151 ss. など）があるが少数説にとどまる。
3）　憲法3条は，法の下の平等に関する規定である。条文については，初宿正典＝辻村みよ子編『新解説世界憲法集』（三省堂，2006年）を参照。
4）　Corte Cost. 9 marzo 1989, n. 103, in FI, 1989, I, 2105.

けにあることを理由として,上級の格付けにあることの確認などを求める民事訴訟を提起する。この事件に関連した問題として,民法典2086条,2087条,2095条,2099条,2103条が[5],憲法41条2項[6]に違反する可能性があるとして,上記各条の合憲性の判断をうけるため事件が憲法裁判所に移送された[7]。

(2) 判　旨

判決は,結論として違憲の疑いをしりぞけ,問題となった規定は合憲であるとしたが,その判決理由の中で以下のような注目すべき判断をする。

「……使用者の一方的変更権は限定されている。一方で,まさに憲法41条という憲法規範によって,使用者の経済活動に関する権限は,まったくの自由な裁量によって行使されてはならず,もちろん恣意的にも行使されてはならない。そうではなく,その権限は法体系の諸原則と一貫した立場によって支持されなくてはならない。そして,特に,使用者はその権限を社会的有用性と対立をおこすか,あるいは安全,自由,人間の尊厳に損害をあたえるように行使してはならない。(中略)裁判官には,実際に行われた職務に基づいて,賃金区分もしくは賃金等級に対応した労働者の格付けを検証することおよび監督することが委ねられており,それは,法律,労働協約,企業協約によって定められた規定を遵守し,上述の憲法の規定およびイタリアの現行の法体系……が一般的に認める原則に配慮しつつなされる。裁判官は,労働者自らが権利をもつ賃金区分もしくは賃金等級においてその労働者に属する格付けを受け取るように,必要な審査のための措置を講じなくてはならない。また,裁判官は多かれ少なかれ自由意思に基づいた過ちを修正する権限を有する」。

(3) 判決の位置付け

1989年憲法裁判決(以下,「89年憲法裁判決」)の内容をどのように理解するか

---

5) ここに掲げた民法典の各条文については,さしあたり風間鶴寿『全訳イタリア民法典(追補版)』(法律文化社,1973年)を参照。

6) 憲法41条は,1項において「経済的で私的な活動は自由である」として経済活動の自由を定めつつ,2項で「私的経済行為は,社会的有用性に反して,または人間の安全,自由,尊厳を害する方法で,営んではならない」とその自由に対する制約を規定している。

7) イタリアの憲法裁判所制度では,普通裁判所または行政裁判所における具体的な訴訟において,当事者あるいは裁判が訴訟の解決には法律等の憲法適合性判断が必要だと考えた場合に,憲法裁判所にその判断を求めることができる。

については見解が分かれている。支配的な見解は，判決中において，使用者の経済活動に関する権限は憲法41条2項の観点から制約されること，裁判官には労働者の格付けを審査する権限が与えられており，それは憲法の規定および国際法規も含む法の一般原則に基づいておこなわれること，裁判官は，審査権限のみならず修正権限ももつこと，および裁判官の審査は，個別契約や使用者による一方的な権限の行使の場面のみならず労働協約による合意にも及ぶことが指摘されていることから，同判決は憲法41条2項を根拠に，均等待遇原則が（強行性をもつ）一般原則として認められることを判示したと理解する。

これに対して，同判決は均等待遇原則を認めてはいないと理解する立場もあった。この立場は，同判決は，労働協約または個別の合意が法律に反してはならないという私的自治に対する一般的な制約を述べたに過ぎないと解している。

3　89年憲法裁判決以後の展開

(1)　判例の動揺と93年判決による均等待遇原則の否定

(a)　判例の動揺

89年憲法裁判決後，破毀院では，労働協約上の格付けが争われた事案などにおいて均等待遇原則の存在を認める例があらわれる。これらの判決は，憲法41条を根拠に均等待遇原則を認めており，89年憲法裁判決を，均等待遇原則を認めたものと理解する立場と同じ方向性を示す。一方で，同じ破毀院で，従来どおり均等待遇原則を否定する判決もあり，判例の立場は定まっていなかった。93年判決[8]は，このような議論状況を背景に判例の統一を目的として出された判決である。

(b)　事案の概要

被告会社が組合と締結した企業協約では，国内船の航海経験が10年以上ある無線電信交換手には1級の格付けが付与されていた。しかし，同協約上，原告労働者のように，国内船および外国船をあわせて10年以上の航海経験があるが国内船の航海経験が10年ない無線電信交換手は，1級よりも低い格付けである

---

8) Sentt. 29 maggio 1993, nn. 6030/6034; v. la n. 6030, in RIDL 1993, II, p. 653; la n. 6031, in FI, 1993, I, 1794.

2級に格付けされている。原告は，この点に関する協約の条項は無効であるとして，自らが1級の格付けにあることの確認を求めた。

(c) 判　旨

連合部は判決中でおおむね以下のような議論を展開しつつ，均等待遇原則を否定し，原告の請求を棄却している。

①　89年憲法裁判決は，均等待遇原則を認めたわけではない。[同判決は，これまで国内外で種々の差別禁止規定が制定されていることに言及するが] 差別禁止規定が強行的効力をもつのは，実定法上規律されている場合のみに限られるし，憲法37条[9]が女性と年少者に対する差別を禁止していることそれ自体が，憲法において均等待遇原則が認められていないことを示している。同原則があるのならば，憲法37条が女性と年少者のみについて定める必要はないからである。[また，89年憲法裁判決は，同一の職務に対して同一の賃金が支払われるべきという『立法傾向』があることに言及するが，] そのような立法傾向が存在するというだけでは，[均等待遇原則という] 強行的な法規範を認めるには不十分である。さらに，[差別禁止に関わる] 国際法規も歴史的に弱い立場にあると認められた集団に対する差別を禁止するものにすぎない。均等待遇原則と差別禁止が異なるということは「明らか」である。

②　仮に89年憲法裁判決が均等待遇原則を認めていると解釈できたとしても，同判決は違憲の疑いを退けて合憲判断をしているので，通常裁判所の裁判官は憲法裁の判決に拘束されない。

③　89年憲法裁判決は，労使合意に対する裁判官の審査権限と修正権限を承認していると理解することはできない。というのも，それは私的自治および（集団的）労使自治を損なうことになるからである。つまり，私的自治については，現在の法制度では法律のみがそれを制約できる。また，労使自治に関しては，裁判官の審査権限を認めることは，市場や産業，企業の実態から離れたところにいる裁判官が職務の評価をすることを許容する結果になる。労働協約には，締結当事者にとって非常に重要な諸要素が含まれており，各当事者は [自

---

9) 憲法37条は1項と3項でそれぞれ「女性」「年少者」を理由とする差別を禁止する。条文については，初宿＝辻村・前掲注3) 書を参照。

らの行為を］非難されないという利益をもつことは容易に推察できる。契約の力学は複雑であって，決裂することもときおり生じるものだから，合理性の審査によって事後的にそれを構築するのは非常に難しい。労働協約を合理性という観点から審査することは労使自治と労使関係を根本から変革するので許されない。

④　平等原則および労働者の尊厳は，経済活動の自由との調和をはかるべきものである。その調和は市民による統制の場がある法律（立法部）によって図られるべきで，行政部あるいは司法部の権限で直接規制することは許されない。

⑤　均等待遇原則があるとすると，同原則に違反した場合の法的制裁は，より重大な違反行為である差別禁止規定違反に対する制裁より重くなり，また，立証負担についても均等待遇原則違反の立証よりも差別禁止規定違反の立証の方がより労働者に重い負担を課していることになる。

⑥　憲法3条の私人間適用は私的自治の中核を損なうので認められない。憲法36条は労働者間の比較を含まない概念である。個別の規定なしに（均等待遇の前提となる無効を導くための）公序違反を認めることは，この場合困難である。また，憲法3条と誠実義務および信義則を組み合わせても均等待遇原則を根拠づけることはできない。

(d)　判決の特徴

93年判決の特徴の第一は，89年憲法裁判決の射程を限定的に捉えていることである（判旨①③参照）。判決中では，「均等待遇原則を認めたわけではな」く，「裁判官の審査権限と修正権限を認めた判決だと理解することはできない」と指摘されている。これは，本判決が89年憲法裁判決を従来の判例から逸脱する新機軸を打ち出したものとは理解していないことを意味し，同時に，均等待遇原則を否定する本判決の議論が同判決とは矛盾しないことも示唆している。

第二は，均等待遇原則を差別禁止立法から根拠付けられないとする点である（判旨①⑤参照）。判決は，差別禁止法は歴史的に弱い立場にあった者を対象にしているから，差別禁止法の存在と均等待遇原則の承認は直接的には結びつかず，均等待遇原則と差別禁止法の違いは「明らか」だという。歴史的経緯に根ざして特定の事由に基づく差別を禁止する差別禁止立法とあらゆる者が平等に

取り扱われるべしとする均等待遇原則とでは規制の存在理由を異にしているとの趣旨であろう。また，仮に均等待遇原則を認めた場合，特定の集団を対象とし，均等待遇原則より限定的な射程をもっているため，本来ならば同原則よりも重い負担が使用者に課せられるはずの差別禁止法の方がより重い立証負担を労働者側に課し，また，法的制裁も軽くなるという逆転現象が生じることも指摘されている。

第三は，集団的労使自治が尊重されるべきだとする点である（判旨③④参照）。判決では，私的自治や労使自治に裁判官が介入することは，市場の実態を知る立場にない裁判官が職務の評価をすることにつながり適切ではないこと，また，それが本来保護されるべき当事者の意図（自己決定）に反することや契約のダイナミズムを損なうことが指摘されている。また，経済活動の自由（契約の自由）も平等原則や尊厳などと同様に憲法上保護された権利であって，どちらかが優越するものではなく，これらの調整は民主的制約のきく立法府によって行われるべきことも付け加えている。

第四は，判決では一般条項に関する議論が不十分であったことである（判旨⑥参照）。判決の時点では，一般条項（誠実原則および信義則）を根拠に，個別契約や使用者の一方的行為のみに均等待遇原則を認める学説[10]がすでに提示されていた。この学説の主眼は，労働協約については裁判官の審査は否定するが，個別契約や使用者の一方的決定には一定度の審査を許容しようとするところにあった。しかるに，本判決は，一般条項に関して言及するものの，労働協約以外にのみ一般条項を用いた審査を提唱するこれら学説に対応した議論はされていない。

(2) 判例のさらなる動揺と96年判決による判例の確立

(a) さらなる動揺

93年判決以後は均等待遇原則を直接に認める判決は見られなくなる。しかし，この時期，同原則は認められないとしつつ，一般条項を根拠に，一定の場合に同一の職務を行う労働者間で生じた待遇の格差は違法になるとする判決があら

---

10) 学説を紹介したものとして，M. TREMOLADA, *Autonomia privata e parità di trattamento fra i lavoratori,* CEDAM, Padova, 2000.

個別報告③

われる。具体的には，①使用者の一方的行為から生じた格差に対して使用者側に正当事由の立証を要求する判決（1994年破毀院判決1530号など），②共同体的な労使関係を前提に，正当事由のない賃金格差は違法とする判決（1994年破毀院判決6448号），③個別契約の場面において一部少数の労働者に不利益を課す場合に生じた待遇の格差は違法となるとする判決（1995年破毀院判決11515号）が出ている。

これらの判決は，労働協約に対してもこの制限が及ぶとするもの（②）から，労働協約への制限は否定しつつ限られた場合にのみ制限を課すもの（③）まで射程とする範囲にばらつきがありながらも，格差に合理性がない場合には賃金差額分の損害賠償請求権あるいは契約上の賃金請求権が発生すると述べており，その実質においては一定の場合に均等待遇原則を認めるのに近い議論をしている。その意味で，93年判決が示した立場とは異質なものであった。

93年判決からわずか3年後にあらためて96年判決[11]が均等待遇原則を否定する議論を展開したのにはこのような事情があった。

(b) 事　案

原告労働者は，早期退職制度の適用を受けるために被告会社を退職した。この会社では，かつて企業協約に基づき退職した労働者全てに対して早期退職の奨励付加金を支給していたが，協約の定めがなくなった後も被告会社の裁量によってこれを支給していた。しかし，原告が退職した年にはこの奨励付加金が支給されなかったため，原告はこの奨励付加金の支払いなどを求めた。

(c) 判　旨

判決は以下のような理由から，改めて均等待遇原則を否定し，また，上記の諸判決で示されたような，一般条項を用いて一定の場合に賃金の格差を違法とする議論も認められないことを明らかにした。

①　私的自治に対する裁判官の介入は，民法典上「(全部あるいは一部) 無効，違法な契約の個々の条項の無効，強行的規定の違反」という形で現れており，[均等待遇原則を認めた場合裁判官がもつことになる] 契約内容を変更する権

---

11) Cassa. 17 maggio 1996, n.4570, in RIDL 1996, II, p.770.

限については,「非常に限定された場合」にしか認められていない。[私的自治一般に対する裁判官の介入が限定されているのだから]ましてや「労働協約に対して行使できる修正権限を裁判官はもたない」。[89年憲法裁判決が述べるように]労働協約は「交渉と折衝の成果と結果」であり,「一定の市場の状況における,利益の合致点,一致点,調整点たる規整である」。

② 裁判官による契約の規制は,「個別契約において認められず,ましてや労働協約については[そのような関与は]考えられない」。それは,「裁判官に対して労使を代理する能力を付与し,裁判官が,個人的な評価に基づいて,労使が最終的選択によって到達した均衡状態を破壊することを認めるから」である。

③ 使用者の一方的行為については,1994年破毀院判決1530号等があり,「この種の事例は本件で争われている事例でもある」。しかし,「均等待遇を求める私法上の権利は存在しない」。むしろ,[同一の労働でも]待遇が異なる状況は立法,すなわち,[有利原則を定めた]民法典2077条2項で認められている[12]。

④ 一般条項は,「契約関係内部の規律」にとどまり,「契約当事者の行為態様と履行態様」に関わるものである。したがって,これらの規定は,「契約上定められていない,すなわち契約上排除されている財産上の権利や義務を契約関係に新たに課すことはできない」。

⑤ ドイツ法に特徴的な共同体的な労使観は「イタリアの実定法上の規定と相容れない」。イタリアにおいて労働契約は,「交換的な契約」であり,そこでは,使用者の裁量的な行為に合理性を要求することはできない。

⑥ 特定の集団に対する不利益な取扱いもそれだけでは違法ではない。というのは,「法律のみが結果的な差別から保護される集団を定めるからである」。

(d) 判決の特徴

96年判決についても,判決の特徴として4点指摘することができる。第一は,同判決が93年判決の議論を再確認していることである(判旨①②に対応)。同判

---

12) 条文については,さしあたり風間・前掲注5)書を参照。

決は，93年判決と同様に，裁判官には内容審査権限や修正権限がないこと，裁判官には労使に代わって内容を規制する能力がないことを指摘しつつ，新しく，民法典の体系的解釈からもこれを裏付けている。

第二の特徴は，個別契約に関して言及し，個別契約においても均等待遇原則は否定されるとしている点である（判旨②③④に対応）。これは93年判決で未解決だった部分を補う意義がある。判決はその理由として，個別契約においても均等待遇原則は私的自治に対する介入として認められないこと，民法典に有利原則を認める条文があること，一般条項の適用は契約の内部（契約の履行態様など）の場面に限られることをいう。

第三は，第二点とも深く関わるが，一般条項に関する言及がされていることである（判旨④参照）。上述のように一般条項は契約の履行態様に関わる規定なので契約の補充的な効力，つまり，契約において当事者に新たに権利を与えるような効力はもたないとされる。

第四は，93年判決以後に救済を認めた判決を否定していることである（判旨③⑤⑥参照）。共同体的労使観は認められず，少数の労働者集団に対する不利益な取扱いもそれ自体では違法にならず，それを違法にするためには立法が必要であると述べる。また，使用者に立証責任を課す判決についても判旨③のところで否定されている。このように，判決は，一般条項を用いて一定の場合に救済する議論を否定した。

Ⅲ　まとめと分析

判決の特徴を整理する前に，イタリアの判例が前提としている状況について以下のことを指摘しておくべきであろう。つまり，判例で問題となってきたのは，日本で従来議論されてきたような正社員と非正社員間の待遇の格差ではない。イタリアでは，正社員間での格差，なかでも特に協約における公正さの確保と使用者の恣意的な権限行使の違法性が問題とされている。したがって，判例においては正社員・非正社員間の待遇格差の社会的公正さなどについては考慮がされておらず，それとは別の観点から平等原則と私的自治の関係が問題と

なっているのである。

　以上を前提としつつも，判例の議論には以下のような特徴が指摘できる。

　第一は，均等待遇原則と差別禁止を明確に区別していることである。93年判決は，差別禁止法制の発展だけでは均等待遇原則を根拠付けられないと述べる。

　その論拠として同判決が述べた理由のうち，注目すべきは，差別禁止法制がこれまで規制の対象としてきたのは人種や性に基づく社会的差別であり，これを禁止する立法があるからといって均等待遇原則がそのまま認められるわけではないと指摘する点である。差別禁止法が，元来，歴史的に差別を受けてきた集団を保護する人権保障的なものであったのに対して，均等待遇原則は，より一般的に，職務が同一の場合に同一の待遇をうけるとするものであるから，両者は一応別の問題として考えるべきとする判例の立場は説得力をもつだろう。

　もっとも，年齢，障害や性的指向といった新しいタイプの差別についてまでこの議論を敷衍できるかは一考の余地がある。これらの属性をもつ人々は，必ずしも歴史的に差別を受けてきた集団とは言い切れない面をもつからである。人権保障的な側面も，特に年齢差別については性差別や人種差別に比べて強くないと言える。本稿が扱ったイタリアの判例もこれらの新しい差別を想定したものではない。

　第二は，均等待遇原則は，全国産業別協約を中心とした労働条件決定の「結果」であり「規範」ではないということである。従来，日本の議論において，欧州では産業別の労働協約による職務給を中心とした賃金制度が存在し，それが同一労働同一賃金原則を認める社会的基盤として機能しているとされてきた。

　しかし，そのような社会的基盤をもつイタリアにおいても同一労働同一賃金原則は社会的実態であって，法的規範ではなく，規範化されやすい状態にあるというのにとどまる。

　第三の特徴は第二点に関する上記の判断の背景といえるが，判例は，私的自治，中でも労使自治を強調していることである。結局のところ判例が労使自治を強調するのは，均等待遇原則を認めることが集団的な労使自治の範囲の縮減あるいは均等待遇原則に対する労使自治の劣後という事態を引き起こすのを回避したかったからだと考えられる。

全国産業別協約を中心とした職務給の制度との関連でいえば，イタリアでは全国産業別協約による労働条件決定という社会的基盤が成立しており，労働協約に対して均等待遇原則による介入を認めることはその社会的基盤が裁判官の大きな影響力のもとにおかれることを意味するが，それを回避したいというのが判例の意図であったと考えられる。もちろん全国産業別協約では職務給を中心としたシステムが作られていて，その意味では，同一労働同一賃金であるが，それはあくまでも実態であり，労使がその実態に法的に拘束される必要はない。

第四点として，個別的な労使自治の場面（判例では使用者の一方的権限の行使の事例がほとんどである）を考察すると，判例はここでも均等待遇原則を否定している。これは一部の学説と異なる立場をとっていることを意味する。すなわち，一般条項等を根拠に個別的契約および使用者の一方的決定の場面においては均等待遇原則を認めるべきという一部学説と判例とは異なる立場にある。

では，なぜ判例は均等待遇原則を否定することを選んだのか。96年判決は，その理由に民法典の体系的解釈，私的自治の尊重，有利原則の存在，一般条項の性質という4点を挙げる。このうち最も重要なのは一般条項の性質に関わる議論であろう。上記の一部の学説の議論によれば，この一般条項を用いて使用者には格差の合理性を立証する義務が課される。その立証に失敗した場合には格差は違法となり，格差分の賃金請求権あるいは損害賠償請求権などが発生するとされているが，判例はこれを契約の補充的効力と述べ，そのような効力は認められないと結論付ける。しかし，その理由について判例は何も述べない。その意味では，この点に関する判例の議論は不十分と評価されよう。

以上が，判例の議論の特徴であるが，最後に，平等原則への私的自治への介入がいかなる形で可能なのかという観点からも考察する。この点から判例をみた場合に注目されるのは，裁判官が平等原則と私的自治の調整をする主体として適切なのかという問題を判例の議論が提起していることである。イタリアの判例には，93年判決にみられたように，平等原則も私的自治も同様に憲法上保障された権利であり，その調整は裁判官ではなく立法によっておこなわれるべ

---

13) 96年判決が個別的関係の場面でも均等待遇原則を認めないのには，このような価値判断もあると筆者は考える。

きという価値判断が存在している[13]。均等待遇原則を認めることは，裁判官が広く賃金格差の合理性を評価することを意味し，そこでは何が社会的に許容されるべきかの判断を全面的に裁判官に委ねることになる。このような大きな権限を裁判官に委ねることの適切さについては一考の余地があろう。日本の議論においても，この点を意識する必要があろう。

　もっとも，日本の議論でもイタリアの判例と同じ結論を採用すべきとは直ぐにいうことはできない。全国産業別協約が労使関係の基盤となっているイタリアと日本とでは労働条件の決定方法に大きな違いがあるし，上述のようにイタリアの議論は正社員・非正社員間の待遇格差を前提とはしていない。また，裁判官の裁量の余地の大きさが問題ならば，それが大きくならない法理を構築するという解決方法もある。したがって，日本の議論をするにはさらなる検討が必要であり，これは別の機会に考察したい。

　　　　　　　　　　　　　　　　　　　　　　　　（おおき　まさとし）

有利原則の可能性とその限界
―― ドイツ法を素材に ――

丸 山 亜 子

(宮崎大学)

I　はじめに――問題設定

　有利原則は，すでに検討され尽くした「過去の問題」と捉えられがちである。しかし，有利原則に関して考えられねばならない重要な問題はなお手つかずのまま残されている。その理由として，有利原則を巡る従来の議論の中心が，有利原則を肯定するか否かにあり，有利原則の適用を原則として認めない有利原則否定説が通説とされてきたことが挙げられよう。否定説は，労働基準法13条が「基準に達しない」と定めているのに対し労働組合法16条では「基準に違反する」と定めていることや[1]，組合の統制力の弱体化への危惧[2]から，有利原則の適用を認めるべきでないとする。しかし，否定説も有利原則の適用を一切排除する訳ではなく，たとえば「個々の労働協約の趣旨」[3]に則して協約で最低条件を設定したと考えられる場合には有利原則の適用を認めている。他方で，労働条件の個別化への対応や労働者の自己決定権への配慮から，有利原則を肯定すべきとする論者[4]も，無限定に有利原則を認める訳ではなく，「協約当事者の意思」に基づき，「協約より有利な労働条件が合理的な根拠にもとづく限りにおいて」[5]その適用を認めるとする。すなわち，いずれの説からも，協約の規定を

---

1) 深瀬義郎「労働協約の規範的効力」『労働法体系2　団体交渉・労働協約』（有斐閣，1963年）132頁，森長英三郎『労働協約と就業規則』（労働法律旬報社，1953年）61頁以下。
2) 外尾健一『労働団体法』（筑摩書房，1975年）638頁，川口實「ドイツ労働協約法における『有利の原則（Günstkeitsprinzip）』について」『慶應義塾創立百年記念論文集第一部』（1958年）395頁など。
3) 菅野和夫『労働法（第八版）』（弘文堂，2008年）554頁。

手がかりとして協約当事者の意思を探り,有利原則の適用を検討する点では共通する。

　それでは,有利原則の適用が認められるのはどのような場合であろうか。有利原則を肯定できる場合としてよく例に挙げられるのは,協約当事者が有利原則を容認し,協約基準を最低条件にすると定めているような場合であるが,この場合も,協約と異なるあらゆる取り決めを有効とすることまでは想定されておらず,その取り決めが協約よりも明らかに不利な場合には,有利原則の適用は否定されよう。そうすると,有利原則の適用の可否の段階で,いずれの労働条件が有利か不利かの有利性判断がされることになる。しかし,労働条件の有利不利が一見して判別できるケースはそれほど多くはない。たとえば,以下のような事例において,有利不利の判断はきわめて困難である。すなわち,時給制で雇用されているパートタイム労働者について,就業規則を変更することなく,短期間かつ一時的なワークシェアリングを労働契約によって導入したとする。休日を増やし賃金を減額する点については労働者に不利であろうが,他方で,雇用の保障を約束されているならば,この点については労働者に有利である。にもかかわらず,この取り決めは,労働契約法12条が禁ずる,就業規則を下回る合意にあたると考えられるのであろうか。

　ところで,この事例は協約と契約ではなく就業規則と契約との関係が問題となっているため,そもそも有利原則の問題ではないと捉えられる可能性もあろう。しかし,有利原則を協約と契約との関係に限定する必然性は実際のところ存在しない。協約と契約にかぎらず,就業規則と労働契約,法律と就業規則／労働契約／労働協約について,前者の規範は後者の規範に対し強行性を持ち,後者の規範によって前者の規範を下回る取り決めをすることは許されないが,

---

4) 労働協約による私的自治の排除が認められるのは,使用者へ経済的に従属する労働者を保護するためであることに着目し,協約の強行的効力は協約が労働条件を改善する場合のみ片面的に働くとする花見教授の指摘を機に,有利原則の再評価の機運が高まることとなった(花見忠「労働協約と私的自治」学会誌労働法21号［1963年］56頁)。有利原則論肯定説の動向については,丸山亜子「ドイツにおける有利原則論の新展開(1)」法学雑誌48巻2号(2001年)584頁以下も参照のこと。

5) 西谷敏『労働法』(日本評論社,2008年)532頁。

個別報告④

　この強行的効力は，後者の規範が労働者に有利であれば解除されることになる。つまり，規範間の強行性に関して劣位にある（上記における後者の規範にあたる）規範に対して向けられる強行的効力を，その規範が労働者に有利な場合に限って制限するのが有利原則であると理解するならば，本事例のように就業規則と（強行的効力との関係で劣後する）契約との関係にも，有利原則を適用する余地が生じうる。そこで今度は，雇用の保障と引き替えになされる休日増加や賃金減額が労働者にとって有利といえるかの検討に移ることになるが，どういった基準に拠り有利性の有無を判断するか，日本ではいまだその手法が確立されていない。現在，労働条件の個別化や就業形態の多様化等が進んでいることや[6]，労働契約法の施行後，とりわけ就業規則と契約との関係が焦点となりつつあることを考慮すると，協約と契約との関係についてはもちろんのこと，協約と契約以外の関係についても有利性比較の手法を検討しておく必要があると考える。

　こうした有利性比較をめぐる問題の解明にあたっては，ドイツでの議論がたいへん参考になる。ドイツでは，明文規定で有利原則が認められ，かつ，有利性比較の判断基準をめぐって極めて精緻な理論が形成されているからである。また，ドイツでは日本と同様に，国際競争の激化や経済状況の悪化を経験し，その際，有利原則と絡めて協約の役割がつねに問題とされているため，そうした議論は日本でも参考になる点が多い。したがって，本論文では，ドイツ法を素材としつつ，有利性比較の問題から垣間見える有利原則の可能性およびその限界を明らかにすることを目的とする。

II　有利原則とは何か——その根拠と機能

　有利性比較について具体的な検討に入る前に，有利原則の根拠と機能をまず確認しておきたい。ドイツでは，有利原則について労働協約法4条3項で以下のように規定されている。「（協約の規定と）異なる取り決め（Abmachungen）は以下の場合にかぎって許される。それはすなわち，そうした取り決めが協約に

---

6)　西谷・前掲注5）書532頁。

よって許容されている場合，あるいは労働者に有利な規整の変更を含んでいる場合である。」この「あるいは」以降の部分が，有利原則の明文上の根拠とされる。労働協約法4条3項は強行規定であるので，労働協約を通じた有利原則の排除は認められない。加えて，実質的根拠については以下のように説明される。労働者が従属的な立場に置かれていることから，労働法上さまざまな保護を必要とするという「労働法上の保護原理」に基づき，労働協約を通じた集団的労働条件形成も一方で許されている。しかし他方で，労働者を保護するために置かれた国家的規制や集団的規制の強行的効力は，あくまで労働者保護に必要なかぎりで認められるため，それが必要ない部分においては私的自治に委ねる余地が生じ，その部分について有利原則が適用されると考えられる。こうした理解に基づき，有利原則は私的自治を体現する包括的な原則として労働協約法の範囲を超えて適用すると理解されており，判例でも，契約と協約との関係にかぎらず，下位の序列にある規整一般との関係にも有利原則の適用が認められている。その結果，協約—契約，協約—経営協定，経営協定—契約，強行法規—協約／経営協定／契約といった各規整間にそれぞれ有利原則が妥当することになり，後者の規定は前者の規定を上回る限りで有効とされる。

　私的自治に有利原則を根拠づけるこうした考え方は，戦後になって広まったものであり，それ以前は，集団的に取り決められた秩序（事業所上の統一的規整など）については，新たに取り決められたものが優先するという発想，すなわち秩序原則（Ordnungsprinzip）に基づき，以前の規定がより有利であっても新たな規定を原則として適用する一方で，労働者が特別の成績をあげた場合にかぎり，その成績に応じてよりよい労働条件の取り決めを例外的に認めるという成績原理（Leistungsprinzip）に基づき，有利原則を認めていた。しかし，有利

---

7) 有利原則を初めて規定した1918年労働協約令では，協約上の規定を通じて協約当事者が有利原則を排除できるとされていた（1条1項第2文）。
8) 丸山亜子「ドイツにおける有利原則論の新展開（2・完）」法学雑誌48巻3号（2001年）837頁。
9) 詳細については丸山・前掲注4)論文597頁を参照のこと。
10) 経営組織法77条3項・87条1項に基づき，労働時間の長さや賃金額といった実質的労働条件については開放条項がないかぎり経営協定で定めることは許されないとされるため，実際上はそれ以外の労働条件部分にしか有利原則の適用ができないことになる。

原則をこのように理解するならば，労働者が特によい成績をあげた場合以外には有利原則を適用できないことになり，有利原則の適用範囲を狭めすぎるとして，現在では秩序原則の例外として成績原理に有利原則を根拠づけることはしない。その結果，「理由や動機にかかわりなく」[11]，私的自治，とりわけ契約自治に基づき有利原則が広く認められるようになり，いまや有利原則の役割は労働条件規整システム全般の整序にまで及ぶに至った。また，有利原則の根拠を私的自治に見出だすようになったことは，取り決めの有利・不利をいかに判断すべきかといった有利性判断にも影響を及ぼしている。以下では，有利性比較の判断方法について検討する。

III 労働者にとって「有利」とは？──有利性比較の判断方法

1 比較の対象

有利性比較の判断においては，何と何を比較の対象とするか，つぎに何を基準に有利性の有無を判断するかが問題となる。まず，何と何とを比べるかという比較の対象を確定するにあたり，規範間の強行性に関して優位にある規範（以下ではこれを上位規範と称する）がどのような性格を持ち誰が制定したものかによりその扱いが異なる。たとえば強行法規が上位規範である場合，強行法規を定めた立法者の意図が問題になるが，休暇なら休暇，賃金なら賃金について立法者は個別に定めるつもりであったと考えられるため，強行法規と他の取り決め（協約・契約等）については，問題となっている事項を規定から切り出して一つ一つ比較するという分離比較の手法が古くから用いられている[12]。この手法は何を比較の対象とするかがつねに明確なので，法的安定性にも資するとされる[13]。

他方で，協約が上位規範の場合，すなわち，協約と他の取り決め，とりわけ

---

11) Wank, in : Wiedemann, Tarifvertragsgesetz, 6. Aufl., 1999, S. 1092, 1095.
12) Wlotzke, Das Günstigkeitsprinzip im Verhältnis des Tarifvertrages zum Einzelarbeitsvertrag und zur Betriebsvereinbarung, 1957, S. 82f.
13) 丸山・前掲注4）論文602頁。

契約との関係が問題になる場合，協約自治に基づき，契約を下回る労働条件を契約よりも有利な条件で埋め合わせたり，逆に，契約自治に基づき，協約を下回る労働条件を契約よりも有利な条件で埋め合わせたりということも珍しくない。にもかかわらず分離比較を用いて個々の事項をばらばらに比較すると，協約当事者・契約当事者の意思に反して，協約を下回る規定が即座に無効とされかねない。したがって，この場合は，契約自治および協約自治への配慮から，明確な内部的関連性を持つと考えられる規定内容をそれぞれ比較するといういわゆる事項群比較（der Sachgruppenvergleich）の手法が採られることになる。この内部的関連性の有無は取引通念（Verkehrsanschauung）を手がかりとして，客観的に判断されるが，それにとどまらず，契約当事者および協約当事者（とりわけ前者）がそれぞれの労働条件を関連づける意図があったかも併せて考慮される。[14] そのため，事項群比較の手法は，当事者の意思発見に資するとして判例・通説において協約と契約との関係にとどまらず広く用いられている。なお，分離比較と事項群比較のいずれの手法を用いた場合も，双方の規整が「比較の対象にならない」とされた場合には実質的な有利性審査をなすまでもなく有利原則は適用されない。したがって，比較の対象の確定は，有利原則を適用するかどうかの事実上の第一関門となっているともいえよう。

2 有利性比較の判断基準

つぎに，比較の対象が確定した後，各規整をどのように比較するか，すなわち有利性比較の判断基準については，個々の労働者の主観によるのではなく，「思慮分別のある労働者（ein verständiger Arbeitnehmer）」ならどう考えるかという客観説が伝統的に支持されている。[15] その理由として，とくに協約と契約との関係において，当該労働者による主観的判断を際限なく認めてしまうと，個別契約上の取り決めが広範囲に効力を持つ結果，協約の保護機能および協約自治を損なう危険があるということが挙げられる。[16] さらに，客観説に基づく有利

---

14) Däubler, Tarifvertragsrecht, 3. Aufl., 1993, S. 143.
15) Wiedemann/Stumpf, Tarifvertragsgesetz, 5. Aufl., 1977, S. 542ff.
16) Wiedemann/Wank, Tarifvertragsgesetz, 7. Aufl., 2007, S. 1353f.

個別報告④

性判断は，上位規範を制定した当事者の意思に沿ったものとなり，労働者保護にも資することから，多くの論者は各規整の性格の違いを問題とせず客観説を適用すべきとしている[17]。

　それでは，この客観的基準を実際に適用するとどうなるであろうか。より多い休日あるいは10％多い賃金を取り決めた場合，「思慮分別のある労働者」がその規定を有利であると考えるのは明らかであり，こうした場合には客観的基準がうまく機能する。それに対し，協約より長い労働時間と協約より多い賃金を同時に取り決めた場合，客観的にいずれの規定が有利か，にわかには判断がつかない。このように有利性が中立的で規定の有利不利が判断できない場合には，原点に戻って有利原則とは何かということから考え直す必要があろう。この点につき，たとえばレーヴィッシュ教授は，私的自治が機能する領域と協約自治が機能する領域につき，いわば両者の線引きを行うのが有利原則であるとする。すなわち，労働者保護を目的とした協約部分は契約自治よりも優先されるが，保護目的が維持されていない協約部分については有利原則が認められるというのである[18]。こうした立場から，客観説の「思慮分別のある労働者」という基準では判断がつかない，労働者の個人的な生活設計に属する問題については，労働者の個別事情に応じた選択権が与えられているかどうかを基準に有利性の有無の判断を行うと主張する。たとえば協約で週労働時間を44時間としている場合，契約で週労働時間を48時間に延長できるかについて，ドイツの労働時間法によると週労働時間は週48時間を超えなければよいとされるため，週44時間および48時間の取り決め自体はいずれも法律違反とはならないものの，週労働時間を44時間とする協約規定を定めたとき，協約当事者は労働者の健康保護を目的としており，この労働時間を上回ることは基本的に許されないと考えていたことが想定される。そこで，協約規定を超えて週労働時間を48時間とする取り決めは，協約上の価値判断と矛盾し協約自治と抵触するとみなされ，こ

---

17)　丸山・前掲注8)論文809-813頁，819-821頁参照。
18)　Löwisch, Die Freiheit des Arbeitnehmers in der sozialen Marktwirtschaft：Freiburger Universitätsblätter, 1992, S. 38；Löwisch, in：Münchener Handbuch zum Arbeitsrecht, Band 3, Kollektives Arbeitsrecht, 1993, S. 366.

の場合には私的自治が機能する余地はない。すなわち，有利原則の適用は認められないことになる。

　他方で，協約で週労働時間を35時間と定める場合，契約で週労働時間を38時間に延長できるかは，協約上の週労働時間が35時間と40時間を大きく下回っていることから，協約規整の目的はすでに健康保護にはないと考えられ，個別事情に応じた選択権が労働者に認められているかを基準に有利性を判断すべきとされる。そして，協約規定と契約規定のどちらを選ぶかは労働者の自由意思に委ねられる。ただし，こうした選択権は無制限に認められるわけではなく，第一に，個別契約上の規整が労働者の主観的利益を考慮するとより有利であること，第二に，適切な期間経過後，協約規整に戻ってくる可能性が保障されていること，といった二つの条件を満たす必要がある。このように解することで，協約自治を損なわずに私的自治が認められるとされる。[19]

　こうした選択権説に対しては，客観説をいかなる場合も貫徹すべきとする，いわゆる「純粋」客観説の論者から，労働協約の強行性を契約当事者の意のままにすることを許すものであると批判されている。[20] しかし他方で選択権説は，客観説でこれまで排除されていた個々の労働者の主観的意思を有利性判断に取り込みながら，労働者保護や協約自治にも一定程度は配慮できることから，支持者を増やしており，協約と契約との関係のみならず，経営協定と契約との関係等にもこの基準を広く適用すべきとも主張されている。[21]

　ただし，選択権の有無を基準にしたとしても，有利性判断が一筋縄にはいかない場合もある。たとえば，協約よりも長く働き，その分の賃金補整もないといった，一見すると協約よりも不利な取り決めも，協約賃金を維持した結果会社が倒産するよりは労働者にとって有利と考えられないだろうか？　1984年，アドマイト教授がこのような問題提起をしたが，当時，彼の主張は従来の常識にそぐわないものとして激しい非難を浴びた。しかし，経済状況の悪化に伴い，

---

19)　Löwisch, Die Freiheit des Arbeitnehmers, a. a. O., S. 39f.
20)　Däubler, Das Arbeitsrecht 1, 2006, 810f.
21)　Blomeyer, Das Günstigkeitsprinzip in der Betriebsverfassung, NZA 1996, S. 344 ; Löwisch, Taschenkommentar zum Betriebsverfassungsgesetz, 4. Aufl., 1996, S. 321.

こうした取り決めが法的に許されうるかが真剣に議論されるようになっている。日本でも昨今の経済危機により同様の問題が生じつつあり，参考になると考えられることから，議論の背景および内容を以下で述べる。

　まず，労働時間を協約よりも短縮しそれに伴う賃金補整をしない（あるいは不十分にしかしない）と取り決めた典型的なものとしては，1994年にフォルクスワーゲンとIGメタルの間で結ばれた，週労働時間を35時間から28.8時間に短縮する取り決めが挙げられる。時短に伴う賃金補償をしない代わりに，経営上の理由に基づく解雇もしない旨を取り決めたいわゆる「雇用保障協定」は，他の金属産業・電機産業でも同時期に結ばれるに至っている[22]。ただし，注意を要するのは，この協定が契約や経営協定ではなく，協約で取り決められているということである。ドイツでは通常，労働時間の取り決めは協約によることから，「雇用保障協定」は新協約による旧協約の変更にあたり，こうした同ランクの規整の変更においては，「交替原則（Ablösungsprinzip）」（新しい取り決めによって古い取り決めが排除される）が適用される。そのため，「雇用保障協定」は本来，有利原則との関係では問題にならないはずである。しかし，賃金額が大きく低下する場合や時短が長期にわたる場合には，労働者に与えるダメージが大きくなるため，有利原則，とりわけ有利性比較をめぐる前述の議論を参考に，「雇用保障協定」に以下のような制限をつけることが提案されている。すなわち，賃金の低下額と期間を制限すべきではないか[23]，あるいは，一定期間において，協約上の労働時間短縮の申し出を受け入れるか従来の労働時間のまま働くかの選択権を保障すべきではないかといったことである[24]。

　ちなみに，労働時間短縮と引き替えの雇用保障が協約ではなく契約等によって取り決められた場合には，次章で紹介するケース，すなわち協約より労働時間を延長する一方で延長分の賃金割り増しはしない，あるいは不十分にしかしないと取り決めた場合と同様の難問に遭遇することになる。以下ではこうしたケースをめぐる問題について検討する。

---

22)　和田肇『ドイツの労働時間と法』（日本評論社，1998年）24頁。
23)　Kempen/Zachert, Tarifvertragsgesetz, 4. Aufl., 2005, S. 960.
24)　Rieble, Krise des Flächentarifvertrages ?, RdA 1996, S. 156.

Ⅳ 有利原則の「限界」?

　ところで,協約より労働時間を延長する代わりに賃金を増額する取り決めや,協約より労働時間を短縮し,賃金補整はしない取り決めは,前者は賃金が増える点,後者は労働時間が短くなる点において労働者に有利であると判断される余地があるが,協約より労働時間を延長し,延長分の賃金割り増しはまったくしないかあるいは不十分にしかしない場合,単独では明らかに不利とみなされる取り決めとなる。さらに,こうしたケースは,一見,労働時間の長さが問題になるようであるが,実際は,労働時間自体よりも,賃金補整がないかあっても不十分であること,すなわち賃金額が問題とされる。このように協約水準よりも下回る労働条件を取り決める代わりに,雇用保障をなすことを「雇用のための同盟」(Bündnisse für Arbeit)と呼び,連邦労働裁判所1999年4月20日決定(いわゆるブルダ事件)で,この「雇用のための同盟」が有利原則との関係において認められるかが実際に争われた[25]。一定期間の雇用保障と引き替えに労働時間を延長するが,延長分の報酬は一部分しか支払わないと取り決めた契約上の統一的規整について,連邦労働裁判所は,有利原則を理由に効力を否定した。その理由としては,雇用保障と,労働時間・賃金とは「なしとりんご」の関係,すなわち完全に異なる規整対象なので,事項的関連になく相互に比較できないこと,労働協約法の趣旨(労働者保護を目的として協約に規範的効力を付与)に鑑みると,賃金や労働時間などの労働条件の悪化を雇用保障によって正当化できないこと,雇用保障に際して生じうるさまざまなリスクを考慮しつつ客観的に有利性の有無を判断するのは困難であることが挙げられている[26]。したがって,この決定は雇用保障と引き替えの労働時間延長のみならず,雇用保障と引き替えの賃金切り下げの可能性も否定していると解され,従業員代表委員会や企業にとって厳しい決定ともいえよう。しかし,「雇用のための同盟」について協約以外の取り決めが広く認められると,協約自治の根幹を揺るがすことにもな

---

25) BAG 20.4.1999, AP Nr.89 zu Art.9 GG.
26) BAG 20.4.1999, AP Nr.89 zu Art.9 GG.

りかねないため,裁判所は慎重な立場を崩しておらず,立法によってこの決定を回避しようとの試みも失敗に終わっている[27]。

すなわち,協約より労働時間を延長し,延長分の割増賃金を支払わないといった取り決めについては,たとえ一定期間の雇用保障が準備されていたとしても,「比較の対象」の確定に際して第一段階の審査を通過できないため有利原則が適用されないことになる。その結果,現在,ドイツでこうした取り決めをするには,協約自体で取り決めるか,異なる取り決め（主に経営協定）をすることを協約で許容する（開放条項を用いる）か,企業別協約で取り決めることになり,いずれにせよ協約当事者の関与は欠かせない[28]。また,この決定の論理を貫徹すると,協約よりも労働時間を短縮し,短縮分の賃金補償をしない代わりに雇用保障をするという,いわゆる「雇用保障協定」（上記Ⅲ2参照）についても協約以外で定めることは許されない可能性が高くなる。

こうした連邦労働裁判所の決定には,協約の硬直化をもたらすなどといった批判がなされており[29],有利原則の「限界」を示しているようにも見える。しかし,有利性比較の対象を厳密に確定することを通じ,有利原則の濫用,すなわち,雇用保障を名目にした労働条件の切り下げを防げることから,この決定は一定の支持が得られている[30]。

Ⅴ 結びにかえて

以上により,次のことが確認できよう。有利性判断に際して,比較の対象を厳格に審査することで,経営協定や契約により労働条件を切り下げ,それと引き替えに,種類が異なる労働条件で埋め合わせることを一定程度防げるし,当

---

27) 丸山亜子「雇用保障と有利原則」日独労働法協会会報9号（2008年）75-78頁。吉田和央「ドイツの協約自治システムと労働条件決定の個別化」日独労働法協会会報6号（2005年）48頁以下にも詳細な説明がある。
28) 詳細は,丸山・前掲注27)論文79頁を参照のこと。
29) Buchner, Unterlassungsanspruch der Gewerkschaft—Stabilisierung oder Ende des Verbandstarifvertrages?, NZA 1999, S. 901f; Adomeit, Der Tarifvertrag—liberal revidiert, NJW 2000, S. 1918ff.
30) Kempen/Zachert, a. a. o,. S. 1002.

事者意思へも配慮可能となる（一段階目の審査）。また，比較の対象の段階での審査をクリアできても，有利性判断に際して，協約規定が労働者保護を目的としており，私的自治を認める余地がないと判断された場合には，有利原則は適用されない（二段階目の審査）。すなわち，有利原則を適用するには，まず二段階の審査をクリアする必要があり，それにより，有利原則に名を借りた労働条件の一方的引き下げも一定は食い止められるのである。

　つぎに，二段階の審査をクリアした後になされる実質的な有利性比較は，強行法規と協約等には分離比較，その他の規整間には事項群比較により比較の対象を確定した上で，判断基準については，客観説に加えて選択権説も併用することで，客観説では判断がつかない，有利性が「中立的」な場合には私的自治にウェイトを置きつつ，各規整間の有利性を適切に比較できる。

　このような有利性比較の判断方法は，日本においても参考になると考える。たしかに，就業規則の存在や，労働協約が産業別でなく企業別に締結されていることなど，労働条件決定システムのあり方は日独で相当異なるが，ドイツの有利性比較をめぐる議論を見ると，強行法規は別として，労働協約や経営協定といった各労働条件規整の持つ性格の違いは意外にもさほど意識されておらず，各規整間に同一の有利性比較判断基準を等しく適用することを前提とするものが多い。そこで考慮されているのは，集団的自治と労働者の私的自治との関係をいかに調整し，いかに過不足なく労働者保護を行うかといった観点であり，こうした観点は日本での労働条件整序の方法を考える際にも欠かせないものであろう。

　なお，比較の対象を確定する手法として，日本では労働基準法とその他の規整については分離比較が妥当し，協約と就業規則，協約と契約には事項群比較が妥当すると思われる。ドイツでは立法者意思および当事者自治への配慮から，強行法規については分離比較，協約については事項群比較と比較の手法を使い分けており，日本でも同様の配慮が必要となるためである。したがって，冒頭に挙げた例，すなわち，契約を通じて時給制のパートタイム労働者にワークシェアリングを導入する場合，就業規則と契約との比較に際して，事項群比較に基づき比較の対象を確定することになる。しかし，事項群比較によると雇用保

個別報告④

障と労働時間とは比較の対象となり得ないため，有利原則は適用されず，取り決めの効力が否定される。その結果，有利原則を肯定した場合に懸念される，たとえば雇用保障とバーターの労働条件切り下げは生じ得ない。労働条件規整システムを有利原則によりこのように整序することで，各労働条件規整手段間の関係，とりわけ就業規則と契約との関係の明確化が図れよう。日本においても有利原則の持つ可能性はまだまだ大きいのである。

なお，日本における有利性比較の方法および有利原則の適用範囲については今後さらに検討する必要があるが，[31]これについては他日を期すことにしたい。

（まるやま　あこ）

31）　報告後の質疑応答時に，川口美貴会員から，日本でどういった場面において有利原則の適用が可能かにつき，ご質問をいただいた。これについては，日本とドイツで協約の果たす役割や労働条件規整方法が異なることから，さらなる検討の上，他論文での回答を予定している。なお，川口会員からは，用語についてのご指摘もいただき，その点については本論文での修正を図った。貴重なご指摘に感謝したい。

回顧と展望

育児・介護休業法の改正 　　　　　　　　　　　　　　　　　　菅野　淑子
　　──父親が取得しやすい育児休業制度へ──
入管法の改正 　　　　　　　　　　　　　　　　　　　　　　　早川智津子
　　──新たな技能実習制度の意義と課題──

育児・介護休業法の改正
―― 父親が取得しやすい育児休業制度へ ――

菅 野 淑 子

(北海道教育大学)

I　はじめに

　現在までのところ，わが国の少子化傾向および人口減少傾向には大きな変化がなく[1]，より子どもを産み育てやすい社会への模索は続いている。そのような状況の下で，育児・介護休業法は一定の役割を果たすことが期待されている。

　父親の休業取得率は依然として低水準であり[2]，男女共同参画の観点からも，男性の取得を促進する必要がみとめられる。また，景気後退が続くなかで，子どもや介護の必要な親を持つ労働者が育児休業や介護休業を取得しにくくなっている。とくに育児休業の場合には，期間も長く，休業終了後も幼い子どもを抱えながらの就労となるため，労働者が十分に力を発揮できない状況に陥ることが多い。そのために使用者が事実上解雇と同様に辞めさせる，正社員からパートに転換させる等の不利益取扱いを行うケースが後を絶たなかった[3]。

　そこで2009年7月1日，第171回国会において育児・介護休業法が改正された。1991年の育児休業法としての成立以来，同法は幾度かの改正を経ながら男女労働者が共に利用しやすい休業法を目指してきた。今回の改正法は2010年6

---

1)　厚生労働省「平成20年人口動態統計月報年計（概数）」(http://www.mhlw.go.jp/toukei/saikin/hw/jinkou/geppo/nengai08/kekka2.html#k2-2) 参照。
2)　厚生労働省「平成19年度雇用均等基本調査」によれば，2007年度の育児休業取得率は女性：89.7％，男性：1.56％であり，2005年度の女性：72.3％，男性：0.50％から，男女ともに大幅に増加したものの，男性の取得率は低水準である。
3)　厚生労働省「現下の雇用労働情勢を踏まえた妊娠・出産，産前産後休業及び育児休業等の取得等を理由とする解雇その他不利益取扱い事案への厳正な対応等について」(2009年3月16日，http://www.mhlw.go.jp/houdou/2009/03/h0316-2.html)。

月30日(第一次施行2009年9月30日,第二次施行2010年4月1日)より施行される[4]。本改正は父親の休業取得促進に寄与し,育児休業取得者に対する不利益取扱いをなくすものになりうるだろうか。主な改正点について検討していきたい。

本改正の重要な点は,①「パパ・ママ育休プラス」制度をはじめとして,育児休業制度が父親にとっても利用しやすいように変更されたことであろう。その他にも,②子育て中の短時間勤務制度を設けることが事業主の義務とされると同時に,育児中の労働者に所定外労働を免除することも事業主の義務とされたこと,③子どもの看護休暇制度が拡充されたこと,④介護休暇(介護休業とは異なる)が新たに設けられたこと,⑤苦情処理制度等が整備されたこと,がある。順に解説および検討を加えていくことにする。

II よりフレキシブルな育児休業制度へ

1 「パパ・ママ育休プラス」(9条の2)

おそらく,今回の法改正においてもっとも重要な変更点のひとつであろうと思われる。新設された9条の2は難解な条文であるが,端的に言えば,子が1歳になるまでに労働者の配偶者がすでに育児休業を取っている場合に,労働者自身も同一の子についての育児休業を取れるようになったことに伴い,最長育児休業期間を変更するという趣旨である。

父親と母親の二人で同一の子について取得した場合に限り,最長期間が2ヶ月延長される結果,子どもが1歳2ヶ月に達するまでの休業が可能となった。前回の改正で,子どもが保育所に入れない等の事由にあたる場合,子どもが1歳6ヶ月になるまで休業を延長することができるようになったが(5条3項),今回の改正では,こうした事由にあたる以外にも休業期間が延長される選択肢が作られたことになる。ただし今回は,休業者ひとりが取得できる休業期間を延長する方法によるものではないことに注意が必要である。

---

[4] 従業員100人以下を雇用する企業の,短時間勤務制度の義務化,所定外労働免除の義務化,及び介護休暇の制度化に関する施行日は2012(平成24)年6月30日とされる予定である(2010年3月1日現在,政令未制定)。

母親は産後休業期間（8週間）と育児休業期間を合計して1年まで，父親は1年までと，休業取得者ひとりあたりの休業の上限は従来通りである。たとえば，母親ひとりで産後休業に続けて育児休業を取得するやり方では，産後休業期間8週間に加えて育児休業期間10ヶ月が上限であるところ，子どもが1歳になる前までに父親も休業を開始すれば，母親の休業が終わったあとも父親は子どもが1歳2ヶ月に達するまで休むことができる。この制度は，ふたりで休業すれば期間が延びるという点で，スウェーデンやノルウェー等，北欧の国々で行われている父親休暇（パパ・クォーター）制度に似ている。異なるのは，父親だけが取得できる休暇部分が固定的に定められているわけではないことである。

　注目すべきは，改正前の育児休業制度では，配偶者の産後休業期間を除き，配偶者が専ら子を養育することができる状況にある場合（育児休業中である場合も含む），当該労働者は育児休業を取得できないことがあったが（旧6条1項2号，旧育介則6条，ともに今回削除），今回の改正では母親と父親の育児休業期間が重なってもよいことになっている点である。

2　育児休業の複数回取得（5条2項）

　従来の育児休業は，厚生労働省令で定める特別の事情がある場合に再度取得することが認められていた以外は[5]，原則として同じ子どものための休業を，複数回に分けて取得することができなかった。

　したがって，産後8週間は母親が育児をできない期間であることを理由に，母親が専業主婦の場合であっても父親がその期間を休業することができたが[6]，その場合，原則として父親が再び育児休業を取得することはできなかった。

　本改正により，産後8週間のあいだに育児休業を取得した父親は，再度の育児休業取得の申出をすることが可能となった。父親に限定されるが，特別な理由がなくても休業の複数回取得が可能になったわけである。

---

5)　育児休業，介護休業等育児又は家族介護を行う労働者の福祉に関する法律施行規則（育介則）4条，平成21・12・28雇児発第1228第2号（通達）第2-2。
6)　前掲注5)・育介則6条3号。

回顧と展望①

Ⅲ　労働時間に関する配慮

1　短時間勤務制度の義務化 (23条)

　改正法では，今まで「勤務時間」と書かれていた部分が全て「所定労働時間」に書き換えられている。「所定労働時間」「所定外労働時間」「時間外労働時間」を明確に区別し，3歳未満の子どもを養育している労働者の要求に応じて，労使間で定めた労働時間である「所定労働時間」を短縮することを使用者に義務づけたのが改正法第23条である。なお，深夜業の制限（19条）に関しては変更されていない。

　改正前までは，1歳未満の子どもがいるが育児休業をしない労働者には「労働者の申出に基づく勤務時間の短縮その他の当該労働者が就業しつつその子を養育することを容易にするための措置」を，1歳以上3歳以下の子どもがいる労働者には「育児休業の制度に準ずる措置または勤務時間の短縮等の措置」を講じることが使用者に義務づけられていた。

　今回の改正では，これらを合わせて，3歳未満の子どもを養育しているが育児休業をしていない労働者（所定労働時間が短い労働者を除く[7]）に対し，「労働者の申出に基づき所定労働時間を短縮することにより当該労働者が就業しつつ当該子を養育することを容易にするための措置」を講じることが使用者の義務とされた[8]。しかし，これには適用除外が設けられている。当該事業主に1年未満しか継続雇用されていない労働者（第23条1項1号），短縮措置を講じないことに合理的な理由があると認められる労働者（同2号），業務の性質や実施体制上，所定労働時間の短縮措置を講じることが困難である業務に従事する労働者（同3号）については，過半数組合あるいは過半数代表との協定により，所定労働時間の短縮措置を講じないと定めることができる。

---

[7]　ここでいう「所定労働時間の短い労働者」とは，1日の労働時間が6時間以下であるものを指す（育介則33条の2）。
[8]　23条1項の「労働者」は，2条1項1号の労働者と同様，日々雇傭される者以外の労働者であれば，有期雇用労働者であっても適用対象となる（前掲注5）・通達第9-4-(2)）。

同条2項は，23条1項3号にあたるとして所定労働時間の短縮措置の適用除外とされた労働者に対する配慮を求める規定である。すなわち，所定労働時間の短縮措置を講じない場合には，労働者の申出により育児休業に関する制度に準ずる措置又はフレックス・タイム制，その他始業・終業時刻変更の措置を講じる義務を使用者に課している。同条1項3号にあたる労働者とは，国際線の客室乗務員等，就労形態や就労時間帯が不規則な職種が想定されている（平成16年厚生労働省告示第460号第2の9(3)）。

　所定労働時間のどの程度の短縮措置を使用者に義務づけるかに関しては，1日6時間程度の短時間勤務制度とされているが（育介則34条1項），事業主はそれ以外の選択肢を用意することも可能である。

2　所定外労働免除の義務化（16条の8）

　3歳未満の子どもを育てている労働者が請求した場合には，「所定外労働時間」を免除することを使用者の義務とする規定である。すでに述べたように，改正法では「勤務時間」との用語は使用せずに労働時間を3つに分類した。「所定労働時間」，「所定外労働時間」，「時間外労働時間」である。

　「所定労働時間」とは労使間で決めた労働時間であるので，必ずしも「法定労働時間」に一致しない。「所定外労働時間」には「法定労働時間」と「法定外労働時間」が含まれる。「時間外労働時間」は，一般に法定労働時間を超えて働いた分を指すので「法定外労働時間」である。

　同条は過半数組合あるいは過半数代表と使用者との書面による協定で，勤続が1年未満の労働者（同条1項1号），1週間の所定労働日数が2日以下の労働者（同2号，施行規則30条の8），といった条件にあてはまる労働者を適用除外とすることはできるものの，3歳未満の子を養育する労働者は，請求すれば「所定労働時間」を超えて「所定外労働時間」を働くことを免除される。労働者は1ヶ月以上1年以内の期間を明らかにして請求することが求められ，この期間は「時間外労働」の免除申請をする期間と重複しないようにしなければならない（16条の8第2項・17条2項）。他方，小学校入学前までの子を養育する労働者は「時間外労働」の免除申請ができることになっており（17条1項），改正前と

同様である。

「所定外労働時間」を免除されれば，「時間外労働」も含めて免除されることになるので，先に述べた重複禁止規定がある。3歳未満の子を養育する労働者のために設けられた「所定外労働」免除は，小学校入学前までの子を養育する労働者に比較して手厚い保護規定であるといえる。

IV　看護休暇の拡充と介護休暇（新設）

1　子どものための看護休暇の拡充（16条の2）

従来の育介法においては，小学校入学前の子どもが怪我や病気にかかった場合に，親である労働者が1年に5日間の休暇を取得できていたところ，今回の改正においてはこの休暇の規模が拡大され，小学校入学前までの子どもが2人以上居る場合には，10日間まで認められるようになった。同時に，休暇の取得要件も拡張され，子どもに予防接種や健康診断を受けさせるためにも，取得が認められるようになった（育介則29条の3）。

6条1項1号は，16条の3の2項によって「当該事業主に引き続き雇用された期間が6月に満たない労働者」と読まれるので，6ヶ月継続して雇用されていれば看護休暇を取得できる。かつ，5条3項により，有期雇用労働者についても一定の要件を満たせば本法の「労働者」と定義されているので，それらの要件を満たしていれば看護休暇の取得が許されるものと考えられる。したがって，年次有給休暇をわずかしか持たない労働者や有期雇用労働者にとって，看護休暇はとくに大きな意味を持つと予想される。

しかし，使用者に課せられている義務は看護休暇を有給にするものではないので，年次有給休暇がある場合，そちらが優先的に消化される傾向に変化はないであろう。今後は，看護休暇や次に取り上げる介護休暇について，有給とされる動きが欲しい。

2　介護休暇の新設（16条の5）

介護休業（要介護家族1人あたり3ヶ月）とは別に，「介護休暇」が新設された。

日数は看護休暇と同様，1年度につき対象家族1人あたり5日間で，対象家族が2人以上の場合は10日間となる。

介護休業は，法制定当初から「最長93日間」であり，今まで変更されていない。したがって年5日又は10日の介護休暇の新設は，この介護休業制度を拡充する側面を有することになる。労働者にとっても，1日単位で取得できる介護休暇は利用しやすく，一定のニーズもあると思われる。

V 苦情処理制度と紛争処理制度

改正法では初めて，紛争解決についての条項が示された。

まずは自主的解決を図ることが前提である（52条の2）。事業主は，第2章から第5章まで（育児休業，介護休業，看護休暇，介護休暇），23条（所定労働時間の短縮措置等）および26条（労働者の配置に関する配慮）に関し，労働者が苦情を申し出たときに対応するため，事業所内に苦情処理機関をおく等して自主的な解決を図るように努めなければならない。

そして，こうした事項に関わる労働者と事業主の紛争は，個別的労働関係紛争の解決の促進に関する法律4条を適用せず，本法の52条の3を適用する。すなわち，当事者の双方か又は一方から解決の援助を求められた時は，都道府県労働局長が必要な助言，指導又は勧告をすることができる。調停制度も設けられた（52条の5・52条の6）。これは男女雇用機会均等法の紛争処理制度（同17条以下）と同様で，一般の個別的労働関係紛争解決より手厚くなっている。

また，本法の各規定に違反しているとして厚生労働大臣が事業主に勧告したが，事業主がこれに従わなかった場合には，企業名とその旨を公表することができるようになった（56条の2）。対象となる規定は以下のとおりである。6条1項（育児休業申出，および育児休業からの適用除外），12条2項（介護休業からの適用除外），16条の3第2項（看護休暇からの適用除外），10条（育児休業申出あるいは育児休業をしたことを理由にした不利益取扱い），16条（介護休業申出および介護休業をしたことを理由にした不利益取扱い），16条の4（看護休暇申出および看護休暇をしたことを理由にした不利益取扱い），12条1項（介護休業申出），16条の3第1項

（看護休暇の申出），17条1項（育児を行う労働者に対する時間外労働の制限），18条1項（介護を行う労働者に対する時間外労働の制限），19条1項（育児を行う労働者に対する深夜業の制限），20条1項（介護を行う労働者に対する深夜業の制限），23条（所定労働時間の短縮措置等），26条（労働者の配置に関する配慮），52条の4第2項（紛争解決を求めた労働者に対する不利益取扱い）。これらの規定に違反し，厚生労働大臣からの勧告を受けてなお従わない場合には，企業名公表というペナルティが課される。

その他，罰則規定も加えられた。厚生労働大臣はこの法律の施行に関し必要があると認めるときには，事業主に対して報告を求めることができるが（56条），この報告を怠ったかもしくは虚偽の報告をした事業主は20万以下の過料が課される（68条）。

VI　おわりに

このように育児・介護休業法には，いくつかの機能的な制度が組み込まれた。第一に，育児休業を両親がふたりで取得できれば休暇期間が延長可能とされたこと，および父親が産後8週間の間に休業しても再度の休業申請が可能とされたことである。第二に，育児休業をしない3歳未満の子どもを育てる労働者が希望する場合には，使用者は1日6時間程度の短時間勤務制度を利用させる義務を負うようになり，全面休業以外の短時間勤務という選択肢につき，労働時間を明確に提示し保障していることである。第三に，育児休業や介護休業，さらには看護休暇，介護休暇の取得に関わって不利益があった場合の苦情処理制度や紛争処理制度が作られ，罰則規定も加わったことである。

第一の点については，これらの措置により，男性の育児休業取得率が一定程度上がる効果は見込めるが，実際の運用については景気の動向に左右されやすいため，今後を見守る必要がある。第二の点については，6時間程度の短時間勤務が選択できるなら，休業せず子育てをしたいと考える労働者は相当数にのぼると考えられるため，今回の改正の中では実はもっとも待たれていたものではないだろうか。しかし，これは子が3歳未満である時期に限定されるので，

今後は小学校入学前まで，さらには保育事情が貧困な小学校入学後のせめて低学年まで，適用が拡張されるようになれば理想的であろうと思われる。第三の点については，事業所内部での苦情処理を原則としながらも，公表制度や助言・指導・勧告さらには調停制度が整備されたために，育児休業取得者への不利益取扱いは一定程度減少するのではないかと思われる。

(かんの　としこ)

入管法の改正
―― 新たな技能実習制度の意義と課題 ――

早 川 智津子
（岩手大学）

I　はじめに

　2009（平成21）年の第171回国会常会において，「出入国管理及び難民認定法」（以下，入管法という）の改正法[1]が成立し，同年7月15日に公布された。
　本稿では，今回の改正に至る経緯および改正入管法の概要について解説したうえで，外国人研修・技能実習制度の改正を中心に，改正入管法の意義とそこでクローズアップされるに至った課題を検討する。

II　入管法改正の経緯

1　平成元年入管法体制の問題点

　今回の法改正は，1989（平成元）年（翌年施行）の入管法改正（以下，平成元年入管法という）以降，最も包括的な改正となっている。平成元年入管法では，増加する不法滞在者の問題を背景に，不法就労助長罪の創設がなされるなか，関係法令の整備によって，「定住者」の在留資格を日系3世にも認めることになり，自動車・電機関連産業の集積地域において，ブラジルなど南米からの日系人労働者とその家族の流入が増大した。さらに，外国人研修制度につき，従

---

[1]　「出入国管理及び難民認定法及び日本国との平和条約に基づき日本の国籍を離脱した者等の出入国管理に関する特例法の一部を改正する等の法律」（平成21年7月15日法律79号）（以下，改正法という）。なお，本稿では施行以降の入管法条文を引用した。改正の概要につき，早川智津子「改正入管法と外国人労働者の雇用管理をめぐる法的留意点」労働法学研究会報2467号（2009年）4-22頁参照。

来の海外の関連会社の職員を受け入れる企業単独型に加えて、団体の監理のもとで中小企業にも研修生の受入れ（以下、団体監理型という）を認める制度改正がなされ、1993年には研修終了後に雇用関係のもとで修得技能の習熟を目指す技能実習制度が創設された。

しかし、平成元年入管法のもとでは、次のような問題が生じていた。

まず、①日系人労働者はその多くが派遣・請負といった間接雇用の形態で働いており、転居を伴う頻繁な就労先の変更が常態であった。しかし、外国人登録制度のもとでそれが登録に反映されないため、とりわけ日系人の集住地域において社会保険の未加入や不就学児童などの問題に直面したにもかかわらず、地域の外国人の居住状況を把握することが困難になっていた。

つぎに、②外国人研修・技能実習制度については、2008年末の外国人登録者数で、研修生は約8万7千人、技能実習生は約10万5千人と、受入れ数が増加した。このような増加を背景に不正事例も増加し続け、2008年の受入れ機関の不正行為件数は452件に上った[2]。そのほとんどが団体監理型での事例であり、研修生の所定時間外作業と技能実習生に係る労働法令違反のほか、人権侵害のケースも指摘されるなか[3]、研修生・技能実習生の保護のあり方が問題になった。

2　今回の改正に至る議論

(1)　外国人登録制度の廃止論

外国人登録制度については、上記の問題を始めとして、外国人の在留管理のあり方が議論され、第5次出入国管理政策懇談会が報告書「新たな在留管理制度に関する提言」（2008年3月26日）を法務大臣に提出した[4]。そして、「規制改

---

2)　法務省入国管理局「平成20年の『不正行為』認定について」（2009年4月9日）。
3)　大脇雅子「外国人研修・技能実習制度の問題点と立法構想」国際人権19号（2008年）18-25頁、指宿昭一「外国人研修・技能実習生の権利行使を阻む保証金・違約金契約」賃金と社会保障1483号（2009年）52-67頁、同「外国人研修・技能実習生問題と弁護士の取り組み」LAW AND PRACTICE No.3（2009年）239-257頁参照。実際近年、外国人研修生・技能実習生をめぐる裁判例が増加している。滋野鐵工事件・名古屋高金沢支判平成11・11・15判時1709号57頁、三和サービス（外国人研修生）事件・津地四日市支判平成21・3・18労判983号27頁、オオシマニットほか事件・和歌山地田辺支判平成21・7・17労判991号29頁（評釈として、早川智津子・判批・季労228号（2010年）174-186頁）などがある。

革推進のための3か年計画」(平成19年6月22日閣議決定)において,外国人登録制度の見直しの法案を171回国会までに提出することが盛り込まれた。

(2) 外国人研修・技能実習制度の見直し

外国人研修・技能実習制度についても,特に実務研修中の研修生の保護のあり方をめぐって制度改正が議論された[5]。厚生労働省案である「研修・技能実習制度研究会報告」(中間報告2007年5月11日,最終報告2008年6月20日)は,入国当初から研修生に労働法令を適用する制度改正を提唱した[6]。

こうした議論の高まりを受ける形で,「規制改革推進のための3か年計画(改定)」(平成20年3月25日閣議決定)および「規制改革推進のための3か年計画(再改定)」(平成21年3月31日閣議決定)において,実務研修中の研修生への労働法令の適用を円滑にするために在留資格「研修」を見直す内容を含む法案を171回国会に提出することが決定された。

III 改正入管法の概要

かくして,171回国会において,①新たな在留管理制度の導入,②外国人研修・技能実習制度の見直し等が盛り込まれた改正法が成立した[7]。なお,施行は,上記①につき,公布日から3年以内の政令が定める日とされている(改正法附

---

4) 新たな在留管理制度に至る背景について,井口泰「改正入管法・住基法と外国人政策の展望」ジュリ1386号(2009年)79-84頁,多賀谷一照「新たな在留管理制度の導入と入管法制の在り方」ひろば62巻11号(2009年)4-12頁参照。
5) 外国人研修・技能実習制度をめぐる課題を検討したものとして,日本労働法学会誌112号(2008年)掲載の小宮文人・野川忍・片桐由喜・早川智津子の各論文参照。
6) 経済財政諮問会議労働市場改革専門調査会第2次報告(2007年9月21日)も同様。また,経済産業省の提案として「『外国人研修・技能実習制度に関する研究会』とりまとめ」(2007年5月14日)があるほか,技能実習制度に代わる短期就労制度を求めた自由民主党国家戦略本部外国人労働者問題PT「『外国人労働者短期就労制度』の創設の提言」(2008年7月22日)等がある。なお,技能実習終了後,より高度な技能修得のための高度(再)技能実習について議論もなされたが,検討が見送られた(高度人材受入推進会議「外国高度人材受入政策の本格的展開を(報告書)」(2009年5月29日))。
7) その他,在留資格「就学」の「留学」への一本化等が盛り込まれている。また,不法就労助長罪に関し,解釈上の判断基準であった「知りつつ」雇用等することのほか,過失も対象となる旨が新たに規定された(73条の2第2項)。

則1条)。上記②については，2010年7月1日が施行日とされた（平成21年12月2日政令274号)。以下，改正の概要をみていく。

1　新たな在留管理制度

上述のような外国人登録制度の不備に対応するため，外国人登録法を廃止し，中長期在留する外国人[8]に対し，入管法のもとで入国管理と在留管理とを一元化する新たな在留管理制度が導入されることとなった。新制度のもとでは，「外国人登録証明書」に代えて「在留カード」が交付される。また，同制度の導入に伴い，外国人に市区町村への住居地（変更届も含む）の届出義務を課すほか，一定の在留資格について所属機関などの届出義務を課すことになった[9]。さらに，以上の外国人の届出義務と並行して，一部の在留資格の所属機関に受入れ状況の届出が義務づけられた（入管法19条の17。努力義務規定)。ただし，外国人を雇用する事業主については，雇用対策法に基づく外国人の雇用状況の届出が義務づけられており（雇対法28条)，本条の適用は除外されている。

2　新たな技能実習制度

(1)　在留資格「技能実習」の創設

実務研修中の研修生の保護をめぐる前述の議論をふまえて，今回の入管法改正により，実務研修を伴う研修は，原則として技能実習として位置づけられ，入国直後に実施される講習（後述）を除き，労働法令が適用されることとなった（例外は下記(4)で述べる)。

すなわち，従来の実務研修を伴う研修（在留資格は「研修」）と技能実習（在留資格は「特定活動」）を統合するものとして，新たに在留資格「技能実習」が創設された。同在留資格は活動の内容により，1号と2号に区分され，1号が従来の実務研修を伴う研修に相当する技能修得活動であり，2号が従来の技能実

---

[8]　在留期間が3月以下の外国人，在留資格「短期滞在」，「外交」，「公用」その他法務省令で定める外国人，在留資格を有しない外国人，および特別永住者（新たに特別永住者証明書が交付される）は対象とならない。

[9]　171回国会において，住民基本台帳法も改正され，中長期在留者を含む一定の外国人住民を住民基本台帳制度の対象に取り込むこととなった。

習に相当する技能実習活動である（1号，2号ともに雇用契約に基づいて実施するものとされており，技能実習生には労働法令が適用されることになる。）。これら1号，2号は受入れ類型により，さらに，企業単独型が該当するイと，団体監理型が該当するロとに区分される（入管法2条の2，別表第1の2）。そして，たとえば，団体監理型については，1号ロの活動に従事した者でなければ2号ロに移行できず，また，移行は在留資格変更手続によることとなる（同20条の2）。

以下，団体監理型について，より具体的にみていくと，技能実習1号ロは，監理団体（新制度のもとでの受入れ団体の呼称。以下，団体という。）のもとでの知識の修得（講習）と，団体の策定した技能実習計画に基づき団体の責任・監理のもとで実習実施機関（新制度のもとでの受入れ企業の呼称。以下，実施機関という）との雇用関係のもとで行う技能修得活動とで構成され，技能実習2号ロの実施機関との雇用関係のもとで行う技能実習活動についても，団体の責任・監理のもとで従事する旨規定された（同別表第1の2）。

(2) 技能実習1号ロの基準（団体監理型での講習・技能修得活動）

つぎに，法務省令[10]等をもとに制度の概要をみていく。

まず，1号に係る基準をみると，母国での修得が困難などの技能に係る要件や，同種の業務経験などの本人に係る要件，宿泊施設等の確保，技能実習指導員および生活指導員の配置などの団体・実施機関に係る要件などがあり，これらは従来の実務研修を含む研修と同様または類似の基準である。

これに対し，日本人と同等額以上の報酬の要件（講習を除く）に加え，送出し機関，団体，実施機関，あっせん機関から技能実習生や家族等が保証金など不当に金銭を徴収されないことの要件も加わった。また，団体は，技能実習生が実施機関での技能修得活動に入る前に，1号の活動時間全体の6分の1（入国前に一定の事前講習をした場合は12分の1）の講習を実施すること，講習の内容には，①日本語，②生活知識，③入管法，労働基準法，不正行為への対応方法その他技能実習生の法的保護の情報，④その他の技能修得に資する知識を含み，

---

[10] 平成21年12月25日法務省令49号ないし54号および法務省入国管理局「技能実習生の入国・在留管理に関する指針」（平成21年12月）。同指針において，人づくりを通じての開発途上国への技能移転という制度趣旨が確認されている。

見学を含む座学で行うことが求められる。さらに，不正行為の類型ごとの受入れ停止期間が法務省令に明記された。特に，暴行・脅迫・監禁，旅券等の取上げ，賃金の未払い，人権侵害行為等につき5年の受入れ停止期間が設けられた。

なお，従来の制度では，実務研修を含む場合の研修生の受入れ人数枠（比率）算定につき，その母数となる実施機関の常勤職員数に技能実習生数を加えることが認められていたため，研修生と技能実習生ばかりで構成される職場が生じる弊害が指摘されていたが，新制度においては，外国の事業所の常勤職員および技能実習生を常勤職員の数から除くこととなった。

(3) 技能実習2号ロの基準（団体監理型での技能実習活動）

従来の技能実習制度と同様，2号に移行するためには，1号の技能修得活動中に，技能検定基礎2級等の合格が求められる（2号に移行できるのは評価制度のある職種・作業に限られる）。また，1号と同一の実施機関でかつ同一の技能について行うことが求められる（本人に帰責事由なく同一の実施機関で実施できない場合は除く）。なお，2号においても，技能実習計画の策定が求められるが，1号の計画は団体が策定することが入管法上規定されているのに対し，2号については，団体，実施機関のいずれでも構わないとされる。

なお，技能実習期間は1号（1年以内）と2号を併せて最長3年とされる。

(4) 残された外国人研修制度

以上が新たな技能実習制度であるが，実務研修を伴わない研修（国や国際協力機構（JICA）等の法務省令によって認められた機関が実施する研修については，実務研修を伴うことも可能）については，従来どおり「研修」の在留資格のもとで実施される。外国人研修制度はこの範囲において存続する。[11]

---

11) 従来の外国人研修・技能実習制度については，早川智津子「外国人研修・技能実習の法律関係」企業法学6巻（1997年）136-157頁，および同「外国人研修・技能実習制度における労働法の適用問題」労働112号（2008年）73-81頁参照。

Ⅳ　改正入管法の意義と課題

1　改正入管法の意義——総論
(1)　意　義

以上みてきたとおり，今回の入管法改正は，外国人登録法を廃止し，入管法のもとで入国・在留管理を一元化する新たな在留管理制度の創設という内容を含んでおり，大きな意義を認めることができるが，労働関係の管理については，2007年の雇用対策法改正において外国人雇用状況届出制度を創設したことにより措置済みであることから，本稿では立ち入らないこととする。他方，影響が大きいのは，技能実習制度の改正であり，これについては下記2で検討する。

(2)　課　題

今回の入管法改正の前夜には，少子高齢化の進展による人口減少の問題の解決，グローバル化のなかでの国際競争力の強化の課題への対応をめぐって，外国人の受入れの範囲の拡大についての議論が高まっていたが，この点については本改正では検討されておらず，今後の課題として残されている。

なお，昨今の経済危機下での日系人労働者を中心とする定住外国人の大量失業等の雇用不安の問題への対応は，入管法とは別に，外国人労働者の統合を図る法領域（労働法も含まれる）において検討されるべき課題と思われる。

2　技能実習制度の改正
(1)　意　義

従来から，実務研修中の研修生については，所定時間外作業などの問題が生じ，解決を迫られていたが，新たな技能実習制度のもとでは，従来の実務研修に相当する技能修得活動開始段階から労働法令を適用することで保護が図られることになった。これにより，労働基準法，最低賃金法，労働安全衛生法，労災保険法等の適用が可能となり，従来に比し，保護を厚くしたと評価しうる。また，これらの法令の適用により，労働基準監督制度による実効性の確保が図られる点も評価できる。ただし，従来も労働法令が適用されていた技能実習生

についての権利侵害の事例も少なくなく，今回の制度改正による技能実習生の保護の進展については，施行後の状況をみなければならない。

(2) 課　題

今回の入管法改正による技能実習制度の改正は，以上のような意義を認められるものであるが，一方で課題も残されている。それは，今回の制度改正により，従来の研修生を労働法令が適用される労働者として扱うことになるが，このことにより，単純労働のための外国人受入れを肯定する結果になるとすれば，本末転倒になってしまうということである[12]。

すなわち，①今回の入管法改正においても，単純労働者を原則として受入れないとの入管政策に変更はなく，技能実習生を単純労働者として扱わないことが要請され，また，②新制度においても従来と同様に，開発途上国への技能の移転を目的とするとの制度趣旨は維持されており，技能移転の実効性の確保が引き続き求められる。従来の制度のもとでも，外国人研修の法的性質や技能実習生への労働法令の適用のあり方について検討がなされてきたが[13]，今回の改正により，１年目から労働契約の成立が認められることから，従来にも増して，技能実習生の労働契約はいかなる性格をもつのか，通常の労働契約とはどう異なるのかという問題を検討する必要が強まったといえる。そこで以下では，技能実習生の労働契約の特色について簡単な検討を行い，今後の解釈の方向性を示すことにしたい[14]。

もとより，入管法は公法的な規制であり，それが直ちに労働契約を規律するものではないが（この点は別の立法論上の問題となりうる），入管政策を労働法の

---

12) これを肯定するならば，国内労働市場への悪影響の発生を防止する仕組み（日本型労働証明制度）を確保したうえで別の制度を検討すべきであろう。日本型労働証明制度について，早川智津子『外国人労働の法政策』（信山社，2008年）および同「外国人労働をめぐる法政策上の課題」労研587号（2009年）4-15頁参照。
13) 早川・前掲注11)の各論文など参照。そこでは，外国人研修生の労働者性の問題や研修・技能実習をめぐる権利義務関係などを検討している。
14) 本稿校正時に，厚生労働大臣「技能実習制度推進事業運営基本方針の改正について」（平成22年１月22日）が公表された。詳細な検討は他日を期したい。また，平22・2・8基発0208第2号参照。なお，改正前の技能実習契約の分析としては，早川・前掲注11)の各論文がある。

解釈に反映させる必要は存在するといえる。他方，技能修得という観点からは，外国人の技能実習制度以外にも，研修医や日本型デュアルシステムなどについても共通の問題が生じうるが，それぞれの制度は相当に異なっているので，以下では技能実習制度につき簡単な検討を行うに留めることとする。

(a) 技能実習契約の法的性格①――停止条件付き就労始期付き労働契約

新たな技能実習制度においては，技能実習生と実施機関のほか，団体，送出し機関など様々な関係者が登場する。これらをまとめて，技能実習関係と呼ぶことにする。本稿では技能実習関係のなかの技能実習生と実施機関との法律関係に着目し，技能実習生と実施機関との契約を「技能実習契約」と呼ぶ。

技能実習契約は，新たな制度上，技能実習生と実施機関との間に入国前に締結されることが要請されることから，当事者の明示ないし黙示の合意により，当初から労働契約が成立することになろう。ただし，技能実習1号イないしロで入国するためには法務大臣から当該在留資格を認められなければならない。また，団体監理型では制度上，講習を終了しないと就労を開始することができない。こうした制度のもとでは，技能実習契約は，法務大臣の許可を停止条件とし，講習終了を就労の始期とする，停止条件付き就労始期付き労働契約と認定される場合が多いであろう。[15]

(b) 技能実習契約の法的性格②――技能移転特約付き労働契約

つぎに，技能移転を図るという制度趣旨に則り，技能実習契約という労働契約に通常の労働契約と異なる特殊性を認めうるかについては，まず，上記のとおり，労働法においても技能実習契約の解釈にあたり，単純労働者を原則認めないという入管政策の趣旨や技能移転という新制度の理念を汲む必要があると考える。しかし，やはり上記のとおり，入管法は公法的規制を行うものであり，このような理念が直ちに契約内容に反映されるわけではないので，技能移転について当事者間の明示または黙示の合意の有無を検討する必要がある。この点

---

15) 採用内定のように解約権留保付き労働契約と構成すると（大日本印刷事件・最二小判昭54・7・20民集33巻5号582頁），法務大臣の許可が得られなかった場合に，事業主の解約の意思表示を必要とするが，そのような意思表示は予定されておらず，当然効力が発生しないとの合意がなされていることが多いであろう。

については，入管手続を行う際に，修得を予定する技能が入国に際し決められていることから，こうした合意を肯定しうる場合が多いと思われる。そこで，技能実習契約は，通常，技能移転特約付き労働契約と解することになろう[16]。

(c) 技能移転請求権

以上の技能実習契約に基づき，技能実習生は，実施機関の指揮命令に従って労務を提供する義務を負い，提供した労務に対する賃金の請求権を有することは労働契約の性質上自明であるが，一方，上記の技能移転特約によって，技能実習生に技能移転の請求権を認めうるかが問題となる。通常の労働契約においては，労働者に就労請求権がないと解する見解が一般である。しかし，技能実習は，就労を通じて技能を身につける OJT を含むものであることから，技能移転特約が付されている技能実習契約においては，技能実習生に一定範囲の就労請求権たる技能移転請求権を認める余地があるように思われる[17]。もっとも，この問題は，上記のとおり，研修医など他の「研修」的就労についても共通性をもつものでもあるので，これらをも視野に入れた詳細な検討は他日を期することとしたい[18]・[19]。

（はやかわ　ちづこ）

---

16) 外国人研修生と受入れ企業の研修関係につき，早川・前掲注11)論文「外国人研修・技能実習制度における労働法の適用問題」参照。

17) 山口製糖事件・東京地決平 4・7・7 判タ804号137頁において，裁判所は「技術」の在留資格の外国人の研修請求に基づく争議行為の正当性を認めなかった。これに対し，技能実習契約においては，技能移転を求める争議行為は，労働条件またはこれに準じる事項を要求するものとして正当性を認めうると考える。また，技能移転請求権の内容を認定するうえでは，技能実習計画が手掛かりとなりえよう。

18) 改正法成立時の付帯決議において課題とされた制度の抜本的改正の方向性につき提言を行ったものとして，第5次出入国管理政策懇談会・報告書「今後の出入国管理行政の在り方」(2010年1月)参照。

19) なお，前掲注17)の山口製糖事件決定は，入管手続上提出した書類に記された労働条件は労働契約の内容とはならないとしたが，新制度施行にあたり国際研修協力機構が作成した入管手続用の書式（国際研修協力機構編『書式と記載例集』(2010年) 172-181頁）には，実施機関の記名押印と技能実習生本人の署名を記載する契約書が含まれており，これによれば，入管手続上の書類と労働契約の不一致は生じないことになる。

日本学術会議報告

浅倉　むつ子

(日本学術会議会員, 早稲田大学)

1　第156回総会と「日本の展望（素案）」

2009年10月19日, 20日の両日, 日本学術会議第156回総会が開催された。初日の総会には, 菅直人内閣府特命大臣（科学技術担当）が出席し, 挨拶があった。その後, 審議経過報告として, いくつかの分科会, 委員会から報告がなされ, 翌日に至るまで活発な討議が行われた。

前回の報告でも述べたが, 日本学術会議は, 学術研究の長期的な展望を示すために, 「日本の計画」(2002年), 「日本の科学技術政策の要諦」(2005年) に次ぐ文書として, 「日本の展望——学術からの提言2010」を, 2010年4月に公表する予定である。そのために, 10のテーマ別検討分科会, 「人文・社会科学」, 「生命科学」, 「理学・工学」の3つの部会ごとの作業分科会, 30の分野別委員会が, 総力をあげて, これまで検討を行ってきた。今回の総会で特筆すべきことは, いよいよ「日本の展望委員会」起草分科会（広渡清吾委員長）から, 「素案」が提出され, 2010年4月の総会で採択される予定の最終文書の内容について, さらに濃密な議論が行われたことである。

ちなみに「素案」は, 以下のような構成になっている。

第1章　『日本の展望——学術からの提言2010』の背景
　(1)日本学術会議と科学者コミュニティ, (2)学術とは何か, (3)政策における学術と科学技術, (4)社会と学術の関わりとつなぎかた

第2章　21世紀の世界において学術研究が立ち向かう課題
　(1)人類社会に対して学術はどのように貢献できるか, (2)人類の生存基盤の再構築, (3)人間と人間の関係の再構築, (4)人間と科学技術の関係の再構築, (5)知の再構築

第3章　21世紀の学術研究のダイナミズム（動向）と展望
　(1)科学者コミュニティは学術の展望をどのように語るか, (2)各学術分野での学術研究のダイナミズム（動向）と展望, (3)学術研究の近未来

第4章　21世紀の日本における学術のあり方——課題と展望
　(1)日本における学術政策の現状, (2)学術研究の位置づけと国際基準, (3)人文・

社会科学の位置づけとその展望──総合的学術政策の必要性，(4)学術研究の拠点としての大学の課題，(5)学術のイノベーション，(6)若手研究者育成の現状と政策課題，(7)女性研究者の現状と政策課題──学術分野の男女共同参画推進のために，(8)日本社会が必要とする新しい学術政策に向けた提言，(9)日本学術会議が果たすべき役割

さて，この「素案」をもとに，学術会議は，この総会以後に，さらに『第4期科学技術基本計画への日本学術会議の提言』をとりまとめた（2009年11月26日）。この文書はすでに公表されて，学術会議のホームページに掲載されている。

科学技術基本計画は，すでに3期15年を数えており，現在，第4期計画策定に向けて作業が進行中である。しかし，そこで用いられる「科学技術（science based technology）」とは，往々にして，人文・社会科学分野を排除した，有用性を直接的な目的として行われる自然科学系列の研究活動およびその成果としての技術開発を意味するもののようにとらえられがちであった（実際，科学技術基本法は，対象を『科学技術（人文科学のみに係るものを除く）』，としている）。しかし学術会議は，先の「提言」において，自然科学から人文・社会科学の領域に及ぶ知的・文化的営みを包括的にとらえたキーワードとして，「学術」という言葉を位置づけ，「学術の総合的推進と強化」のための「学術政策」の確立の必要性を強調し，日本学術会議の役割を明確化した。ここに，科学者コミュニティを代表する日本学術会議の基本的な立場が示されている。

2 第一部での取り組み

「日本の展望」については，第一部（人文・社会科学分野）からも，「日本の展望──人文・社会科学からの提言」を作成し，公表することが予定されている。この「素案」は，2009年7月25日の北海道大学における第一部会に提出され，さらに総会でも，審議が続けられた。こちらの目次は，以下の通りである。

「日本の展望──人文・社会科学からの提言」
1 はじめに
2 21世紀における人文・社会科学の役割を論じる背景
　(1)21世紀の学術を目指す──近代諸科学の意義と限界，(2)学術体系における人文・社会科学の位置，(3)学術における人文・社会科学の独自の役割と文理の連携・協働，(4)科学技術のシヴィリアン・コントロールにおける人文・社会科学の役割
3 人文・社会科学が立ち向かう課題──人類社会・日本社会の未来を創造するために

(1)信頼と連帯に支えられた効率的で公正な社会を構築する，(2)多元性・多様性を尊重する社会を育てる，(3)「機能する民主主義」を実現する，(4)グローバル化のなかで平和を創り出す，(5)グローバル社会政策で格差のない世界を展望する，(6)「公共的言語」を確立し，知的基盤を作る，(7)世界史的人間主体を育成する

4　学術研究体制の現状と改革課題

(1)大学における教育・研究の現状と課題，(2)人文・社会科学における若手研究者の育成，(3)人文・社会科学における女性研究者の現状と改革課題

5　人文・社会科学はどのような発展を目指すか

(1)社会のシナリオの総合設計を舵取りする，(2)人類社会の持続可能性の発展に貢献する，(3)社会的・文化的多様性に根ざす人間の尊厳と主体的自由を追究する，(4)人々の多様性の承認を求めるジェンダー研究を推進する，(5)日本社会の市民的教養を形成する，(6)あらゆる領域で対話とネットワーク形成を目指す，(7)人文・社会科学を発展させる総合的学術政策を確立する

6　人文・社会科学からの提言——まとめ

3　法学委員会での取り組み

法学委員会（淡路剛久委員長）も，日本の展望のプロジェクトに取り組むため，「法学の展望」分科会を設置し（井田良委員長），作業を進めてきたが，2009年11月30日，「日本の展望——法学の展望（案）」をとりまとめた。この報告「案」の目次と，その「要旨」については，以下のとおりである。

1　はじめに——法（律）学にとっての現代的課題

この報告は，「日本の展望——人文・社会科学からの提言」がまとめられるにあたり，法学の分野から一定の寄与を果たそうとするものである。

2　立法の時代への対応

第一に，社会状況の変化に迅速に立法が対応する必要と，慎重に吟味して立法の「正当化（rightness）」に関する判断に誤りがないことを確保する必要との調整の問題がある。第二に，立法の正当化について対立がありながらも政治的決定をせざるをえない状況では，その政治的決定の「正統性（legitimacy）」を，決定内容に異論をもつ人々も承認しうる条件の探求が要請される。第三に，公衆道徳や習俗などによって解決されるべき問題にまで法に解決をゆだねる「過剰法化」の傾向にも注意を払い，立法の限界を自覚的に解明する必要がある。

3　社会の変化への対応

(1)海外への情報発信，(2)法システムを統合的に把握する視座の獲得，(3)権力の

分散化と法の運用方法の変化への対応, (4)グローバル化と法の対応（アジャストメントとハーモナイゼイション）, (5)持続可能な発展と法律学, などの課題について研究する法学の構築が必要である。
4 　基礎研究の促進・奨励
　　法科大学院教育の実情から危機に陥っている基礎法学の研究教育, さらに実定法学における基礎研究教育の再構築が必要である。
5 　法学研究の制度的条件の改善
　　次世代, 将来世代の研究者養成の制度的条件を新たに整備し, 研究と教育（法科大学院, 法学部）の間の関係を双方にとって生産的なものに変えることが強く求められている。

　学術会議における「日本の展望」の各種プロジェクトは, 最終的には上述のように, 2010年 4 月の総会において「日本の展望」が採択されたときに, 終了し, このために作成されたすべての文書は, それぞれに独自の報告書として, 学術会議内部の査読を経て公表されることになっている。公表されたあかつきには, ホームページからダウンロードしていただけることになるであろう。

（あさくら　むつこ）
（2010年 1 月 2 日記）

◆ 日本労働法学会第118回大会記事 ◆

　日本労働法学会第118回大会は，2009年10月18日（日）専修大学において，個別報告および大シンポジウムの二部構成で開催された（敬称略）。

一　個別報告

〈第一会場〉
テーマ：「ニュージーランドにおける解雇法制の展開――フェアネスの原理による
　　　　規律の合意」
報告者：田中達也（岩手女子高等学校）
司　会：川田琢之（筑波大学）
テーマ：「精神障害者に対する合理的配慮――アメリカ障害差別禁止法（ADA）の
　　　　考察――」
報告者：所浩代（北海道大学大学院）
司　会：道幸哲也（北海道大学）

〈第二会場〉
テーマ：「同一労働同一賃金原則と私的自治――イタリア法の検討から――」
報告者：大木正俊（姫路獨協大学）
司　会：石田眞（早稲田大学）
テーマ：「有利原則の可能性とその限界――ドイツ法を素材に――」
報告者：丸山亜子（宮崎大学）
司　会：西谷敏（近畿大学）

二　シンポジウム

統一テーマ　「労働契約法の意義と課題」
司　会：西谷敏（近畿大学），和田肇（名古屋大学）
1．「労働契約法の意義と課題――合意原則と労働契約規制の在り方――」報告
　者：土田道夫（同志社大学）
2．「就業規則による労働条件の決定・変更法理の新たな理論構成・試論――労働
　契約法における合意原則と就業規則法理の整序に向けて――」報告者：唐津博
　（南山大学）
3．「労契法の「合意原則」と合意規制条項との衝突関係――労契法は契約当事者

の利益調整のみを目的としているか――」報告者：石田信平（駿河台大学）
4．「民法の現代化と労働契約法」報告者：山本敬三（京都大学）
5．「労働契約法の課題――総括コメント――」報告者：大内伸哉（神戸大学）

三　総　会
1．盛誠吾代表理事より，代表理事就任の挨拶がなされた。

2．2008年度決算・2009年度予算について
(1) 島田陽一事務局長より2008年度決算について，また土田道夫監事・有田謙司監事より監査済みである旨が報告された。以上を受けて，総会において同決算が承認された。
(2) 2009年度予算案について，島田事務局長より報告された。なお，2009年度の会費収入見込額を超える支出について，記念事業等の一時的支出であり，学会における繰越金の有益な使途として理事会において承認をされた上での支出であることが説明された。

以上を受けて，総会において2009年度予算が承認された。

3．今後の大会開催予定について
和田肇企画委員長より，今後の大会予定に関し以下のとおり報告がなされた。
◆ 第119回大会について ◆
　(1) 期日：2010年5月16日（日）
　(2) 会場：名古屋大学
　(3) 60周年記念シンポジウムテーマ：「東アジアにおける労働紛争処理システムの現状と課題」
　(4) 報告者：李鋌（韓国外国語大学校）
　　　　　　　王能君（台湾大学）
　　　　　　　彭光華（中国人民大学）
　　　　　　　野田進（九州大学）
　　　司　会：香川孝三（大阪女学院大学），山川隆一（慶應義塾大学）
　(5) 個別報告
　　　テーマ：イギリス平等法制の到達点と課題
　　　報告者：宮崎由佳（連合総研）
　　　司　会：浅倉むつ子（早稲田大学）
　　　テーマ：労働市場における労働者派遣法の現代的役割――契約自由と法規

制の相克をめぐる日本・オランダ・ドイツの比較法的分析
　　報告者：本庄淳志（神戸大学大学院）
　　司　会：大内伸哉（神戸大学）
　　テーマ：フランスにおける企業倒産と解雇
　　報告者：戸谷義治（北海道大学大学院）
　　司　会：道幸哲也（北海道大学）

◆ 第120回大会について ◆
　(1) 期日：2010年10月17日
　(2) 会場：中央大学後楽園キャンパス
　(3) 統一テーマ：「雇用平等（差別禁止）の新たな展開」（仮題）
　内容の詳細は現在検討中。

◆ 第121回大会について ◆
　(1) 期日：2011年5月15日
　(2) 会場：沖縄大学
　(3) 内容については，午前中に個別報告，午後にミニシンポを予定している。

　4．会員への連絡方法等の変更について
　島田事務局長より，今後の学会事務局から会員への連絡方法等の変更について報告がなされ，了承された。変更の内容はおおよそ以下の通りである。
　① 学会事務局から会員への連絡方法は，Webサイトからの発信をメインとする。
　② 従来，大会前会員宛に発送されていた「学会通信・レジュメ集」を廃止し，学会通信に掲載されていた内容はWebから発信するとともに，レジュメ集については，個別報告者およびシンポジウム企画責任者から提出された，「報告の趣旨・課題」等をWeb上の会員専用ページに掲載するものとする。
　③ 従来，大会当日に報告者が配布していた当日レジュメについては，大会前に事務局に提出されたレジュメをWeb上の会員専用ページに掲載し，会員はこれをダウンロードの上大会に持参するものとし，大会当日の会場での配布は行わないことを原則とする。

　5．学会誌について
　山川隆一編集委員長より，以下の内容が報告された。

学会誌114号がすでに刊行済みであることが報告された。

編集委員長の交代について，2010年春に山川編集委員長が任期満了となることに伴い，後任が野川忍理事となることが報告された。

6．入退会について

島田事務局長より以下の11名について入会の申込みがあったことが報告され，総会にて承認された（50音順・敬称略）。上田絵里（弁護士），川上由希子（東京大学），久保洋子（社会保険労務士），三枝充（弁護士），佐々木亮（弁護士），山内一浩（弁護士），棗一郎（弁護士），貫場恵子（社会保険労務士），白諾貝（弁護士），諸富健（弁護士），山本陽大（同志社大学大学院）。

7．その他

(1) 日本労働法学会奨励賞について

盛代表理事より，日本労働法学会奨励賞の創設が報告され，設置の経緯および規程の概要が紹介され，2010年より実施（2009年に公表された著作・論文が対象）されることが報告された。

創設の目的は，主として若手研究者の育成であり，規定の概要は，以下のとおりである。すなわち，選考対象が年に1本，応募資格は原則公表時に40歳未満であること，選考については，代表理事の委嘱により審査委員会を設置して選考を行い，候補作の選定については，自薦・推薦を受け付けるほか，審査委員会自らも行うものとし，受賞者については秋の学会で表彰する。

(2) 代表理事の任期について

盛代表理事より，代表理事の任期について，理事会において議論され，その任期を2年とする方向であることが報告されるとともに，理事の任期との齟齬についてさらに理事会において検討を行い，あわせて規約の改正を検討中であることが報告された。

(3) 事務局の交代について

島田事務局長より，事務局が同志社大学（土田道夫事務局長）に移転する旨が報告された。

◆ 日本労働法学会第119回大会案内 ◆

1 日時：2010年5月16日（日）
2 会場：名古屋大学
3 内　容
 (1) 個別報告
　　テーマ：イギリス平等法制の到達点と課題
　　報告者：宮崎由佳（連合総研）
　　司　会：浅倉むつ子（早稲田大学）
　　テーマ：労働市場における労働者派遣法の現代的役割——契約自由と法規制の
　　　　　　相克をめぐる日本・オランダ・ドイツの比較法的分析
　　報告者：本庄淳志（神戸大学大学院）
　　司　会：大内伸哉（神戸大学）
　　テーマ：フランスにおける企業倒産と解雇
　　報告者：戸谷義治（北海道大学大学院）
　　司　会：道幸哲也（北海道大学）
 (2) 日本労働法学会60周年記念シンポジウム「東アジアにおける労働紛争処理システムの現状と課題」
　　報告者：李鋌（韓国外国語大学校）
　　　　　　王能君（台湾大学）
　　　　　　彭光華（中国人民大学）
　　　　　　野田進（九州大学）
　　司　会：香川孝三（大阪女学院大学），山川隆一（慶應義塾大学）

日本労働法学会規約

第1章　総　　則

第1条　本会は日本労働法学会と称する。
第2条　本会の事務所は理事会の定める所に置く。（改正，昭和39・4・10第28回総会）

第2章　目的及び事業

第3条　本会は労働法の研究を目的とし，あわせて研究者相互の協力を促進し，内外の学会との連絡及び協力を図ることを目的とする。
第4条　本会は前条の目的を達成するため，左の事業を行なう。
　1．研究報告会の開催
　2．機関誌その他刊行物の発行
　3．内外の学会との連絡及び協力
　4．公開講演会の開催，その他本会の目的を達成するために必要な事業

第3章　会　　員

第5条　労働法を研究する者は本会の会員となることができる。
　本会に名誉会員を置くことができる。名誉会員は理事会の推薦にもとづき総会で決定する。
　（改正，昭和47・10・9第44回総会）
第6条　会員になろうとする者は会員2名の紹介により理事会の承諾を得なければならない。
第7条　会員は総会の定めるところにより会費を納めなければならない。会費を滞納した者は理事会において退会したものとみなすことができる。
第8条　会員は機関誌及び刊行物の実費配布をうけることができる。（改正，昭和40・10・12第30回総会，昭和47・10・9第44回総会）

第4章　機　　関

第9条　本会に左の役員を置く。
　1．選挙により選出された理事（選挙理事）20名及び理事会の推薦による理事（推薦理事）若干名

2，監事　2名

（改正，昭和30・5・3第10回総会，昭和34・10・12第19回総会，昭和47・10・9第44回総会）

第10条　選挙理事及び監事は左の方法により選任する。
　1，理事及び監事の選挙を実施するために選挙管理委員会をおく。選挙管理委員会は理事会の指名する若干名の委員によって構成され，互選で委員長を選ぶ。
　2，理事は任期残存の理事をのぞく本項第5号所定の資格を有する会員の中から10名を無記名5名連記の投票により選挙する。
　3，監事は無記名2名連記の投票により選挙する。
　4，第2号及び第3号の選挙は選挙管理委員会発行の所定の用紙により郵送の方法による。
　5，選挙が実施される総会に対応する前年期までに入会し同期までの会費を既に納めている者は，第2号及び第3号の選挙につき選挙権及び被選挙権を有する。
　6，選挙において同点者が生じた場合は抽せんによって当選者をきめる。
　推薦理事は全理事の同意を得て理事会が推薦し総会の追認を受ける。
　代表理事は理事会において互選し，その任期は1年半とする。

　　　（改正，昭和30・5・3第10回総会，昭和34・10・12第19回総会，昭和44・10・7第38回総会，昭和47・10・9第44回総会，昭和51・10・14第52回総会）

第11条　理事の任期は3年とし，理事の半数は1年半ごとに改選する。但し再選を妨げない。
　監事の任期は3年とし，再選は1回限りとする。
　補欠の理事及び監事の任期は前任者の残任期間とする。

　　　（改正，昭和30・5・3第10回総会，平成17・10・16第110回総会）

第12条　代表理事は本会を代表する。代表理事に故障がある場合にはその指名した他の理事が職務を代行する。

第13条　理事は理事会を組織し，会務を執行する。

第14条　監事は会計及び会務執行の状況を監査する。

第15条　理事会は委員を委嘱し会務の執行を補助させることができる。

第16条　代表理事は毎年少くとも1回会員の通常総会を招集しなければならない。
　代表理事は必要があると認めるときは何時でも臨時総会を招集することができる。総会員の5分の1以上の者が会議の目的たる事項を示して請求した時は，代表理事は臨時総会を招集しなければならない。

第17条　総会の議事は出席会員の過半数をもって決する。総会に出席しない会員は書面により他の出席会員にその議決権を委任することができる。

第5章　規約の変更

第18条　本規約の変更は総会員の5分の1以上又は理事の過半数の提案により総会出席会員の3分の2以上の賛成を得なければならない。

学会事務局所在地
　〒602-8580　京都市上京区今出川通烏丸東入　同志社大学法学部・法学研究科
　　　　　　土田道夫研究室
　　　　　　TEL：075-251-3614
　　　　　　FAX：075-251-3060
　　　　　　e-mail：rougaku@gmail.com

SUMMARY

Significance and Issues of the Labour Contract Act: Mainly on an Ideal Method of the Consent Principle and the Labour Contract Regulation

Michio TSUCHIDA

In 2007, the Labour Contract Act was enacted, and it came into effect on March 1, 2008. This article examines significance/function and range of the Consent Principle to be located in a basic principle of the Labour Contract Act, analyzes the problem in the interpretation theory of the Labour Contract Act based on the Consent Principle and explores the legislation design of the Labour Contract Act to be based on the Consent Principle.

I The Purpose of this Article

II Significance of the Labour Contract Act
  1 Positive Significance of Enacting the Labour Contract Act
  2 Positioning of the Labour Contract Act

III Significance/Function and Range of the Consent Principle
  1 Significance of the Consent Principle
  2 Significance of the "Consent" in the Consent Principle
  3 Function and Range of the Consent Principle
   (1) Regulation of the Requirement and the Effect
   (2) Influence that the Consent Principle Gives on the Interpretation of the Whole Labour Contract Act

Ⅳ Problem of the Legislation Theory
 1 Introduction: The Basic Principle of the Legislation
 2 Procedural Regulation for the Change of Working Conditions by the Individual Consent
 3 Legal Treatment When the Failure Occurs in the Change of Working Conditions by the Individual Consent
 4 Substantial Regulation: Contents Regulation for the Individual Consent
 5 Regulation for the Claim of Employers
 6 Adoption of the Labour-Management Consultations Systems (Labour and Management Autonomy)
 7 Work Rules Legislation
  (1) Consistency between Work Rules Legislation and the Consent Principle
  (2) Contents Regulation of Work Rules

Ⅴ Conclusion

The Consent Principle of the Labour Contract Act and the Works Rules

Hiroshi KARATSU

The Labour Contract Act 2007 (LCA) stipulates the legal effects of Works Rules drawn up by the employer unilaterally upon the labour contracts in addition to the preemptive effects as the minimum standards stipulated by the Labour Standards Act 1947 (LSA). That is, article 7 of LCA states that the working conditions of Works Rules shall be the contents of the labour contract if the Works Rules are known to the employees and the Works Rules' conditions are reasonable. And, article 10

SUMMARY

states that the binding effect of disadvantageous changes in the Works Rules shall be legalized if the changes are known to the employees and their changes are reasonable, and the reasonableness of their changes shall be determined by several elements such as the contents of changes, the extent and the contents of disadvantage, the necessity for changes, the course of negotiation with representative union and so on.

These rules are said to be based on the case law concerning the legal effects of Works Rules upon the labour contract originated with the decision of the Supreme Court's Grand Bench in Shuhoku Bus case. But the fundamental principle of LCA is that the labour relationship is a contractual relationship between equal parties.

Therefore, the case law concerning the Works Rules imported into LCA should be read by this fundamental legal principle of mutual consent of employer-employee's. So I propose that the contractual re-construction and the re-statement of article 7 and 10 on the basis of the consent principle of LCA.

The Conflict Between the Principle of Agreement in the Labor Contract Act (LCA) and the Clauses in the LCA that Place Restrictions on Agreement

Shinpei ISHIDA

I　Introduction

II　The Labor Contract as an Exclusionary Device

III　The Clauses in the LCA that Restraint the Agreement
　1　A Consideration to the Balance of Treatment and the Harmony Between Work and Private Life

   2 The Good Faith Priciple and Abuse of Right
   3 A Consideration to Safety of a Worker
   4 A Fixed-term Labor Contract

Ⅳ The Conflict Between the Principle of Agreement and the Clauses that Place Restrictions on Agreement
   1 What is the Principle of Agreement Under Voluntary Negotiation?
   2 The Relationship Between the Norm of Facilitating Voluntary Negotiation and the Clauses that Restrain the Agreement

Ⅴ Conclusion

Modernisierung des Zivilrechts und Arbeitsvertragsgesetz

Keizo YAMAMOTO

    Zum japanischen Zivilgesetzbuch finden zurzeit Arbeiten an einer grundlegenden Reform vor allem des Schuldrechts statt. Im April 2009 ist als eine der Ergebnisse dieser Arbeiten der Reformvorschlag der "Reformkommission zum Zivilrecht (Schuldrecht)" (*Minpô* (*Saikenhô*) *Kaisei Iinkai*) unter dem Titel "Grundkonzept für eine Schuldrechtsreform" veröffentlicht worden. Ab November 2009 werden auf der Grundlage dieses Reformvorschlags die Überlegungen in der Gesetzgebungskommission des Justizministeriums fortgeführt.

    In diesem Vortrag wird zunächst der heutige Stand dieser "Modernisierung des Zivilrechts" dargestellt und im Anschluss daran insbesondere besprochen, welche möglichen Auswirkungen davon auf das Arbeitsvertragsgesetz ausgehen. Dabei unterscheide ich zwischen Änderungen, die die grundlegende Gesetzessystematik betreffen, und inhaltlichen Änderungen

SUMMARY

der Regelungen und gehe folgendermaßen vor:

Zur Neustrukturierung der Systematik des Schuldrechts lege ich zunächst zum Verhältnis des Zivilgesetzbuchs zum Handelsrecht sowie zum Verbrauchervertragsgesetz dar, in welche Richtung die Reformvorschläge weisen, und diskutiere die Möglichkeit einer Integrierung von Regelungen des Unternehmerrechts und des Verbrauchervertragsgesetzes in das Zivilgesetzbuch sowie die Bedeutung einer solchen Integration. Darauf aufbauend stelle ich anschließend vor, wie nach den gegenwärtigen Reformvorstellungen das Verhältnis zwischen den Regelungen zum Arbeitsvertrag nach dem Zivilgesetzbuch und den Regelungen des Arbeitsvertragsgesetzes konzipiert ist, und diskutiere die Bedeutung der Neukonzeption sowie die noch offenen Probleme.

Zur Reform der Regelungsinhalte gebe ich zunächst als theoretische Rahmen eine Typologie der Ausgestaltung von Regelungen des Vertragsrechts und stelle vor, in welche Richtung die derzeit im Rahmen der "Modernisierung des Zivilrechts" vorgesehenen Änderungen in dieser Hinsicht weisen.

Im Hinblick auf das Arbeitsvertragsgesetz besonders interessant ist die Modernisierung der Regelungen zu Rechtsgeschäft und Willenserklärung — etwa durch die Schaffung von Regelungen zu Wuchergeschäften, zu fehlerhaften Angaben und zur Täuschung durch Schweigen sowie durch die Integration von Anfechtungsregelungen im Falle der Verleitung eines Verbrauchers zum Vertragsschluss durch Ausübung von psychischem Druck —, ferner die Einrichtung von Regelungen zu den Allgemeinen Geschäftsbedingungen — insbesondere zu den Voraussetzungen für eine Einbeziehung von AGB in den Vertrag, zu mehrdeutigen Klauseln sowie zu unangemessenen Klauseln — sowie die Neustrukturierung der Vertragshaftung — durch die Hinwendung zur Lehre von der Vertragshaftung, die auf dem Grundsatz der Einigungsfreiheit der Parteien und dem Vorrang des Vertrags (favor contractus) beruht, und die ausdrückliche Regelung der Grundsätze zum Wegfall der Geschäftsgrundlage unter Vorsehung einer Pflicht zur Neuverhandlung.

Anschließend diskutiere ich die Frage, welche Bedeutung diese neuen Richtungen auf die konkrete Regelung des Arbeitsvertragsgesetzes haben könnten. Unter anderem gehe ich dabei auf die Bedeutung des Grundsatzes der Einigungsfreiheit der Parteien sowie auf Probleme hinsichtlich der Wirksamkeit von Regelungen der Arbeitsbedingungen, der Änderung von Arbeitsbedingungen sowie Kündigungsregelungen ein.

"Principle of Agreement" and the Impact of the Revision of the Civil Code on the Labor Contract Act

Shinya OUCHI

Among many legal questions about the Labor Contract Act (LCA), I picked up two important issues: "principle of agreement" and the impact of the revision of the Civil Code on the LCA.

In this article, at first I examined how the "principle of agreement", which is a key concept of the LCA, should be interpreted. Taking into consideration the inequality in information and bargaining power between the parties to an individual labor contract, this principle should not be interpreted in the sense that mere consent of an employee justifies the deteriorating modification of its working conditions.

Secondly, I examined some proposals of the civil law scholars on those provisions of "contract of employment" in the Civil Code, which will be absorbed into the LCA.

SUMMARY

The Development of the Law of Dismissal in New Zealand: the Implication of the Principle of Fairness

Tatsuya TANAKA

In New Zealand, the employment legislation gives all employees the right to pursue a grievance based on a claim that the employee has been unjustifiably dismissed. However, the core concept "unjust" was never defined in the statute. The Court, therefore, was required to develop a body of law on what conduct would justify a dismissal and whether it was legitimate to consider procedural aspects of the dismissal as well as substantive aspects in reaching a decision. An early leading case maintained that the term "unjustified" should assume its commonly accepted meaning, "that is to say not in accordance with justice or fairness". In a subsequent case, the Court remarked, "questions of procedural fairness and substantive fairness arise in determining whether a dismissal has been unjustifiable". In 2004, the parliament inserted a statutory provision to confirm the above case law. This paper examines the development of the law of dismissal in New Zealand and tries to draw the implication of the principle of fairness for the Japanese law. The basic elements are below.

1. The history of resolving a claim of dismissal
2. The legislative structure and the role of Court
3. The principle of fairness: questions of procedural fairness and substantive fairness

In conclusion, the author determined that the principle of fairness is based on the notion of proportionality. That is, to look for a fair and reasonable balance between the opposing interests of employer and employee. The author also argued that this principle could be an implication as one of the theoretical views for Japanese dismissal law.

The ADA and Employment Discrimination on the Basis of Psychiatric Disability : Lessons from American Experiments

Hiroyo TOKORO

I　Introduction

II　Overview of the ADA

III　Why Was the ADA Not Be Effective for People with Psychiatric Disability ?
　1　Definition of Mental Disability
　　(1)　The A Prong : Actual Disability
　　(2)　The C Prong : Regarded as Disability
　2　Qualified Individual
　　(1)　Essential Functions of the Employment
　　(2)　Qualified Individual and Reasonable Accommodations
　　(3)　Employer's Obligations : The Requirement of an Interactive Process
　　(4)　The Disabled-but-Qualified : The Catch-22 Situation

IV　Conclusion

SUMMARY

The Principle of Equal Pay for Equal Work and Private Autonomy under Italian Case Law

Masatoshi OHKI

I Introduction

II Italian Case law
  1 The Early Stage
  2 Judgement No. 103 of 1989 in the Constitutional Court
  (1) Fact
  (2) Judgement
  (3) Significance of the Judgement
  3 After the Judgement by the Constitutional Court
  (1) Conflicts of Case Law in the Supreme Court and Judgement by the United Section of the Supreme Court in 1993
  (2) Unceasing Conflits and Judgement by the United Section of the Supreme Court in 1996: Stabilisation of the Case Law

III Analysis

Möglichkeiten und Grenzen des Günstigkeitsprinzips

Ako MARUYAMA

I Einleitung — Angabenstellung

II Was ist das Günstigkeitsprinzip? — Gründe und Funktionen des Günstigkeitsprinzips

Ⅲ　Vergleichsgegenstände und -methoden vom Günstigkeitsprinzip
　1　Vergleichsgegenstand
　2　Der Maßstab und die Anwendung des Günstigkeitsvergleichs

Ⅳ　Grenzen des Günstigkeitsprinzips？

Ⅴ　Zusammenfassung

編集後記

◇ 本号は，2009年10月18日に専修大学で開催された日本労働法学会第118回大会における報告等を中心に構成されている。本号は，大シンポジウム報告論文のほか，中止になった前回大会で予定されていた個別報告のうち4報告の論文を掲載しているため，通常よりも頁数が増えている。この点につきご理解いただければ幸いである。

◇ 大シンポジウムは，「労働契約法の意義と課題」がテーマであった。各報告では，労働契約法において合意原則との関係が問題となる諸規定の分析がなされ，明確な解釈論および立法論が示されているほか，民法の債権法改正の動きが労働契約法に及ぼす影響についても検討され，質量ともに充実した内容になっている。

◇ 各個別報告では，解雇権濫用法理，精神障害に基づく雇用差別，同一労働同一賃金原則，有利原則のテーマが取り上げられている。各報告とも外国法の状況を丁寧に分析し，各テーマに関する日本法のもとでの議論に有益な視点を提供するものとなっている。また回顧と展望では，2009年に成立した，育児介護休業法および入管法の改正法について取り上げている。

◇ 本号刊行にあたっては時間的余裕があまりなく，執筆者の方々には種々のご無理をお願いし，また査読委員長である小宮文人会員および査読委員の方々には，非常に厳しいスケジュールのなか迅速かつ丁寧に査読作業を行っていただき，多大なご協力をいただいた。心より感謝を申し上げる次第である。

◇ 最後に，本号の編集にあたっては，法律文化社代表取締役の秋山泰さん，同社編集部の瀧本佳代さんに大変お世話になった。この場を借りて心よりお礼を申し上げたい。

(桑村裕美子・梶川敦子／記)

《学会誌編集委員会》
山川隆一（編集委員長），野川忍，名古道功，勝亦啓文，桑村裕美子，古川陽二，竹内寿，長谷川聡，梶川敦子，紺屋博昭，中内哲，篠原信貴，細谷越史 （以上，2010年4月現在）

労働契約法の意義と課題　　　　日本労働法学会誌115号

2010年5月10日　印　刷
2010年5月20日　発　行

編　集　者　日本労働法学会
発　行　者

印刷所　株式会社　共同印刷工業　〒615-0052 京都市右京区西院清水町156-1
　　　　　　　　　　　　　　　　　　電　話　(075)313-1010

発売元　株式会社　法律文化社　〒603-8053 京都市北区上賀茂岩ヶ垣内町71
　　　　　　　　　　　　　　　　　電　話　(075)791-7131
　　　　　　　　　　　　　　　　　Ｆ　Ａ　Ｘ　(075)721-8400

2010 © 日本労働法学会　Printed in Japan
装丁　白沢　正
ISBN978-4-589-03263-8